Ekkehardt Hofmann

Das gelungene Aquarell

Endlich das richtige Wissen
für beeindruckende Aquarelle

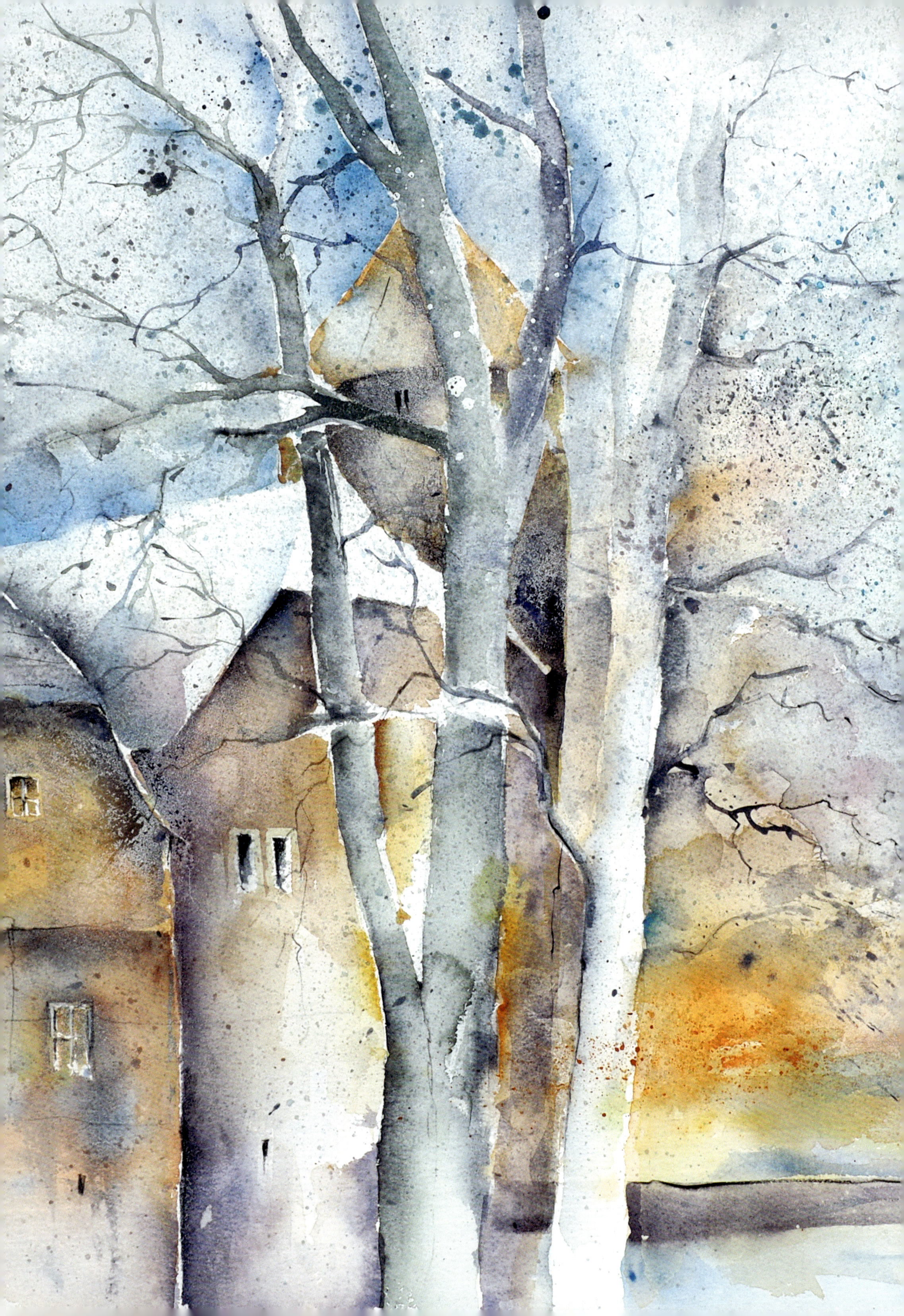

Ekkehardt Hofmann

Das gelungene Aquarell

Endlich das richtige Wissen
für beeindruckende Aquarelle

Vorwort

Die Frage, die wohl jede Malerin und jeden Maler am Ende des Schaffensprozesses bewegt, lautet: Ist mein Bild gelungen? Entspricht es meinen eigenen Anforderungen? Erzeugt es Spannung, erregt es Aufmerksamkeit? Vermittelt es die Leichtigkeit der für Aquarelle so typischen Malweise?

Ich bin mir natürlich bewusst, dass es in der Aquarellmalerei viele Möglichkeiten gibt, um zu einem gelungenen Bild zu kommen. Im Laufe meiner langjährigen Erfahrung haben sich für mich jedoch einige Aspekte als unabdingbar für das Gelingen eines Bildes herauskristallisiert. In diesem Buch steht der Entstehungsprozess eines Aquarells im Mittelpunkt. Ich stelle Ihnen verschiedene Möglichkeiten vor, wie es gelingt, zu einem erfreulichen Ergebnis zu kommen – aus meiner persönlichen Sicht. Ausführliche Instruktionen und Erklärungen kann ich nur zu meiner Malweise geben.

Der erste Teil, „Ein Bild entsteht", zeigt den Entstehungsprozess exemplarisch an verschiedenen Motivgruppen. Nachdem ich nicht an Tricks und Wunder glaube, sondern an Fleiß und Übung, führen einzelne Arbeitsschritte vor, wie sich das Motiv entwickelt und welche Basistechniken dabei Anwendung finden.

Der zweite Teil widmet sich speziellen Maltechniken und weiteren wichtigen Gesichtspunkten, von der Farbwahl über die Komposition bis hin zum Weiß im Aquarell. Zahlreiche Tipps und Hinweise geben hier wie auch im ersten Teil Information und Orientierung.

Ich hoffe, dass dieses Buch Ihnen mit seinen vielen Anregungen wertvolle Anhaltspunkte auf dem Weg zum gelungenen Aquarell liefert.

ONLINE-VIDEOS

Die Videos zu diesem Buch stehen in Ihrer Digitalen Bibliothek unter **www.topp-kreativ.de/digibib** nach erfolgter Registrierung zum Anschauen bereit. Den Freischalte-Code finden Sie im Impressum.

Dieses Symbol zeigt Ihnen, wo ein Video zur Verfügung steht.

Inhalt

Das zeitgemäße Aquarell – mein Weg

Seit mehr als 25 Jahren setze ich mich nun intensiv mit der Aquarellmalerei auseinander – diese Maltechnik hat mich in ihren Bann gezogen.

Betrachte ich Bilder aus meinen einzelnen Maljahren, erkenne ich darin alle bekannten Aussagen wieder, die sich mit der Malerei auseinandersetzen, wie „Malen lernt man nur durch malen" oder „Wer sich mit der Aquarellmalerei beschäftigt, geht einen harten Weg." Schön ist es, bei diesen Rückblicken zu sehen, dass ich von Jahr zu Jahr in allen Bereichen der Bildgestaltung malerische Fortschritte erkennen kann. Das Streben nach einem perfekten, zeitgemäßen Aquarell ist eine starke Antriebsfeder.

Was bedeutet zeitgemäß?

Zeitgemäß, das heißt für mich persönlich, eine Bildkomposition zu schaffen, die dem Betrachter einen gewissen Freiraum für seine persönlichen Eindrücke und Interpretationen lässt. Zeitgemäß bedeutet aber auch, dass im kreativen Prozess nicht die realistische Wiedergabe der Motivvorlage mein Ziel ist, sondern eine freie Umsetzung des Eindruckes, welches dieses Motiv, egal aus welchem Sujet es stammt, in mir ausgelöst hat. Das Motiv dient nur als Impuls zum Einstieg in die Gestaltung. Ausgehend von der Realität transformiere ich die Bildteile und übersetze sie nach meiner Sichtweise in Malerei. Ein Bild besteht für mich letztendlich aus Farbflächen, die sich mit viel Ausdruck und Räumlichkeit zu einer Komposition formen.

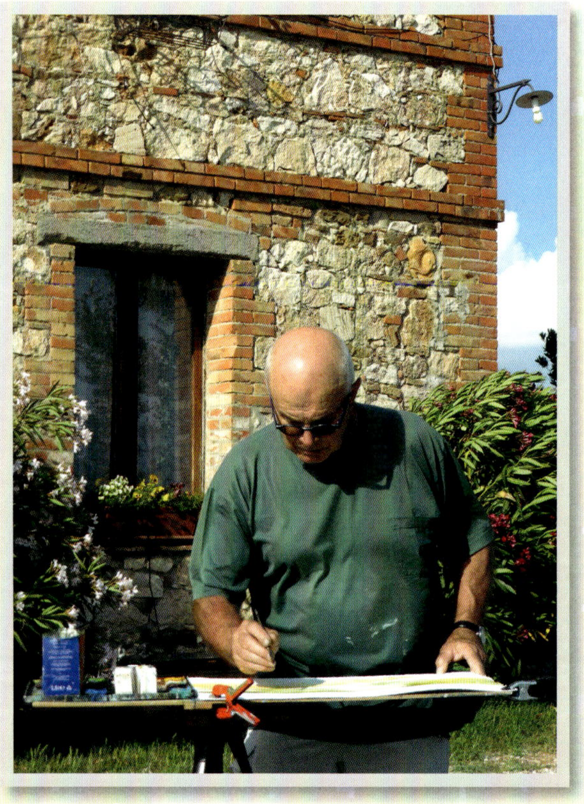

Durch die jahrelange Beschäftigung mit der Aquarellmalerei habe ich meine Maltechnik immer weiter vorangetrieben und perfektioniert. Das daraus resultierende Gefühl der Sicherheit hat mir dann erlaubt, mit neuen Vorgehensweisen und zeitgemäßen Malhilfsmitteln neue, spannende Ausdrucksformen zu entwickeln. Ich betone immer wieder, dass uns unsere Vorgänger viele Hinweise und Ratschläge hinterlassen haben, die für die Malerei sehr wichtig sind. Es ist aber auch unsere Aufgabe, mit dem Einsatz von Maltechniken und Malmitteln, die dem heutigen Standard entsprechen, die Malerei weiterzuentwickeln.

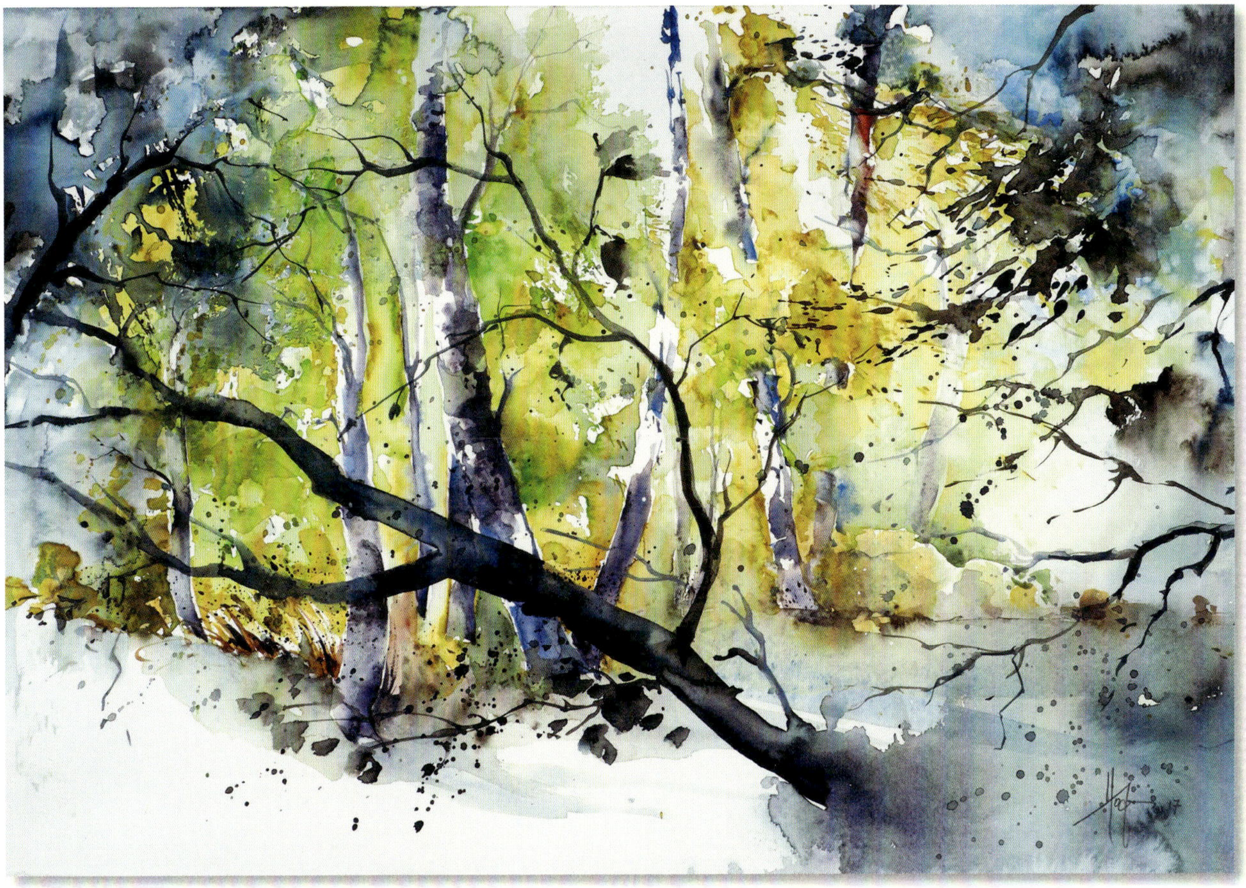

Im kreativen Prozess zum gelungenen Aquarell

Grundlage meiner Malerei ist das zeitgemäße Aquarell. Darunter verstehe ich die freie Umsetzung eines Motivs. Immer, wenn ich ein neues Motiv sehe, das ich gerne malerisch erfassen möchte, setze ich es bereits im Geiste um. Dann läuft in meinem Kopf ein Film ab. Spannend wird es spätestens dann, wenn ich wirklich male und mein „Kopf-Bild“ mit dem realen Ergebnis vergleiche. Der Reiz des Aquarellierens liegt ja gerade darin, dass es sich einer genauen Planung entzieht und der Zufall eine nicht unerhebliche Rolle spielt. Bedingt durch Farbverläufe entstehen beispielsweise Formstrukturen, die zu kompositorischen Veränderungen führen und die Bildaussage bestimmen. Dieser Moment ist mir mindestens genauso wichtig wie das fertige Bild.

Den Vorgang des Malens vergleiche ich mit einem Zwiegespräch. Mein Gesprächsanteil besteht darin, dass ich die Bildaussage durch Farbaufträge immer weiter komplettiere. Der jeweilige Grad der Komposition gibt mir Antwort, ob es nun reicht oder ob ich noch mehr gestalten muss. Wenn ich alle Komponenten bei der Bildgestaltung berücksichtigt und umgesetzt habe, dann kann ich von einem gelungenen Aquarell sprechen.

Die seminarfreie Zeit ist für meinen persönlichen malerischen Entwicklungsprozess überaus wichtig. Während des Arbeitens an den Bildern, deren Ideen sich im Lauf des Jahres in meinem Kopf festgesetzt haben, kommen Lösungsvorschläge zum Einsatz, an die ich beim Malbeginn noch gar nicht gedacht habe. Es entwickelt sich ein kreativer Prozess, der mich von bekannten malerischen Gestaltungselementen zu neuen Kompositionsmöglichkeiten treibt und in der Folge dann auch für mich überraschende Bildergebnisse entstehen lässt. All diese Erfahrungswerte und Gestaltungsideen bilden die Grundlage für dieses Buch.

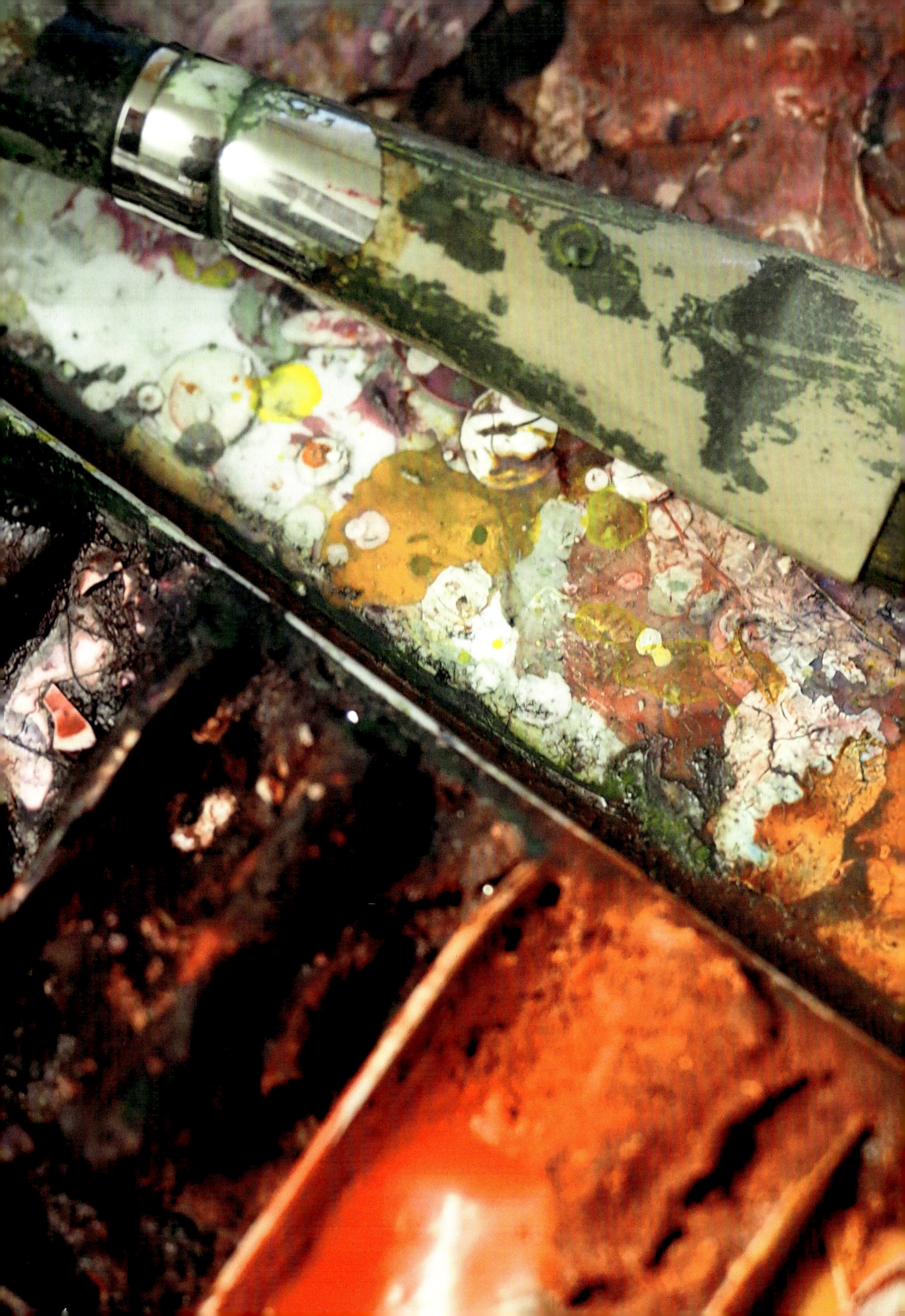

Material und Technik

Gewusst wie – um Aquarelle zu malen, müssen zu Anfang einige grundlegende Fragen geklärt werden. Wie steht es mit der Ausstattung mit Papier, Farben und Pinsel? Wie handhabe ich den Pinsel? Welche Auswirkungen auf die Farbwirkung hat die verwendete Wassermenge? Was geschieht beim Vermischen unterschiedlicher Nuancen? Auf den folgenden Seiten erhalten Sie in komprimierter Form Auskunft über die Materialien und Techniken.

Wie treffe ich die richtige Auswahl?

Machen Sie nicht den Fehler, zu Anfang günstigere, preiswerte Malmaterialien zu kaufen. Gerade für Einsteiger in die Aquarellmalerei ist es besser, mit Qualitätsartikeln zu arbeiten, die Ihre Bemühungen um ein gutes Bildergebnis unterstützen und nicht torpedieren. Konkret heißt das:

- Verwenden Sie ein Papier mit einer Grammatur ab 300 g/m².
- Kaufen Sie Farben eines renommierten Herstellers mit guter Pigmentqualität und Lichtechtheit.
- Verwenden Sie Pinsel, die ein gutes Wasseraufnahmevermögen besitzen und ihre Form behalten.

Kontaktieren Sie einen erfahrenen Malerkollegen oder den Mitarbeiter eines Fachgeschäftes für Künstlerbedarf und lassen Sie sich beraten, wenn Sie bei der Auswahl der Malmaterialien unsicher sind.

Papier

Beginnen wir mit dem Papier als Bildträger. Ohne Papier ist keine Malerei möglich. Die Ausgangsstoffe für die Papierherstellung sind Fasern, aus denen die Zellulose als Grundsubstanz gewonnen wird. Diese Fasern stammen bei den Aquarellpapieren hauptsächlich aus der Holz- oder der Baumwollverarbeitung (Hadern). Als weitere Zusatzstoffe findet man Leime und Harze zur Leimung und Imprägnierung sowie unterschiedliche Füll- und Hilfsstoffe.

Aquarellpapiere werden als Büttenpapiere, die in ihrer Wirkung handgeschöpften Papieren entsprechen, hergestellt. Auf Büttenpapier verläuft die Aquarellfarbe sehr gleichmäßig, im Gegensatz zur Rollenware mit einer vorgegebenen Laufrichtung.

Je nach Weiterbearbeitung des Papiers wird anschließend die Oberflächenstruktur eingepresst. Die Bandbreite reicht von sehr grobkörnigem Papier über Feinkorn bis hin zu satinierten Qualitäten. Die Papiergrammatur, das Gewicht, bezieht sich auf einen Quadratmeter und kann bis zu 850 g/m² betragen.

Meine Papierwahl

Für meine Malerei bevorzuge ich ein Hadernpapier, also Baumwollzellulose, hergestellt als Büttenpapier mit einem Gewicht von 640 g/m².

Bei den meisten Motiven verwende ich ein Papier mit einer satinierten Oberfläche. Dabei läuft das Papier am Ende des Herstellungsprozesses durch beheizte Eisenwalzen, welche die Oberfläche ganz glatt einbrennen. Diese glatte Oberfläche führt dazu, dass das darauffallende Licht gut reflektiert wird, was wiederum die aufgetragenen Aquarellfarben stark zum Leuchten bringt. Damit das Papier alle von mir gewünschten Anforderungen mitbringt, lasse ich mir eine eigene Charge herstellen.

Aquarellfarben

Bei Aquarellfarben handelt es sich um nicht deckende Wasserfarben. Grundsätzlich bestehen sie aus sehr feinen Farbpigmenten, einem wasserlöslichen Bindemittel sowie Zusatzstoffen wie Netz- und Feuchthaltemittel.

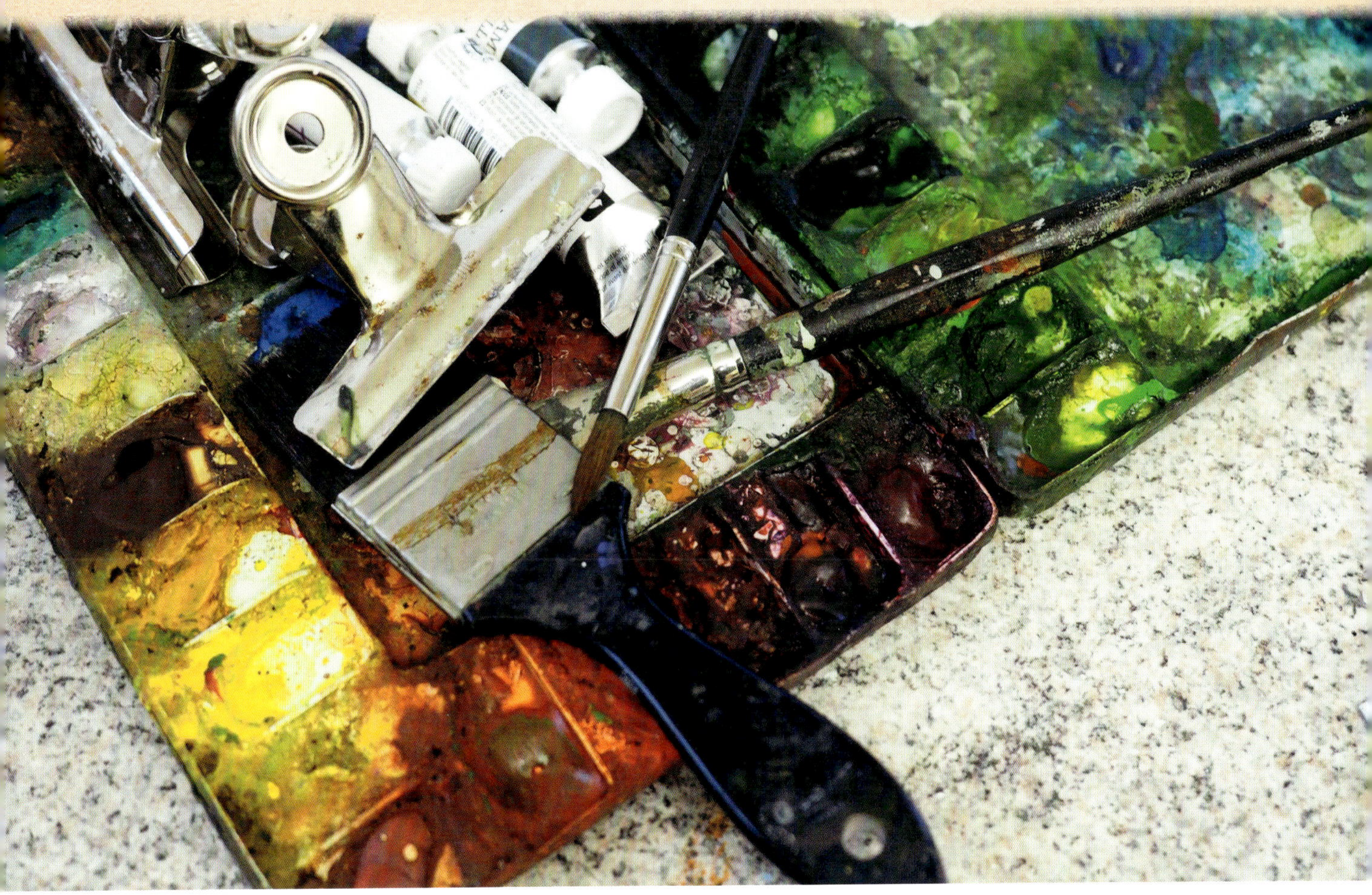

Im Handel werden die Farben sowohl in Näpfchen als auch in Tubenform angeboten. Ich bevorzuge die Tubenware, nicht nur wegen der intensiven Farbbrillanz der frisch ausgedrückten Farbe, sondern auch, da sie im Verhältnis zur Näpfchenware preiswerter sind. Die Näpfchen werden in einem aufwändigen Verfahren gefüllt und alle Arbeitsgänge verursachen Lohnkosten.

Bestandteile der Aquarellfarbe

- **Pigmente:**
  An die Vielzahl der Künstlerpigmente, die für die Aquarellfarbenherstellung zur Verfügung stehen, werden hohe Qualitätsansprüche gestellt. An erster Stelle steht wohl die Lichtbeständigkeit, die von den Herstellerfirmen sehr aufwendig getestet wird und auf den Verpackungen gekennzeichnet ist. Je nach Pigmentart kann ein lasierendes, durchscheinendes oder deckendes Farbergebnis erzielt werden.

- **Bindemittel:**
  Es besteht meist aus Gummi Arabicum, das in den Trockenzonen der Sahara angebaut wird. Damit dieses Naturprodukt alle Ansprüche erfüllt, werden die verschiedenen Lagen einer ausführlichen Prüfung unterzogen.

- **Feuchtigkeitsbindende Zusätze:**
  Hier kommen vorwiegend feinste Zuckersirupe und Glyzerine zum Einsatz.

- **Netzmittel:**
  Netzmittel wie Ochsengalle können der Farbmasse als Zusatzmittel beigegeben werden, damit der Aquarellfarbaufstrich kontrolliert und wolkenfrei erfolgen kann.

Maltechnik

Die beiden wichtigsten Grundtechniken, die bei der Aquarellmalerei vorwiegend Anwendung finden, sind das Lasieren und das Lavieren.

Lasieren

Beim Lasieren kommen die als „lasierend" gekennzeichneten Farbtöne zum Einsatz. Die Farbe wird auf das trockene Papier aufgetragen und kann nach dem Trocknen mit weiteren Farbschichten übermalt werden. Ja nach Farbwahl kann dabei eine farbsteigernde oder farbdämpfende Wirkung erzielt werden.

Mit dem ersten stark verdünnten Farbauftrag entstehen Grundformen der Komposition, die mit jedem weiteren Lasurauftrag dunkler werden. Ein ähnliches Ergebnis können Sie bei den einzelnen Entwicklungsschritten eines Baummotivs (siehe S. 67ff.) gut nachverfolgen.

Lavieren

Unter den Begriff Lavieren fallen mehrere Techniken, die nicht eindeutig gegeneinander abgegrenzt sind, wie etwa die Verlauf- oder die Nass-in-Nass-Technik. Der Wortstamm leitet sich von lat. lavare = waschen ab.

Bei der Verlauftechnik wird mit einem intensiven Farbauftrag auf trockenem Papier begonnen. Dieser wird mittels eines mit klarem Wasser angefeuchteten Pinsel so verzogen, dass er immer heller ausläuft. Lavierungen eignen sich gut zum Anlegen von Hintergründen.

Wird der Farbauftrag mit verschiedenen Farbtönen auf einem nassen Untergrund angelegt, spricht man von einer Nass-in-Nass-Technik.

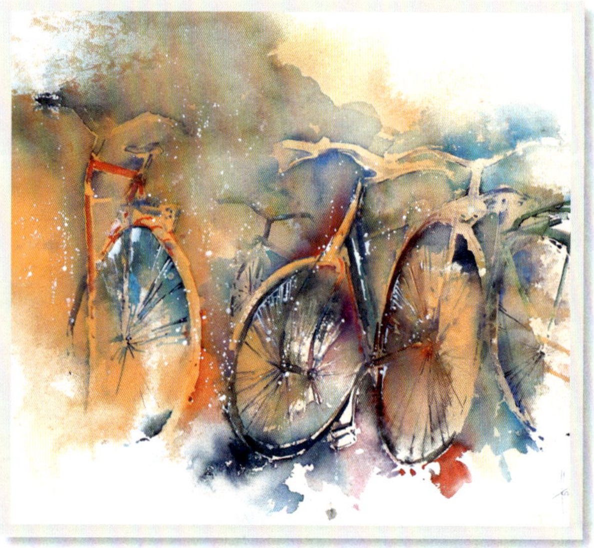

Bei diesem Bild hat mir noch das gewisse Etwas, der Pfiff, gefehlt. Erst nach dem flächigen Auftrag einer Lasur mit Orange entstand eine besondere Bildaussage.

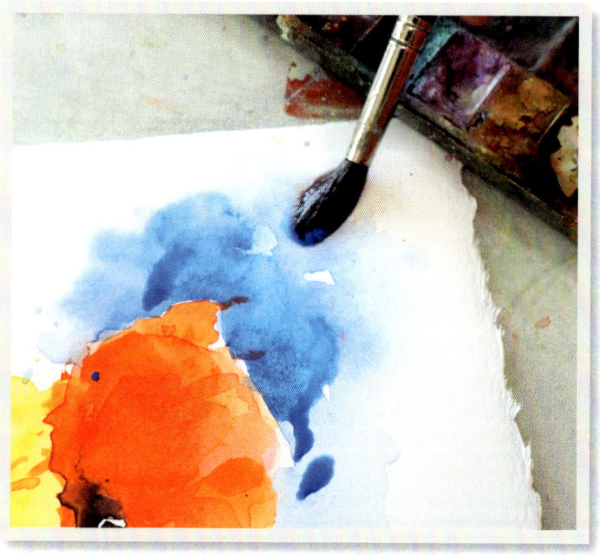

Motivteile, die mit der Technik des Lavierens hinterlegt werden, schieben sich in den Vordergrund.

Pinsel

Pinsel werden in unterschiedlichen Formgebungen und aus unterschiedlichen Haaren bzw. Borsten hergestellt. Ich arbeite gern mit sehr spitz gebundenen Pinseln, die aus Rotmarderhaaren hergestellt werden. Rotmarderhaar hat eine natürliche Wuchsform, die dem Pinselkörper viel Spannkraft und Elastizität verleiht. Zudem sind Naturhaare außen von einer Schuppenschicht umgeben, die dazu beiträgt, dass die Malfarbe gut gehalten wird und nicht so schnell herabtropft. Der Mix aus kürzeren und längeren Haaren schafft im Pinselkörper Volumenräume, in denen viel Farbe aufgenommen werden kann.

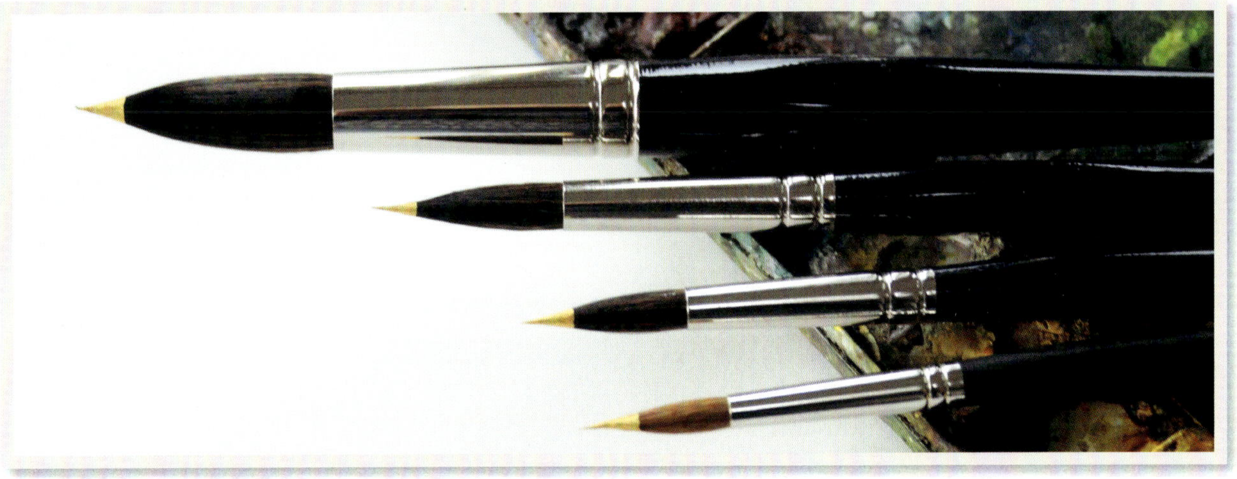

Mit diesen Pinseln in verschiedenen Größen gestalte ich den Großteil meiner Aquarelle.

Eine zweite Kategorie von Pinseln, mit der ich meine Bilder gestalte, kommt eigentlich aus dem Bereich der Acrylmalerei und besteht aus Kunstfasern. Hier ist es ganz speziell der Schrägschnittpinsel, mit dem ich sehr viel arbeite, denn der Einsatzbereich dieses Pinsels ist sehr vielseitig.

Im Normalfall lege ich mit der Breitseite flächige Motivteile an. Wenn ich den Pinsel umdrehe, steht mir eine Spitze zur Verfügung, die sich sehr gut für lineare Strichteile eignet.

Die härtere Borste lässt noch weitere Gestaltungsmöglichkeiten zu. Durch senkrechtes Aufstoßen teilt sich der Pinselkörper und führt zu feinen, linearen Farbverteilungen, mit denen sich Gräser und Wasseroberflächenstrukturen darstellen lassen.

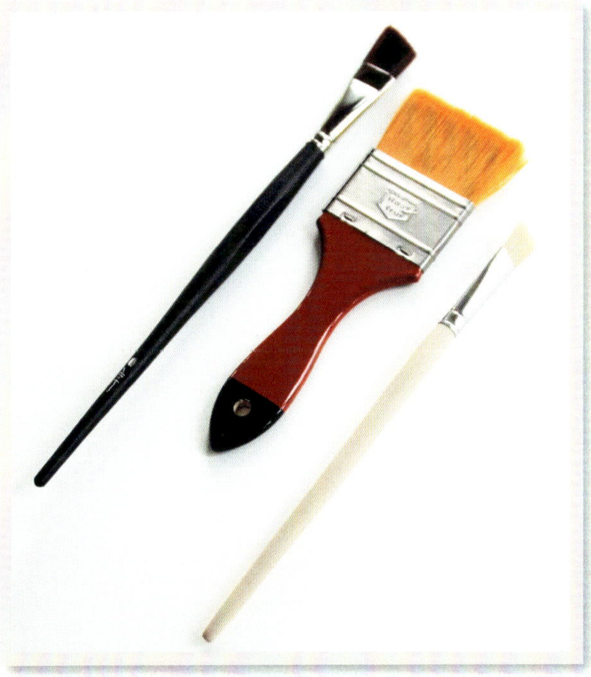

Auch diese Kunstfaserpinsel – von oben: Schrägschnittpinsel, Verwaschpinsel, kurzer Borstenpinsel (siehe S. 14) – eignen sich für die Aquarellmalerei.

Pinseltechnik

Haarpinsel

Schon die Form, wie ein Pinsel gebunden wird, lässt Rückschlüsse darüber zu, wie er angewendet werden kann. Mit der Spitze können je nach Pinselstärke mehr oder weniger feine Linien gezogen werden.

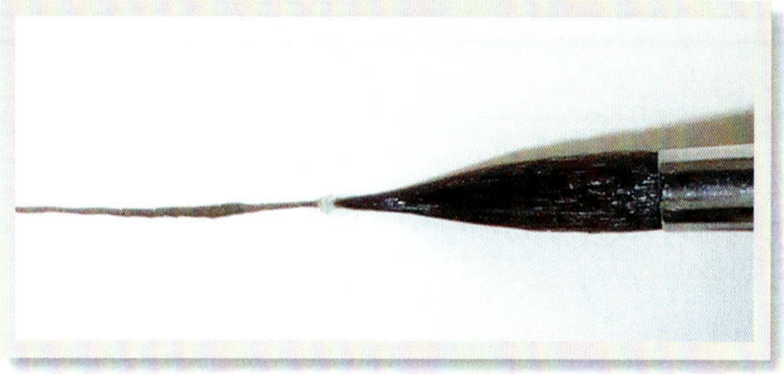

Die Spitze eines feinen Rundpinsels eignet sich besonders für grafische, lineare Gestaltungen.

Der Pinselkorpus, mit dem die Farbmenge aufgenommen wird, kommt bei der Anlage von flächigen Bildteilen zum Einsatz. Dabei wird der Haarteil des Pinsels flach auf das Papier aufgelegt und der gewünschten Form entsprechend verzogen.

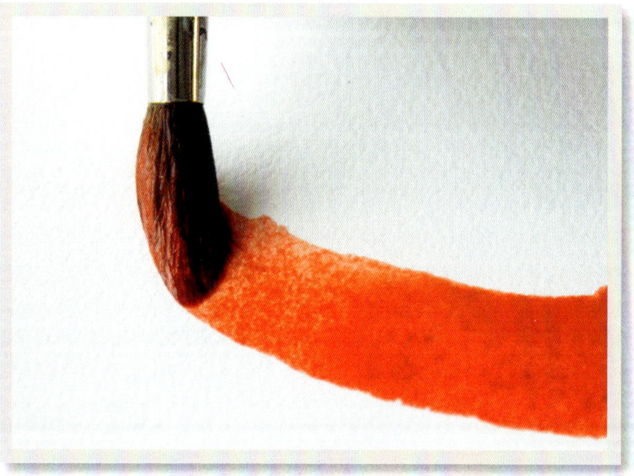

Mit dieser in Form geführten Pinselrichtung entstehen ruhige, formbezogene Farbflächen.

Die charakteristische Linienführung eines Pinselstrichs bezeichnet man mit dem Fachbegriff „Duktus“. Nachdem jeder Maler seine persönliche Art hat, diese Malweise auszuführen, kann man ihn bereits daran erkennen.

Der Einsatz des jeweiligen Pinsels hängt von dem Motiv und der Größe des zu gestaltenden Motivteiles ab.

Kunsthaarpinsel

Mit dem schräg geschnittenen Kunsthaarpinsel steht mir ein Malgerät zur Verfügung, dessen Vielseitigkeit ich sehr schätze. Er lässt sowohl eine flächige als auch eine lineare Malweise zu. Durch das Aufstoßen der kurzen Borsten auf dem Papier entstehen filigrane Linienstrukturen. Den breiten Verwaschpinsel setze ich zur Gestaltung großflächiger Bildteile ein, während sich der kurze Borstenpinsel zur Gestaltung von feinsten Spritzern eignet, die ich gerne zum Abschluss bei meinen Aquarellen einsetze.

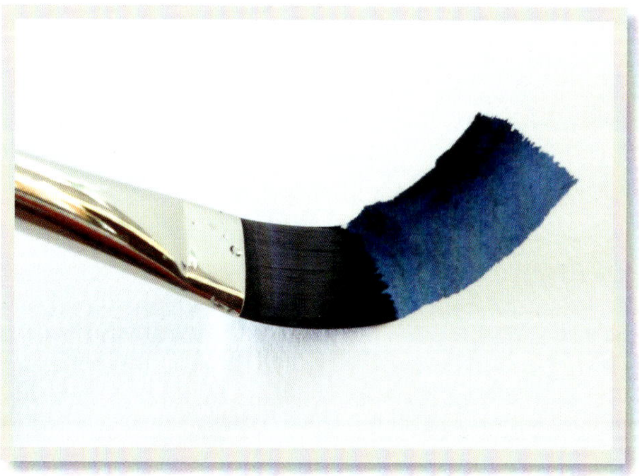

Mit der Breitseite des Schrägschnittpinsels gelingt es, Flächen zu gestalten.

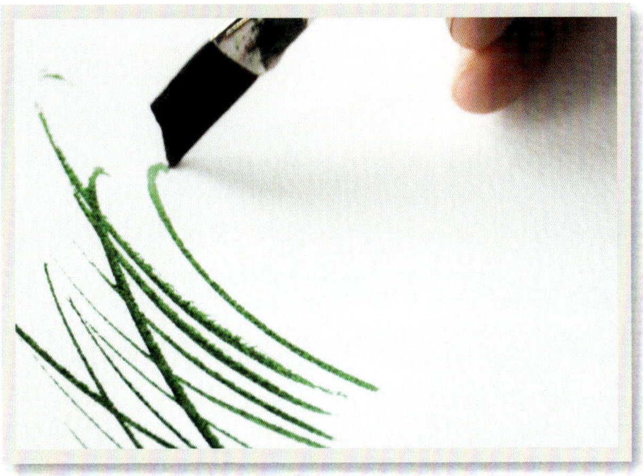

Bedingt durch den Schrägschnitt steht, wenn man den Pinsel dreht, eine Spitze zur Verfügung. Damit gestalte ich sehr gerne Stängel und Gräser.

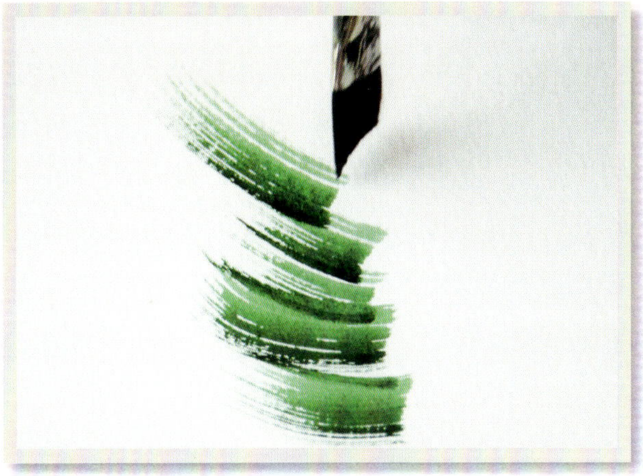

Ein weiterer Einsatzbereich ergibt sich, wenn ich den Pinsel senkrecht auf einer Unterlage aufstippe. Dadurch teilen sich die Fasern geringfügig und es entstehen feine Linien in einer flächigen Anordnung.

Halbgedreht werden diese Linien breiter und variabler.

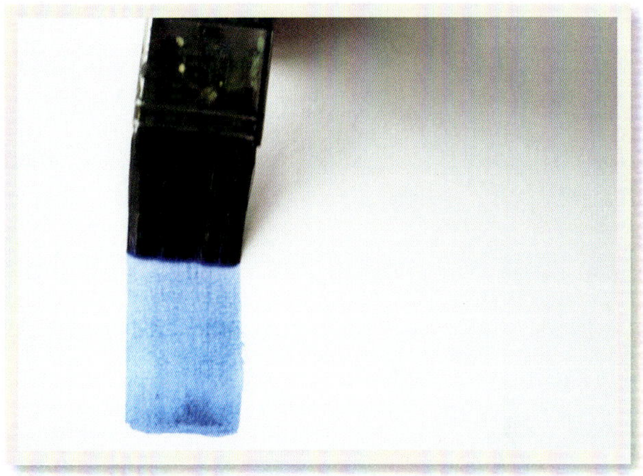

Der breite Verwaschpinsel eignet sich gut zum Lavieren und für die Anlage großflächiger Bildpartien.

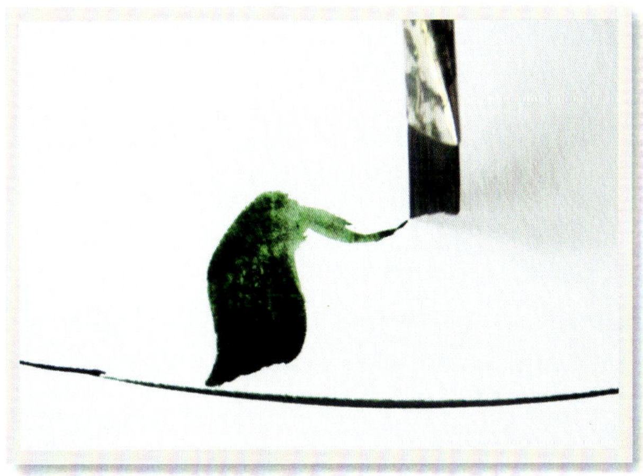

Mit der Breitseite angesetzt und während des Farbauftrages gedreht, entstehen Blätter.

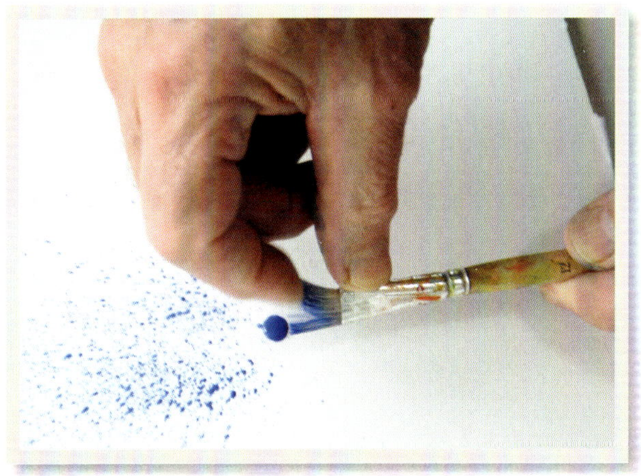

Für die Spritztechnik leistet ein kurzer Borstenpinsel gute Dienste.

Nachgefragt: Material und Technik

Welchen Vorteil hat ein 600-g/m²-Papier als Bogenware?

Einzelne Bögen sind immer preisgünstiger als ein Block in derselben Qualität. Blockware muss beschnitten und verleimt werden und erhält zusätzlich noch eine Blockdecke. Das sind alles Mehrkosten in der Herstellung.

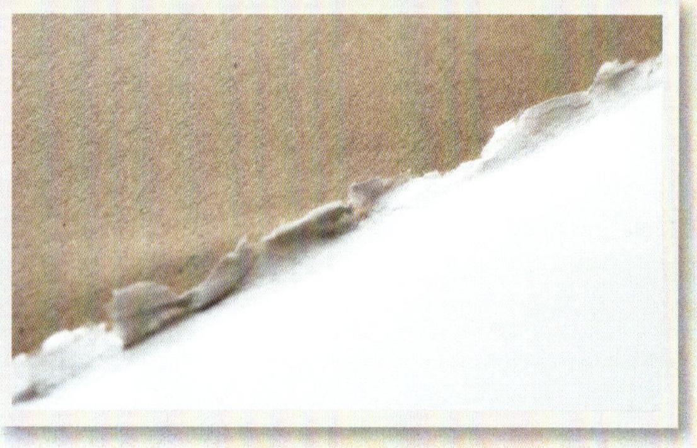

Bögen mit einem Gewicht von 600 g/m² wellen sich auch bei einer sehr wässrigen Malweise nur ganz wenig. Zudem verteilt sich der Farbauftrag auf dem Papier beim Malen in der Natur an sehr sonnigen Tagen gleichmäßiger und trocknet langsamer, deshalb entstehen nicht so schnell ungewollte Trockenränder. Und last, but not least: Wenn ich bei der Bildpräsentation den Bogen frei in ein Passepartout einlege, verleiht der ausgefranste Büttenrand dem Aquarell einen edlen Ausdruck.

Wie wichtig ist die Qualität der Farben für das Gelingen eines Aquarells?

Sehr wichtig. Der teuerste Bestandteil bei den Aquarellfarben sind die Pigmente. Zum einen sind Aquarellfarben mit einer stärkeren Konzentration von Pigmenten kostspieliger, zum anderen ist es die Qualität der Pigmente, die sich auf den Preis auswirkt. Sehr deutlich wird dies sichtbar, wenn man einen Aufstrich mit Farben aus einem Schulmalkasten mit dem Aufstrich von Künstleraquarellfarben nebeneinander stellt.

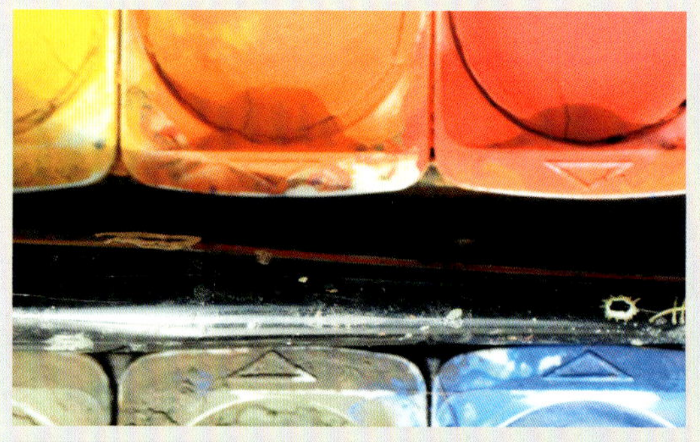

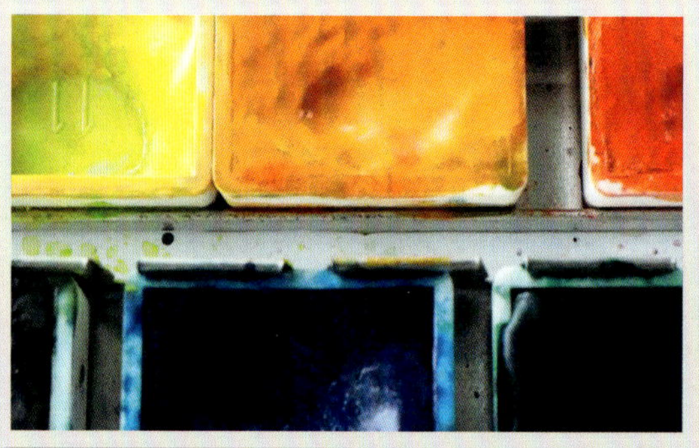

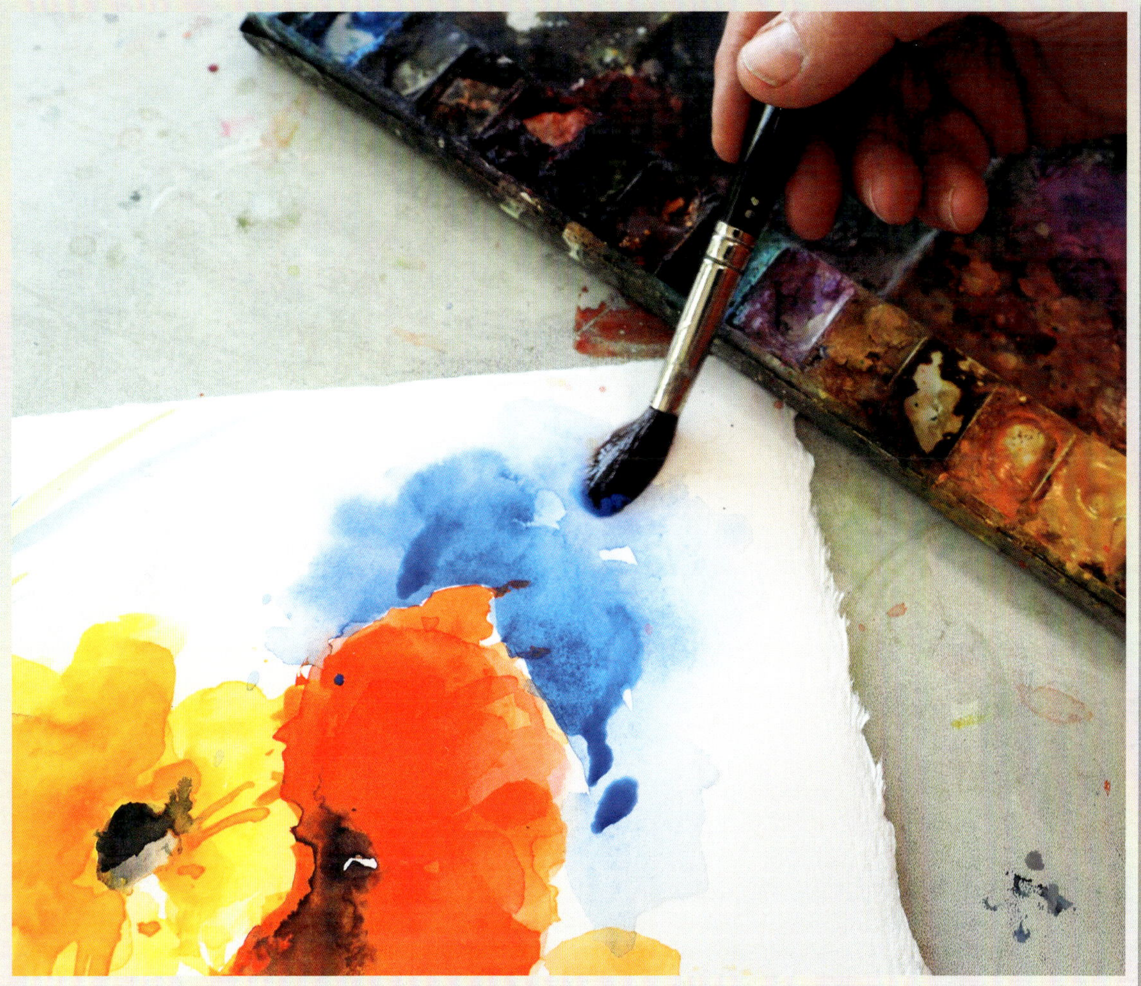

Lohnt es sich, einen teuren Rotmarderpinsel zu kaufen?

Rotmarderhaare weisen in ihrem Wachstumsverlauf eine Formgebung auf, die als Grundlage für die hohe Elastizität beim fertigen Pinsel verantwortlich ist. Echthaare sind immer außen von einer Schuppenschicht abgeschlossen. Diese Schuppenschicht bindet die wässrige Aquarellfarbe besser, so dass ein Rotmarderpinsel nicht so schnell tropft. Einen weiteren Vorteil sehe ich im Speichervermögen eines Rotmarderpinsels. Bei Abstreifversuchen zwischen einem Rotmarderpinsel und einem Kunstfaserpinsel schneiden die Echthaarpinsel immer besser ab.

Reicht es, die Pinsel nach der Malarbeit mit Wasser auszuwaschen?

Gutes Spülen mit viel klarem Wasser reicht in der Regel, ab und zu sollte man die Pinsel allerdings einer intensiven Reinigung unterziehen. Als Reinigungsmittel empfiehlt sich Kernseife. Seife wird aus Fett und Alkalien hergestellt, sodass von dem Fettanteil gleich ein Pflegeeffekt für die Pinselhaare ausgeht. Beim Reinigen sollten die Pinselhaare nach dem Benetzen mit Wasser mit der Seife kräftig durchmassiert werden, damit sich eventuell eingetrocknete Pigmentreste lösen. Nach einem Spülvorgang schließen sich die Pinselhaare wieder zu einer gut gespitzten Form.

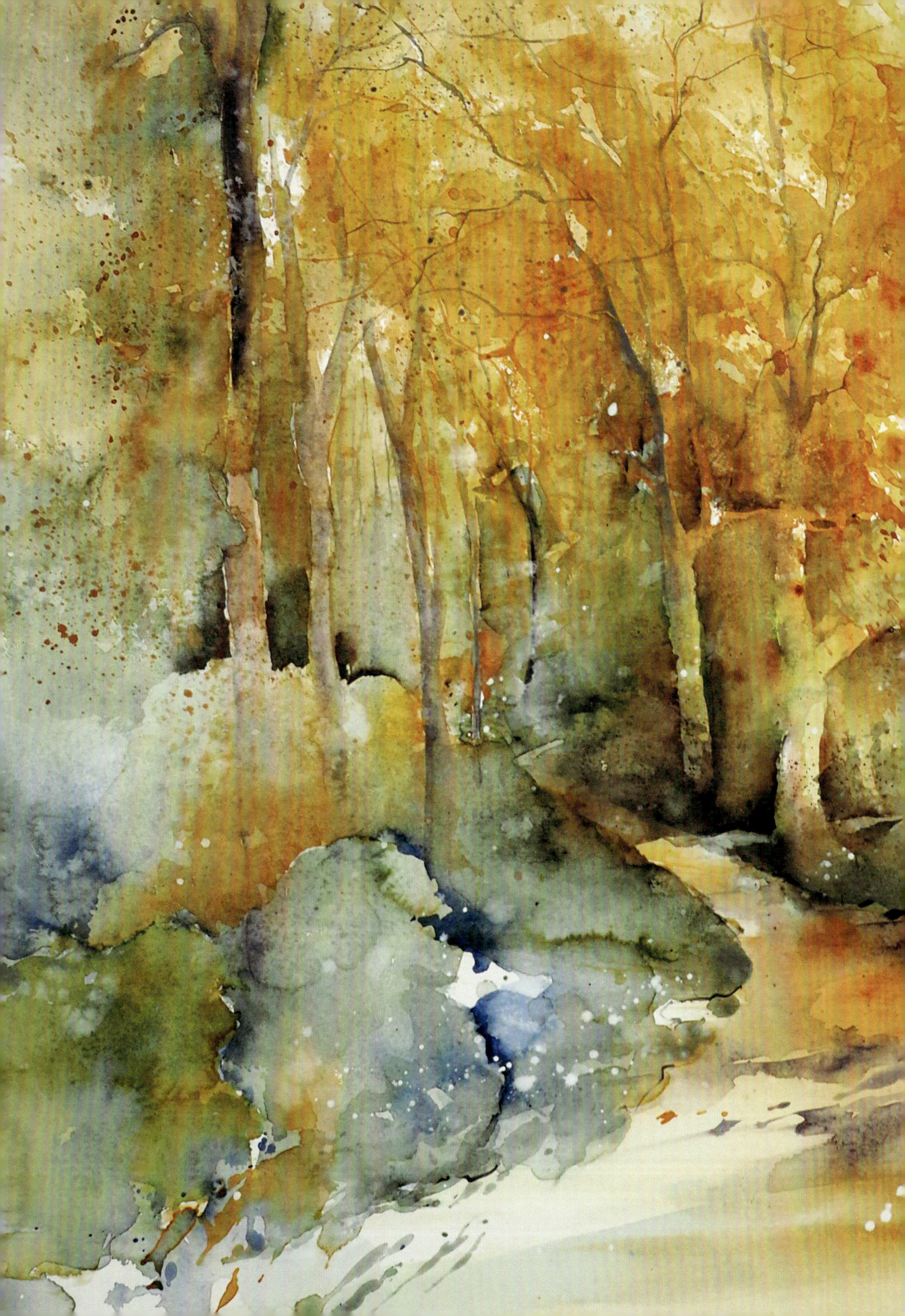

Ein Bild entsteht – meine Motive

Am Anfang des Malvorganges steht die Motivauswahl. Manchmal bin ich gezielt auf der Suche nach einem bestimmten Sujet, aber es kommt auch immer wieder vor, dass ich auf ein Genre stoße, das in mir den Wunsch auslöst, es malerisch festzuhalten. Bereits bei der Betrachtung dieser Motive läuft in meinem Kopf ein Film ab, in dem ich mir vorstelle, wie ich die betreffende Szenerie oder die Objekte realisieren könnte. Mit dieser Vorstellung gehe ich dann an den Malvorgang heran.

Ein Bild entsteht!

Ein gelungenes, interessantes Bild zu erstellen ist sicher der Wunsch eines jeden Malers. Allerdings kann sich dieser Wunsch auch manchmal negativ auf die Bildgestaltung auswirken, dann nämlich, wenn man zu verkrampft herangeht. Deshalb übe ich mich darin, mit einer gewissen Lockerheit und Offenheit in den Malprozess einzusteigen, um einer zu ehrgeizigen Vorgehensweise keine Chance zu geben. Interessanter ist für mich ohnehin die Frage: Ist das Bild während des Malens oder nach seiner Fertigstellung für mich wertvoller? Bis heute bin ich noch zu keiner endgültigen Aussage gelangt.

Die während der einzelnen Malphasen neu auftretenden Farb- und Formverläufe des Aquarells faszinieren mich immer wieder und fördern meinen kreativen Prozess. Daraus entwickeln sich dann neue Details, die in meinem anfänglichen Kopffilm noch nicht vorhanden waren. Aus dem Zusammenspiel der einzelnen Bildelemente arbeite ich einen Kompositionsschwerpunkt heraus, der bei der abschließenden Betrachtung als Blickfänger fungiert und Spannung ins Bild bringt.

Wie jedem Maler stellen sich auch mir im Verlauf des Arbeitsprozesses die Fragen: Wann ist das Bild fertig? Entspricht es meinen anfänglichen Vorstellungen? Fügen sich alle Elemente in das Kompositionsschema ein? Für mich hat sich bei dieser Abschlussbetrachtung zum einen der zeitliche Abstand, zum anderen eine am Malprozess unbeteiligte Person als Kritiker im positiven Sinn als sehr wertvoll erwiesen. Nur dann, wenn alles stimmt, ist ein gelungenes Aquarell entstanden.

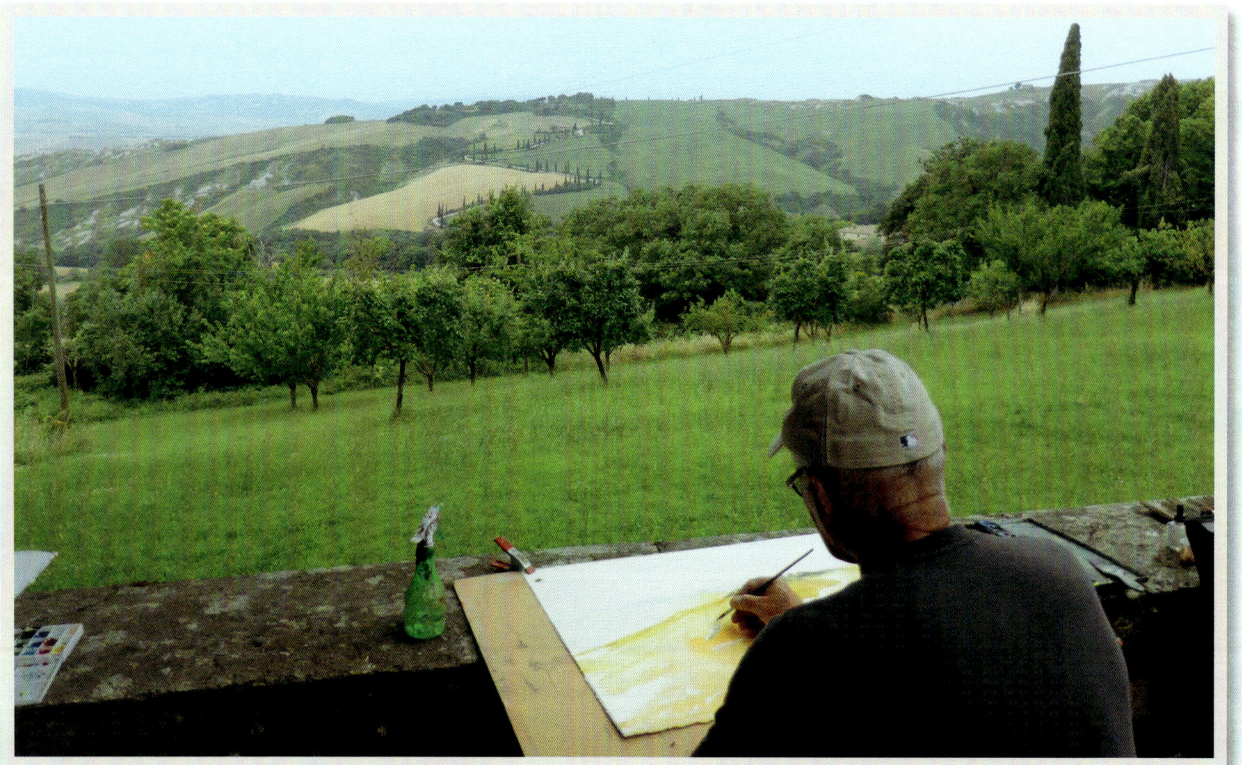

Blumen

Blumen und Aquarell – diese beiden Begriffe sind für mich leicht auf den Nenner zu bringen: gesucht und gefunden.

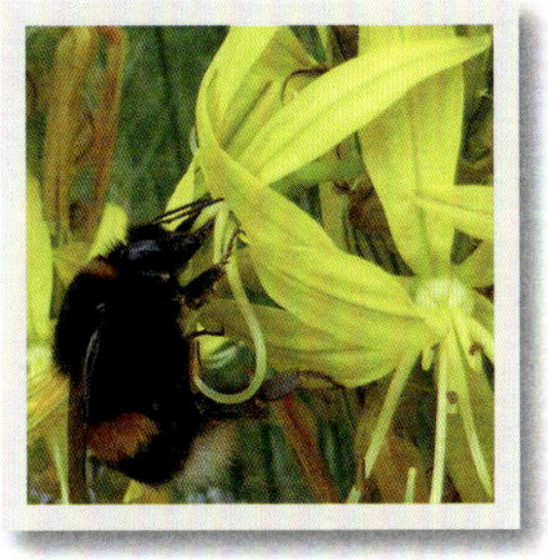

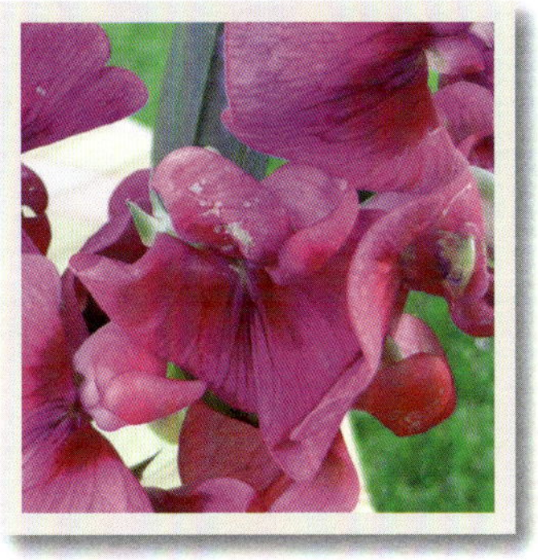

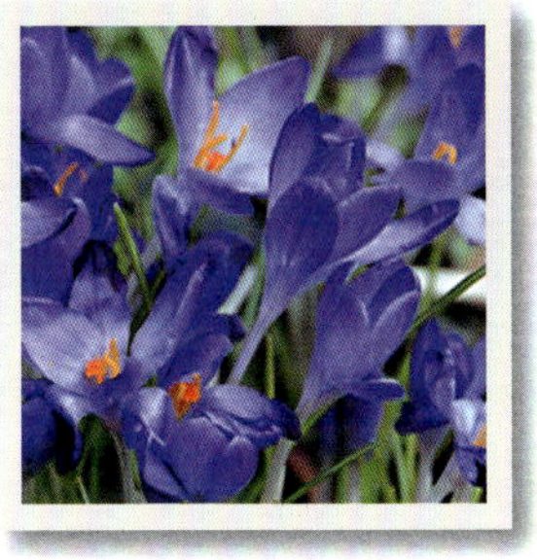

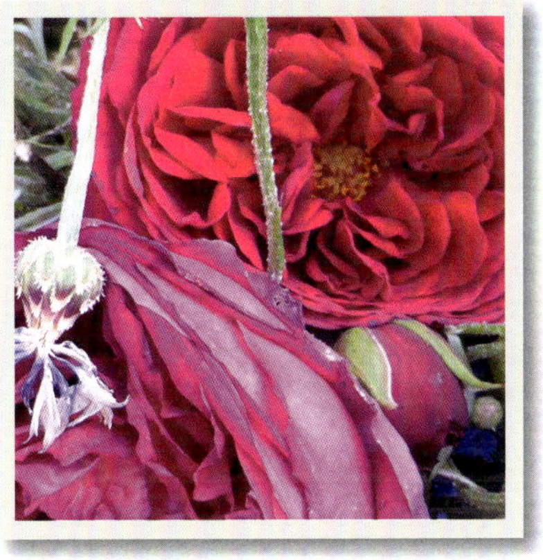

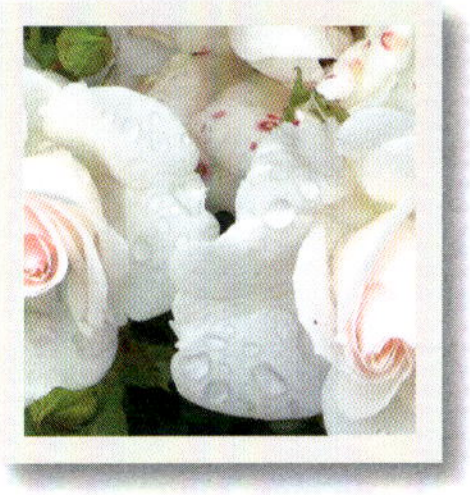

Die faszinierende Vielfalt der Formen und Farben, die bei Pflanzen und Blüten zu finden sind, haben sicherlich dazu beigetragen, dass dieses Sujet zu einem der am häufigsten gemalten Motive in der Aquarellmalerei gehört. Betrachtet man allein schon die unendliche Vielzahl der unterschiedlichen Blatt- und Blütenformen, wird deutlich, dass sich diese sehr abwechslungsreich in Aquarellkompositionen integrieren lassen.

Beim Malen von Blumenaquarellen stelle ich immer wieder fest, dass ich ein Farbenmensch bin. Die verschiedensten Nuancen, die sich speziell in Gartenbeeten zu einer Blütenexplosion vereinen, ergeben eine unglaubliche Farbharmonie. Bei Blumengestecken vermischen sich Form und Farbe zu einer Einheit. Rispenblüher streben in die Höhe, im unteren Bereich geben teils großblühende Arten dem Strauß Volumen und Halt. Sie merken schon, wenn ich nur daran denke, komme ich schon ins Schwärmen.

Um der Farbvielfalt der Blüten in ihrer Leuchtkraft gerecht zu werden, male ich meine Blumenaquarelle mit reinen Farbtönen. Stehen diese reinen, ungemischten Töne nebeneinander, steigern sie sich in ihrem Ausdruck. Dasselbe gilt für komplementäre Farbpaare.

Auf den folgenden Seiten präsentiere ich einen Querschnitt durch die Blumenarten. Eine wichtige Rolle für die Bildgestaltung spielen dabei auch das Weiß im Aquarell durch Aussparen oder Abdecken bestimmter Bildpartien sowie dunklere Hinterlegungen, die der Komposition Tiefe und Räumlichkeit verleihen. Nähere Informationen zu diesen Themen finden Sie auf den Seiten 108 ff. und 113 ff. Hier gebe ich Ihnen ganz konkrete Tipps zur Bildgestaltung.

Blütenkomposition

Papier: Hadern, Büttenpapier „Ekkehardt Hofmann“, 640 g/m², Feinkorn, 38 cm x 56 cm
Farben: Reingelb, Indischgelb, Lasurorange, Zinnoberrot, Perylene Maroon, Gelbgrün, Olivgrün, Bergblau, Kobaltblau hell, Ultramarin feinst, Indigo, Vandyckbraun, Caput mortuum

Im Rahmen einer Landesgartenschau wurden ausgefallene Blumengestecke präsentiert. Ein Strauß fiel mir besonders auf, weil er genau meinen Vorstellungen von Farbhäufungen bei Blumensträußen entsprach. Der Aufbau des Gestecks mit seiner engen Blütenanordnung war kompositorisch flächig angelegt. Sofort stellte ich Überlegungen an, wie ich dieses Bukett malerisch lösen würde. Lange Zeit habe ich mir dieses Arrangement angesehen, in meinem Kopf abgespeichert und bereits vor Ort im Geiste gemalt.

Bei der Realisierung des Motivs habe ich auf eine Bleistiftskizze verzichtet, um die freie Blütenanordnung bei meiner Aquarellgestaltung flächig umzusetzen. Wichtig war mir die Blütenkonzentration mit einem Schwerpunkt auf der rechten Bildseite. Im Außenbereich löst sich die Komposition auf der rechten Motivseite farblich flächig und auf der linken Seite linear auf.

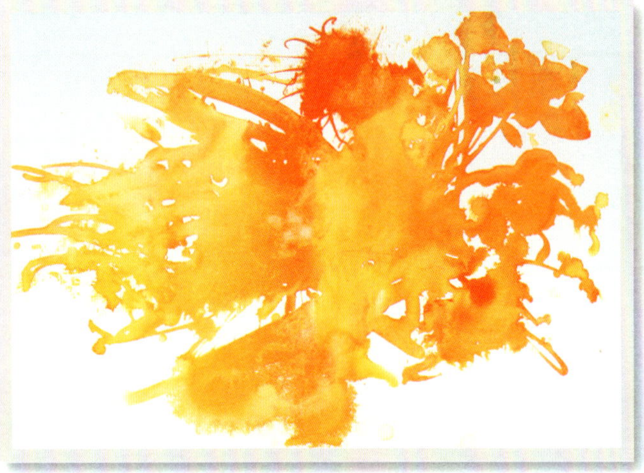

1 Mit dieser Vorgabe erfolgt mein erster Farbauftrag. Reingelb, Indischgelb und Lasurorange, teilweise mit einem sehr nassen Farbverlauf aufgetragen, wechseln sich mit der linearen Andeutung von Stängeln ab. Die weißen Durchbrüche im Farbauftrag sind mir für die Gestaltung der Räumlichkeit sehr wichtig.

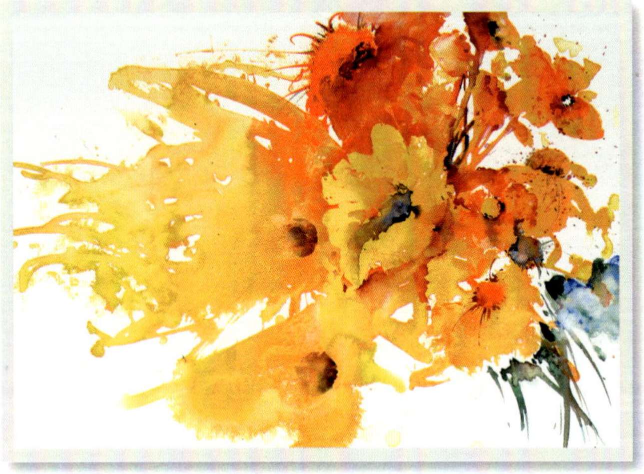

2 Ausgehend von diesem Grundauftrag gestalte ich je nach Farbkonzentration die ersten konkreten Blüten. Direkte Draufsichten, Halbansichten, kleine und große Blüten, teilweise nur angedeutet, ergeben ein abwechslungsreiches Blütengesteck. Die dunklen Blütenstempel betonen die Mittelpunkte und die Räumlichkeit. Erste Stängel am linken unteren Bildrand dienen der Bodenhaftung.

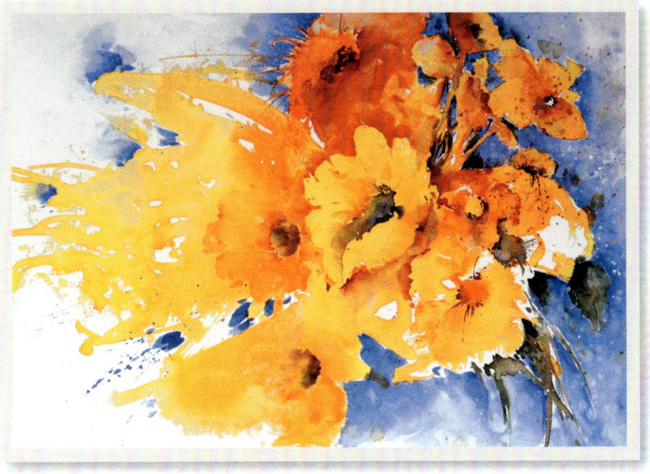

3 Die kobaltblaue Hintergrundnuancierung erfüllt gleich zwei Aufgaben: Zum einen hebt sie das Blütengesteck in den Vordergrund und zum anderen steigert sie durch den Komplementärkontrast zu den orangefarbenen Blüten deren Leuchtkraft.

4 Jetzt sind es nur noch wenige Handgriffe, die der Komposition zusätzliche Akzente verleihen und den Gesamtausdruck steigern:

- Ultramarin feinst vertieft an einigen Stellen den Blaubereich,
- zusätzliche Stängel spannen den Strauß in das Blatt ein,
- farbliche Vertiefungen bei den Blütenstempeln heben diese noch hervor,
- ein paar Farbspritzer sorgen zum Schluss für Lockerheit.

Komplementär-Kontrast

Komplementäre Farben liegen sich im Farbkreis direkt gegenüber: Rot und Grün, Blau und Orange, Gelb und Violett. Diese Farbpaare steigern sich gegenseitig zu höchster Farbwirkung und Leuchtkraft. Mischt man die jeweiligen Komplementärfarbpaare zusammen, ergibt sich ein neutraler Grauton.

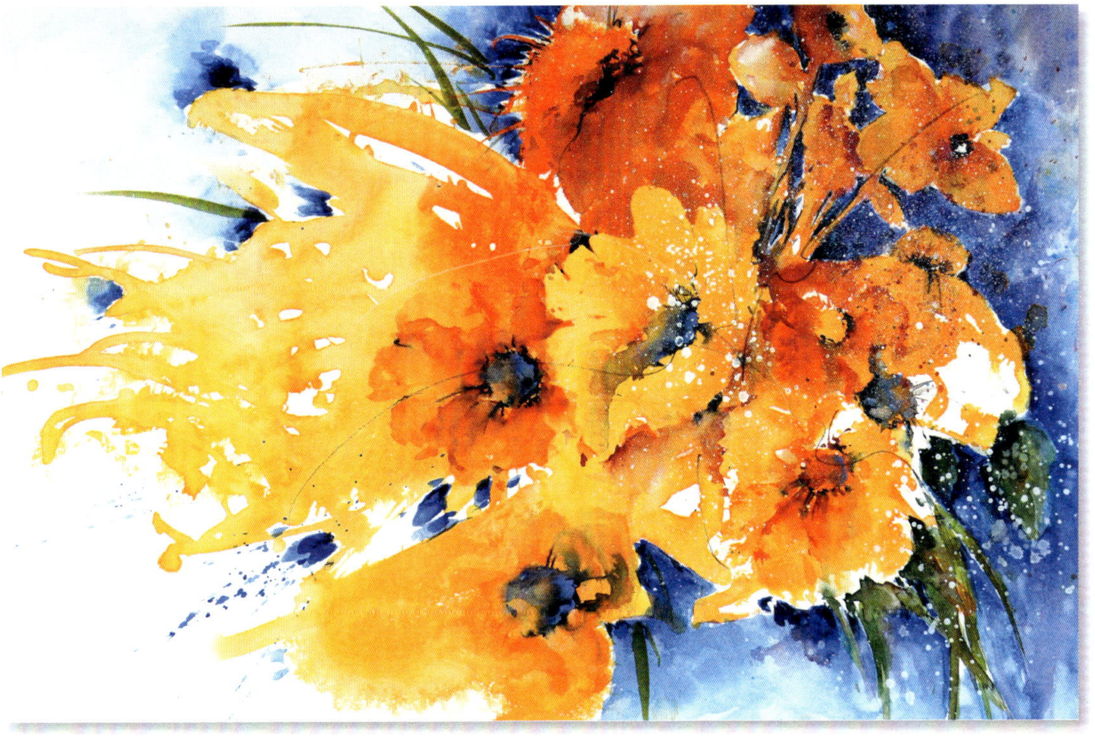

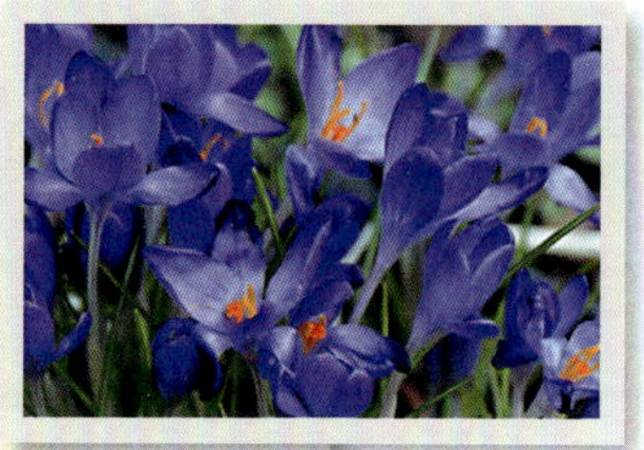

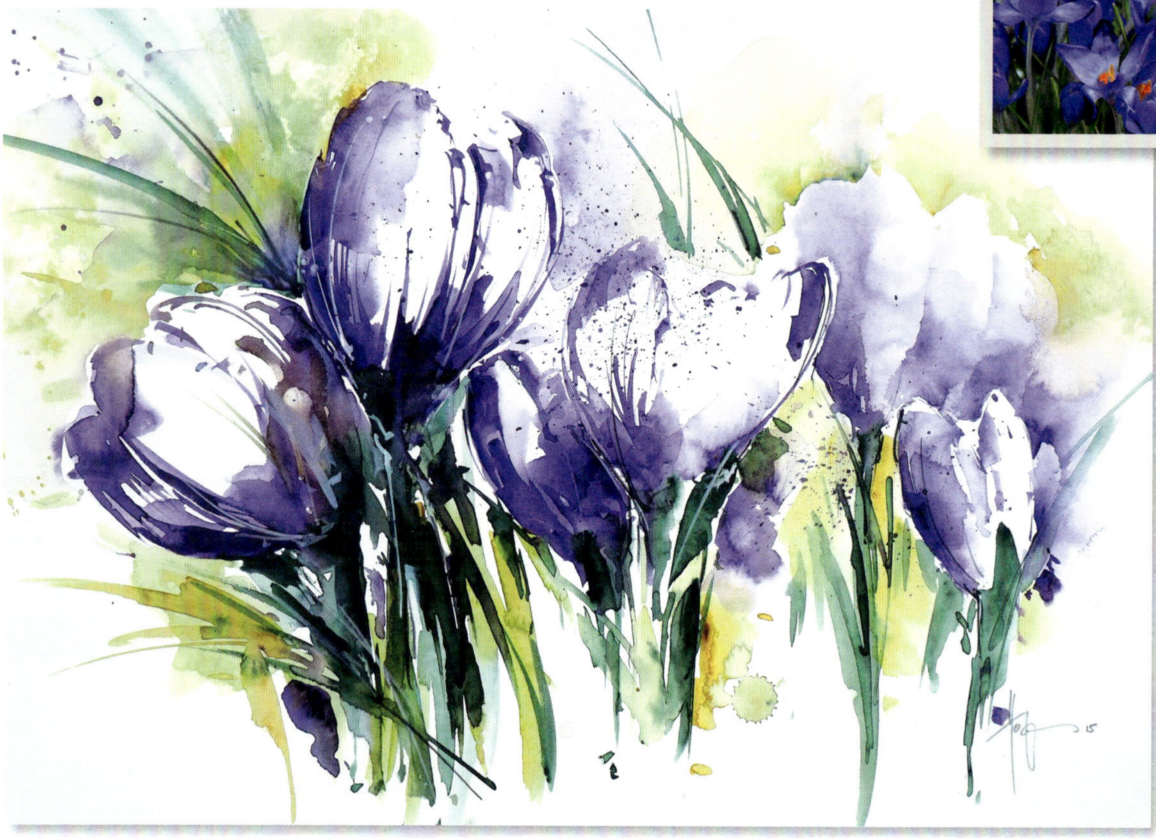

Krokusse

Papier: Hadern, Büttenpapier „Ekkehardt Hofmann“, 640 g/m², satiniert, 38 cm x 56 cm
Farben: Gelbgrün, Grünoliv, Perylene Grün, Ultramarinviolett, Kobaltviolett

Krokusse zählen mit zu den ersten Farbtupfern, die im nachwinterlichen Garten auftauchen. Die Farbwahl ist noch sehr reduziert und trotzdem freuen wir uns jedes Jahr aufs Neue, wenn sie erscheinen. Wichtig beim Malprozess ist, dass die Blütenform mit einem langen Pinselstrich in ihrer Wuchsrichtung aufgetragen wird. Dieser lange Pinselgestus verleiht den Blütenblättern Ruhe. Auf dem Scheitelpunkt der Blattwölbung geben die weiß ausgesparten Flächen den Krokusblüten Licht und Kontrast. Einige Linien innerhalb der Blütenblätter betonen zusätzlich die Kelchform, die nach oben hin leicht geschlossen erscheint.

So sparsam in der Farbe die Blüten auftreten, so sparsam zeigt sich auch das umgebende Grün; wenige schmale Blattformen in einem für die Jahreszeit außergewöhnlich satten Grün.

Die zarte Lavierung des Hintergrunds in Gelbgrün erzeugt einen freundlichen, sonnigen Eindruck und hält die Komposition zusammen.

Frühlingsbeet

Und dann gibt's kein Halten mehr! Geradezu explosionsartig schießen die unterschiedlichsten Frühlingsblüher aus dem Boden. Allein schon an der Vielzahl der eingesetzten Farbtöne können Sie den Blütenreichtum erkennen. Tulpen in allen Farbnuancen und Wachstumsstufen bevölkern die Gartenbeete.

Mit dem ersten Farbauftrag habe ich diese Blütenvielfalt auf dem Papier verteilt. Geschlossene Formen wechseln sich mit halboffenen und ganz geöffneten Tulpen ab. Auch die Farbgebung spiegelt diese Fülle. Ein besonderes Augenmerk habe ich auf die halb violett, halb weißen Tulpen geworfen. Die von mir gewünschten Weißflächen dürfen nicht übermalt werden, sondern treten durch eine dunkle Hinterlegung hervor.

Papier: Hadern, Büttenpapier „Ekkehardt Hofmann", 640 g/m², satiniert, 38 cm x 56 cm
Farben: Reingelb, Indisch-gelb, Lasurorange, Zinnoberrot, Krapplack, Perylene Maroon, Kobalt Violett, Bergblau, Kobaltblau hell, Ultramarin, Gelbgrün, Grünoliv, Perylene Grün

Mit der Hintergrundgestaltung mittels des grünen Blattwerks beginnt der zweite Schritt der Bildgestaltung. Sehr deutlich können Sie erkennen, dass ich den letzten Grad der Dunkelheit nicht schon beim ersten Farbauftrag erzielt habe. Vielmehr sind es die Blätter, die nach dem Trocknen über dem ersten Farbauftrag aufgebracht werden, die dem Aquarell Räumlichkeit verleihen.

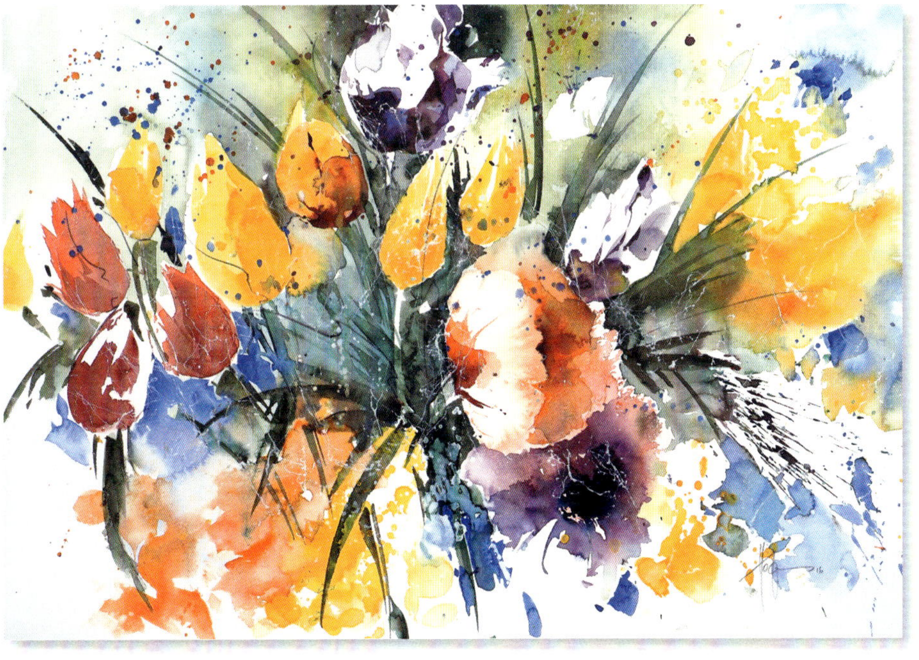

Tipps zum Gelingen

- *Mit einigen wenigen, in reinem Kobaltblau hell gesetzten Farbflecken erziele ich einen gesteigerten Komplementärkontrast zu den gelben Blüten und gebe dem Bild im unteren Bereich Halt.*
- *Die aufgespritzten kleinen Farbflecken unterstützen die Lebendigkeit der Komposition.*
- *Die feinen weißen Fäden, die mit einem Marmorierspray aufgetragen wurden, geben dem Aquarell den letzten Pfiff.*

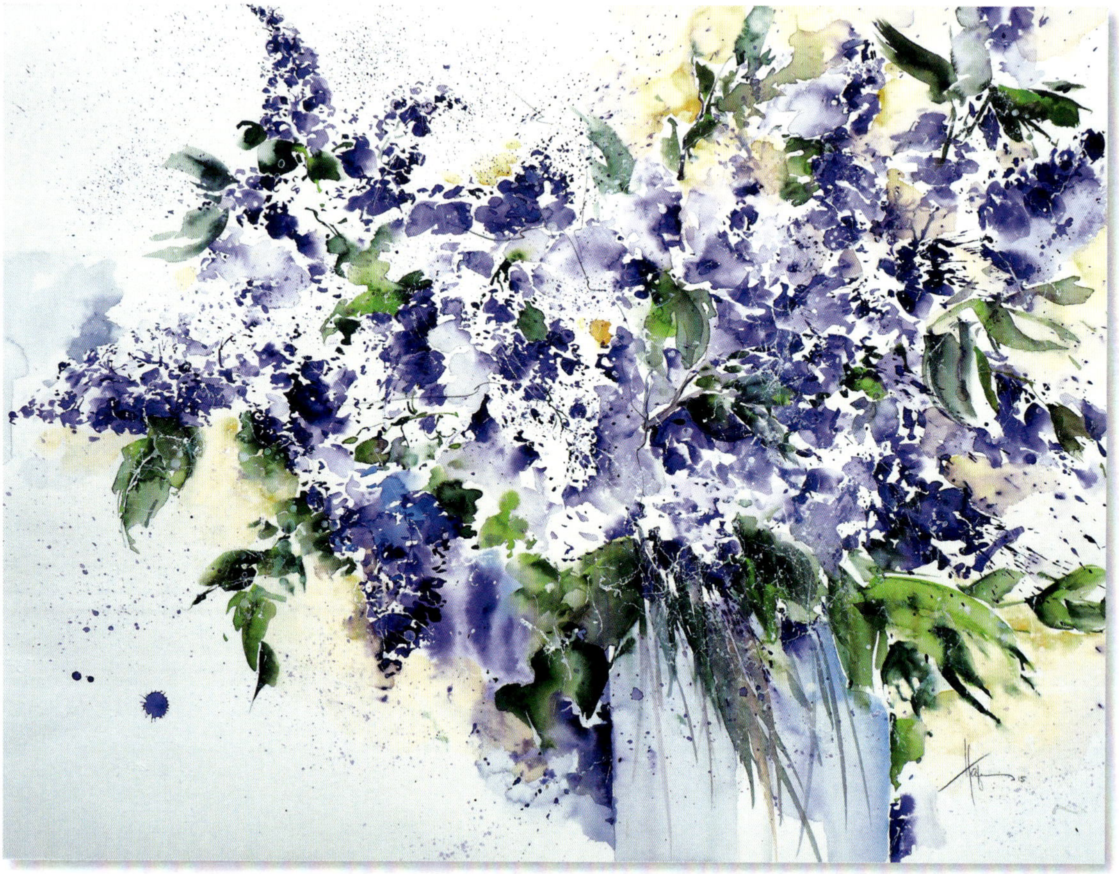

Flieder

Papier: Hadern, Büttenpapier „Ekkehardt Hofmann", 640 g/m², satiniert, 56 cm x 76 cm
Farben: Kobaltviolett, Reingelb, Grünoliv, Bergblau

Spritzer und Sprenkel

Die kleinblütigen Fliederzweige können mit Farbspritzern ebenfalls sehr gut moduliert werden. Je nach Art der Anwendung ergeben sich dabei punktuelle Spritzer oder flächigere Sprenkel und Farbflecken. Näheres zu dieser Technik finden Sie auf Seite 130. Bevor Sie diese bei einer Bildgestaltung einsetzen, sollten Sie mit ein paar Vorübungen auf einem Extrablatt beginnen.

Nachdem ich die meisten Blumenaquarelle in meinem Garten direkt vor dem Motiv male, treten bei meinen Bildern relativ selten Vasen in Erscheinung. Der Flieder stellt eine Ausnahme dar, weil ich durch einen Strauß eine größere Konzentration der Blütendolden erreiche.

Bei der farblichen Gestaltung treten ruhigere Flächen nur bei den Blättern auf. Die Rispen setzen sich aus vielen kleinen Blüten zusammen und wirken dadurch sehr bewegt. Sie entstehen mit einem unterschiedlich konzentrierten Farbauftrag in Kobaltviolett. Weiß ausgesparte Anteile und pastos aufgetragenes Kobaltviolett modulieren die Blütenformen.

Aber nicht nur bei den Blüten können Sie die modulierende Wirkung eines unterschiedlich konzentrierten Farbauftrages erkennen. Auch die Blätter erhalten ihre Räumlichkeit durch eine changierende Farbkonzentration. Der Farbton Grünoliv entspricht genau der Blattfarbe des Flieders.
Durch das flächige Einspannen der Komposition in die gesamte Papierfläche wirkt der Strauß sehr groß.

Rittersporn

Papier: Hadern, Büttenpapier „Ekkehardt Hofmann", 640 g/m², satiniert, 56 cm x 76 cm
Farben: Coelinblau, Bergblau, Kobaltblau hell, Ultramarin feinst, Indigo, Kobaltviolett, Gelbgrün, Olivgrün, Perylene Grün

Allein an der Vielzahl der hier eingesetzten Blautöne können Sie eine wichtige Voraussetzung für die Gestaltung von blauen Ritterspornblüten ersehen. Bringen Sie all Ihre Blautöne zur Anwendung!

Durch die Form der hochgewachsenen Blütenrispen ergibt sich fast automatisch der Einsatz eines Hochformates, welches das hochstrebende Wachstum des Rittersporns unterstützt. Wichtig für die Bildkomposition ist die Anordnung der Blütenrispen in unterschiedlicher Höhe. Dieses Wechselspiel sorgt für mehr Ausdruck der Blütenstände.

Rittersporn zeigt in der Natur changierende Farbtöne, die Sie auf dem Papier durch den Einsatz wechselnder, unterschiedlicher Blautöne erreichen können. Weiß stehenbleibende Abstände zwischen den einzelnen Blüten steigern die Farbwirkung zusätzlich. Nachdem im Blütenbereich keine Blätter auftreten, übernehmen diese nur eine Randfunktion. In ihrer Form ähneln sie einer ausgestreckten Hand mit ganz spitzen Fingern.

Auch hier kann man wieder beobachten, dass eine Bildkomposition, deren Elemente am äußeren Blattrand anstoßen, sehr großflächig wirkt. Gerade bei einem Büttenpapier mit seinem speziellen Rand wirkt diese Art der Blattgestaltung sehr überzeugend.

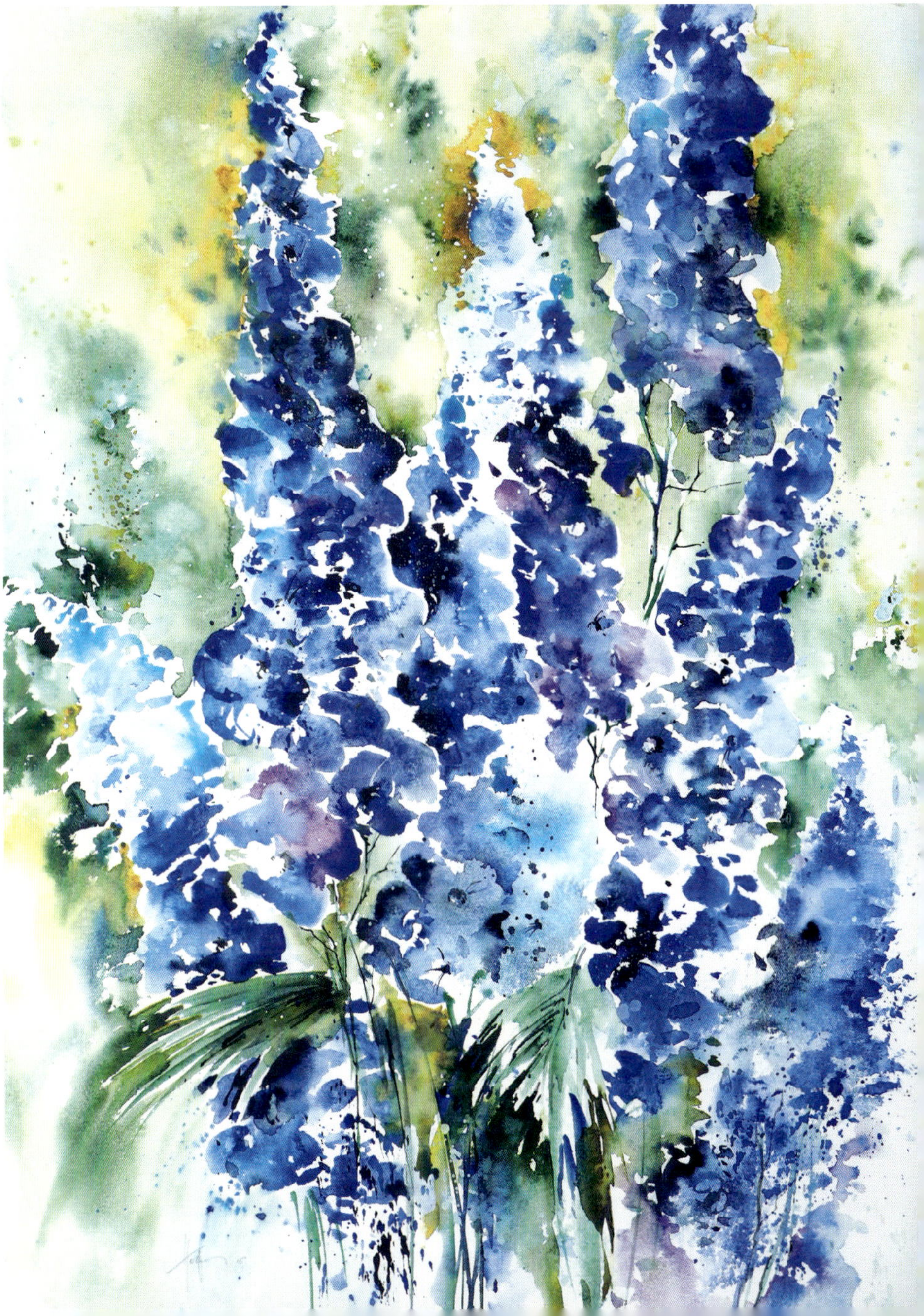

Margeriten

Papier: Hadern, Büttenpapier „Ekkehardt Hofmann“, 640 g/m², satiniert, 38 cm x 29 cm
Farben: Kobaltblau hell, Kobaltviolett, Gelbgrün, Reingelb, Indischgelb, Siena gebrannt, Paynesgrau, Perylene Grün

Das Weiß im Aquarell

Margeriten sind das ideale Blumenmotiv, um den Umgang mit Weißaussparungen im Aquarell zu üben. Die relativ geschlossene Blütenblätteranordnung lässt sich durch Hinterlegung mit den umgebenden grünen Grasanteilen optisch klar hervorheben. Legen Sie diese Grünanteile nur kleinflächig an, können Sie mehr Margeritenblüten herausarbeiten. Mehre dazu können Sie *auf Seite 108 f. nachlesen.*

Ein Wiese voll blühender Margeriten ist das ideale Übungsfeld, um sich mit der Bedeutung des Weiß im Aquarell auseinanderzusetzen. Allein durch das Stehenlassen des Papierweiß entstehen die Blütenformen. Gerade die leicht fransig hingeworfenen Außenränder der Blütenblätter verleihen den Margeriten eine spontane Leichtigkeit.

Ein Blütenstempel mit Indischgelb in die Mitte gesetzt, und schon ist die Grobform entstanden. Erfolgt die farbliche Hinterlegung nur mit Grün, kommt die Wirkung einem Blick in die Wiese gleich; gesellen sich wie in unserem Fall noch ein paar blaue Rittersspornblüten hinzu, steigert sich die Farbwirkung.

Ganz wichtig ist jetzt noch die Nachbearbeitung des Blütenstempels. Legt man als zweiten Farbauftrag am Ansatz direkt bei den weißen Blütenblättern etwas Siena gebrannt über das Indischgelb, moduliert das den Blütenknopf. Die Farbigkeit des Blütenknopfes tritt in der Relation zu den weißen Blütenblättern etwas zurück, deshalb muss die fehlende Räumlichkeit mit einem Schattenton ausgeglichen werden.

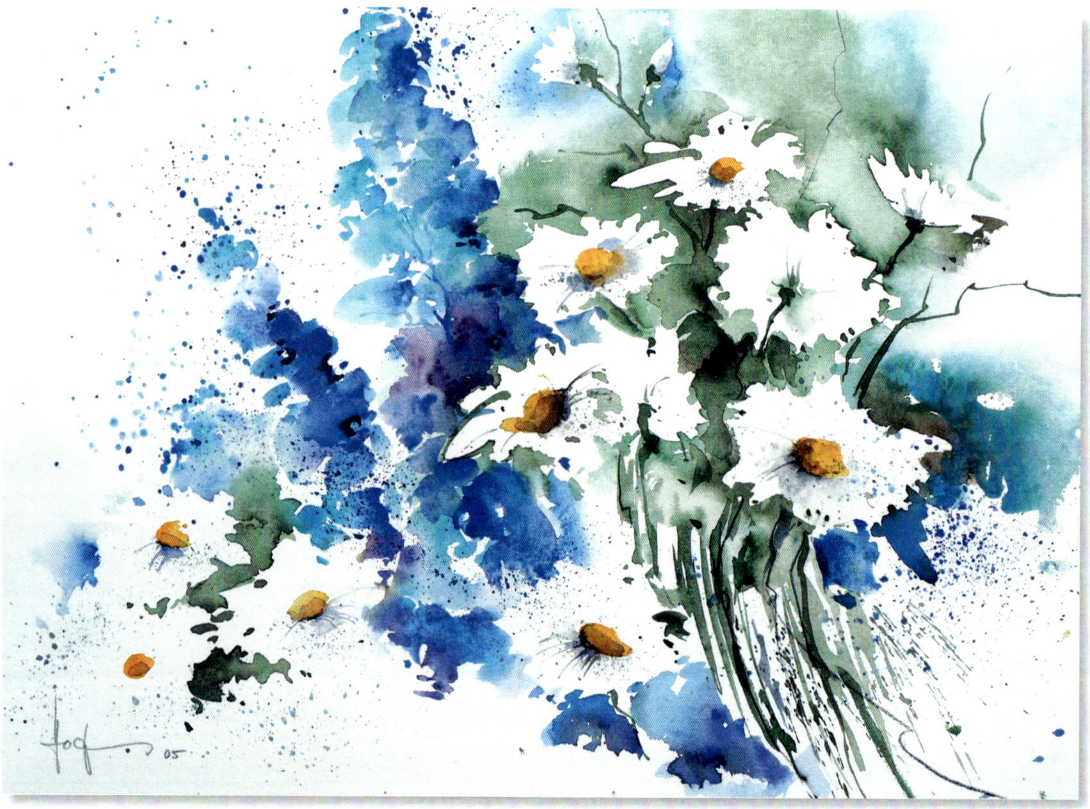

Mohn

Was wäre eine Serie von Blumendarstellungen ohne den Mohn? Mit Sicherheit gehört der Mohn zu den meistaquarellierten Blüten. Die Erklärung dafür liegt auf der Hand: eine hervorstechende, optimistische Farbe, gepaart mit einer großblättrigen Blütenform – alles in allem ein ideales Malmotiv.

Papier: Hadern, Büttenpapier „Ekkehardt Hofmann", 640 g/m², satiniert, 38 cm x 56 cm
Farben: Lasurorange, Zinnoberrot, Perylene Maroon, Ultramarin feinst, Kobaltblau hell, Gelbgrün, Olivgrün

Ausgangspunkt für dieses Aquarell ist die kompositorische Anordnung der Blüten, über die ich mir gleich zu Beginn Gedanken mache. Verdichtungen, Richtungswechsel, unterschiedliche Entwicklungsstadien, verschiedene Höhen – all diese Überlegungen gehen mir durch den Kopf, bevor ich mit dem Malen beginne.

Die einzelnen Blütenformen entstehen mit einem Farbauftrag in Lasurorange. Dabei werden an verschiedenen Blättern Zwischenräume und Weißanteile ausgespart. Hier kommen mir meine Eingangsüberlegungen sehr zu Gute.

Nachdem die Blüten angelegt sind, erfolgt während des Trockenvorgangs eine eingehende Betrachtung der Bildanlage. Stimmt die Anordnung der Blüten? Habe ich verschiedene Wuchsrichtungen und Entwicklungsstadien berücksichtigt? Stehen die einzelnen Blüten auf unterschiedlicher Höhe oder sind sie wie auf einer Kette aufgereiht? Erst wenn dies alles zu meiner Zufriedenheit ausfällt, wird weitergemalt.

Mit weiteren Farbaufträgen gestalte ich jetzt konkret die einzelnen Entwicklungsstadien der Mohnblüten. Ganz aufgeblühte, im absoluten Hochstadium stehende Blüten erhalten zum Blütenstempel hin eine Farbverdichtung mit Perylene Maroon. Durch die helleren Blattränder und den dunklen Mittelteil erhält diese Form ihre räumliche Wirkung.

Blüten in der Seitenansicht, die noch einen Blick in den Blütenkelch zulassen, entstehen durch eine dunkle Hinterlegung des Kelchbereiches und ein helleres ausgespartes Frontblatt. An der rechten Bildseite befindet sich eine Blüte im Zustand des Absterbens. Die Blütenblätter hängen herab und der Blütenstempel ist freistehend sichtbar. Wenn die Blätter dann abgefallen sind, bleiben nur noch die Blütenstempel stehen.

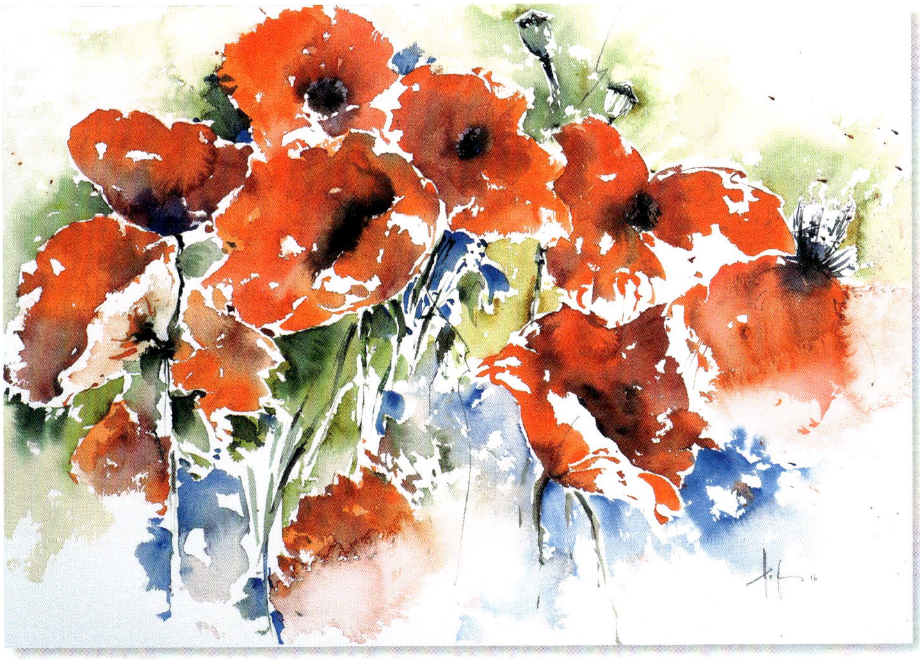

Bei der Auswahl der Hintergrundfarbe habe ich mich für den Blick von oben auf die Mohnblüten entschieden und daher vorwiegend Grün, also die Blattfarbe, gewählt. Ebenso ist natürlich Blau als Hintergrundfarbe denkbar, dann würden die Mohnblüten gegen den Himmel stehen.

Weiße Rosen

Papier: Hadern, Büttenpapier „Ekkehardt Hofmann", 640 g/m², satiniert, 38 cm x 56 cm
Farben: Jaune brillant, Indischgelb, Goldbraun, Coelinblau, Kobaltblau hell, Gelbgrün, Olivgrün, Grünoliv, Caput mortuum, Purpurmagenta

Ziemlich zeitgleich fangen viele Blumen im Frühsommer an allen Ecken unseres Gartens zu blühen an. Rosen nehmen dabei eine Sonderstellung ein. Hier paart sich Schönheit mit Zartheit und Ausstrahlung.

In vielen Fällen werden Rosenaquarelle sehr zeichnerisch-realistisch gestaltet. Mir dagegen ist es ein Anliegen, die Rosenmotive mit freien Farbflächen zu gestalten. Mittels farbiger Hinterlegungen grenze ich die einzelnen Blütenblätter voneinander ab und achte darauf, dass diese nach außen hin immer größer werden.

Ein Hauch von Purpurmagenta, lasierend auf einzelne Blütenblätter aufgetragen, betont die eingangs angeführte Zartheit. Die Hinterlegungen im Blütenbereich, die die einzelnen Blätter voneinander abgrenzen, dürfen nicht zu viel und nicht zu groß sein, damit erkennbar bleibt, dass es sich um weiße Rosen handelt.

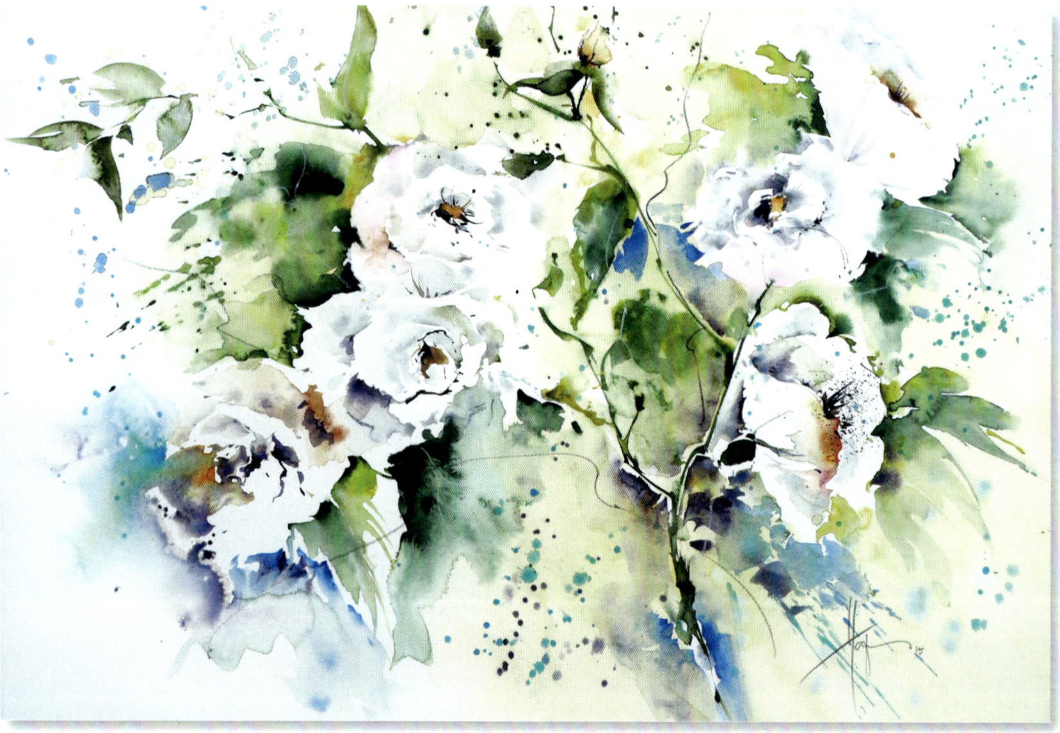

Das Laub der Rosen zeigt sich in einem kräftigen Grünoliv, dadurch entsteht ein starker Kontrast zu den Blüten. Eine leichte Lasur mit Jaune brillant bei einigen Blättern und im Hintergrundbereich ergibt eine weiche Einheit. Ein paar wenige Akzente in Kobaltblau hell und Caput mortuum braucht das Bild noch zur besonderen Betonung einiger Bildbereiche. Speziell das Blau am unteren Stängelende hält diesen fest und vermittelt Bodenhaftung. Auf einige Spritzer und Linien zum Abschluss möchte ich auch bei diesem Aquarell nicht verzichten.

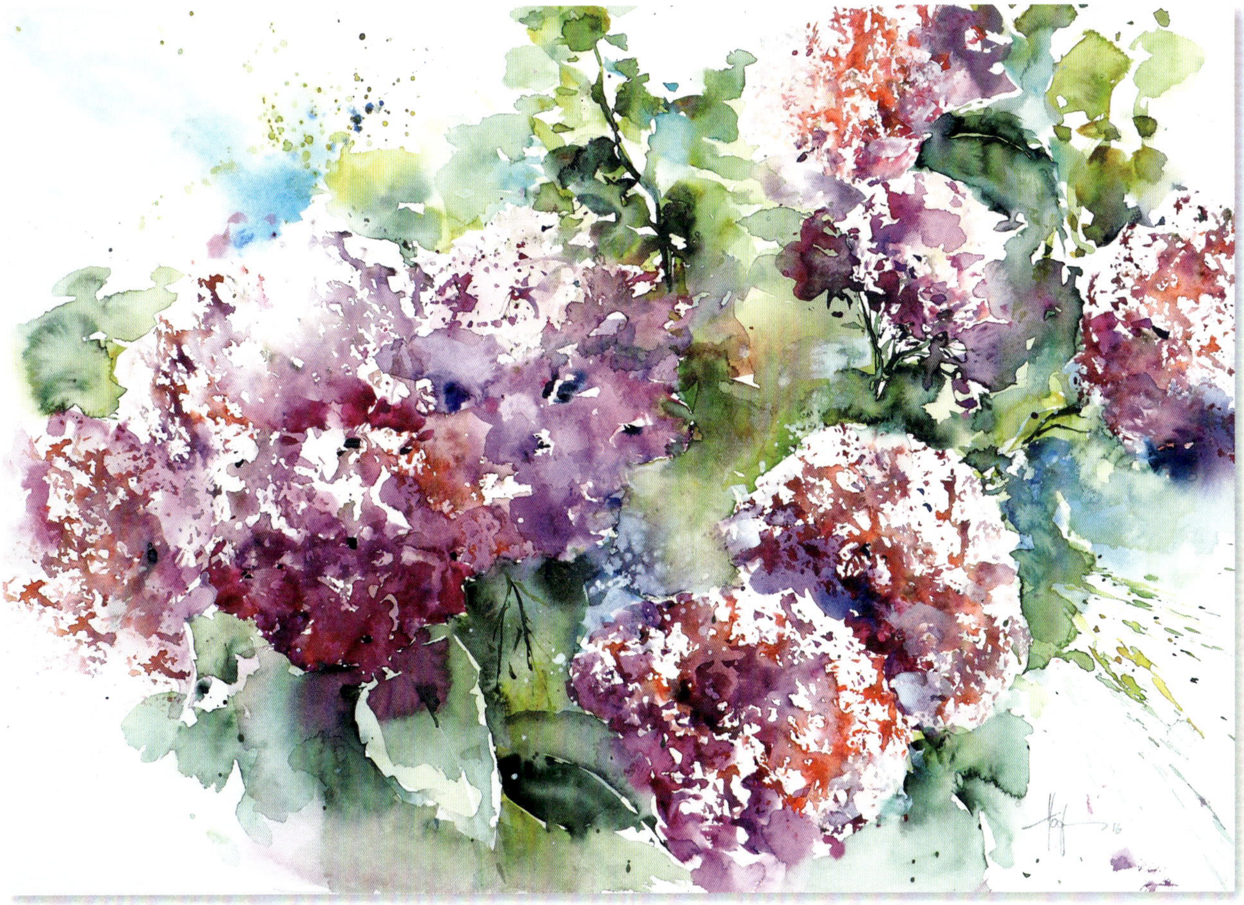

Hortensien

Papier: Hadern, Büttenpapier „Ekkehardt Hofmann“, 640 g/m², satiniert, 38 cm x 56 cm
Farben: Zinnoberrot, Purpurmagenta, Kobaltviolett, Gelbgrün, Grünoliv, Perylene Grün, Bergblau

Wenn sie blühen, dann aber wuchtig: Hortensienblüten drängen sich eng aneinander und bilden mit ihrem grünen Blattwerk eine undurchdringlich wirkende Einheit. Die einzelnen Blütenstände zeigen sich halbkugelförmig und werden von fächerförmig verteilten Stängeln gehalten.

Die Blütenstände bestehen aus vielen kleinen Blüten. Um dies darzustellen, muss die Halbkugelform sehr bewegt mit vielen kleinen Farbflächen farblich angelegt werden.

Nach oben hin werden die Blüten heller. Dies erreiche ich durch einen sparsameren Farbauftrag in diesem Bereich. Die Mischung der verschiedenen Rottöne verstärkt die Quirligkeit, die schon bei der Flächengestaltung der kleinen Blüten zum Tragen kam. Durch aneinandergrenzende Hortensienblüten entstehen Verdichtungen, die für die gewünschte Bildaussage wichtig sind. Das grüne Blattwerk tritt in den Hintergrund und übernimmt gegenüber den Blüten eine dienende Funktion.

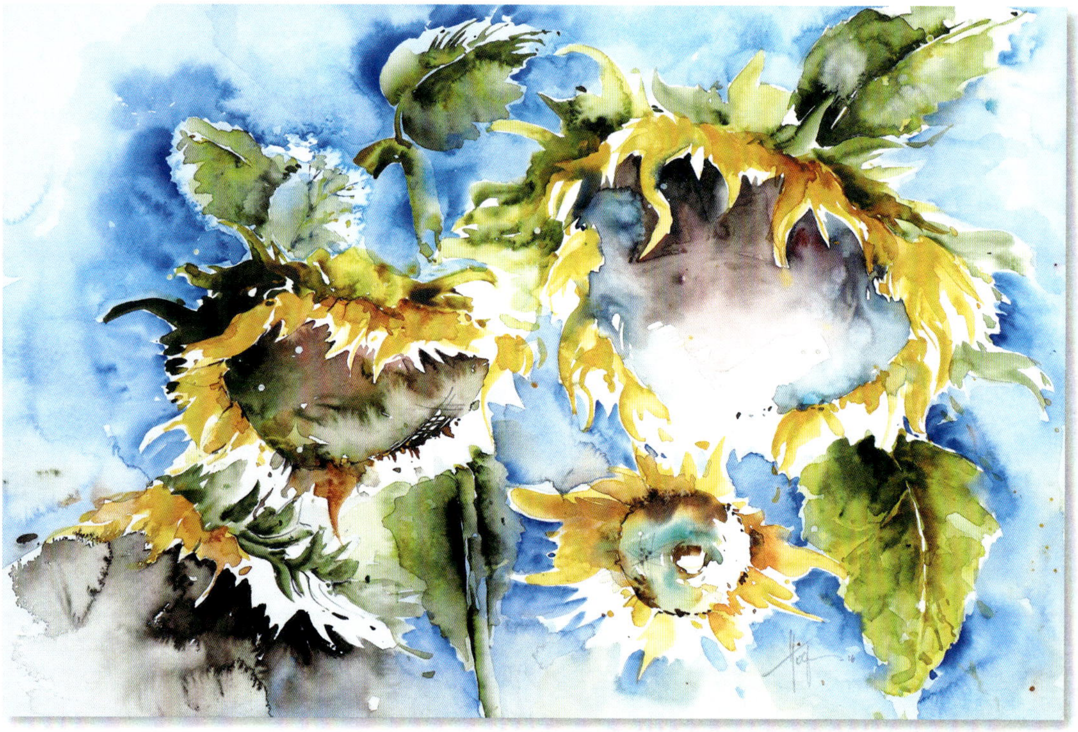

Sonnenblumen

Eine Darstellung von Blumenmotiven ohne Sonnenblumen wäre nicht vollständig. Allein die Größe des Blütentellers ist schon beeindruckend. Dazu kommt die Leuchtkraft der gelben Blütenblätter, die diesen Teller umranden.

Dieser Blütenteller ist es auch, der bei der malerischen Umsetzung unbedingt großzügig angelegt werden muss. Nachdem Gelb sehr sensibel auf Verunreinigungen reagiert, beginne ich immer zuerst mit der Anlage der Blütenblätter und spare den Blütenteller zunächst aus. Bei der Gestaltung dieser gelben Blütenblätterkränze ist es mir wichtig, die einzelnen Sonnenblumen in unterschiedlichen Ansichten darzustellen – frontal, leicht hängend geneigt, ganz hängend.

Mit der Veränderung des Blütentellers ändert sich auch dessen Form. In der Frontalansicht ist dieser Teller rund, sobald die Blüte etwas hängt, verändert sich die kreisrunde zu einer ovalen Form. Das Oval stellt die perspektivische Ansicht des Kreises dar.

Nachdem die gelben Blütenblätter getrocknet sind, erfolgt die farbige Gestaltung des Blütentellers.

Papier: Hadern, Büttenpapier, 640 g/m², satiniert, 38 cm x 56 cm
Farben: Indischgelb, Siena gebrannt, Vandyckbraun, Coelinblau, Perylene Maroon, Gelbgrün, Olivgrün, Kobaltblau hell

Damit sich der Kontrast nicht zu hart darstellt, verwende ich keine zu dunklen Farbtöne. Immer wieder spare ich Blattspitzen oder ganze Blätter innerhalb des Blütentellers negativ in Weiß aus – ein Verfahren, mit dem ich viel Lebendigkeit bei meiner Farbgebung erziele. Es ist mir ein Anliegen, diese teilweise nur angedeuteten Bildelemente, die der Fantasie des Betrachters einen Freiraum einräumen, immer wieder in meine Bildgestaltungen einfließen zu lassen.

Neben den großen Blütenformen fällt bei den Sonnenblumen auch das massige, dichte Laub auf. Hier empfiehlt es sich, Abstriche zu machen. Immer wieder betone ich, dass das malerische Endergebnis vorwiegend die Blüten darstellen soll.

Sonnenhut - Echinacea

Papier: Hadern, Büttenpapier 300 g/m², Feinkorn, 38 cm x 56 cm
Farben: Gelbgrün, Olivgrün, Grünoliv, Bergblau, Kobaltblau hell, Ultramarin feinst, Goldbraun, Indigo, Indischgelb, Purpurmagenta

Beim Sonnenhut, egal in welchem Farbton er auftritt, sticht als ein dominanter Blütenteil der Blütenstempel hervor. Ganz besonders im Herbst, wenn die Blätter langsam verblühen, bestimmen die Stempel das Erscheinungsbild dieser Pflanze.

Mit wenig Farbe, im seitlichen, unteren Bereich aufgetragen, wird der Teil des Stempels, an dem die Blätter haften, fixiert. Die Lichtteile im oberen Bereich entstehen durch Hinterlegung. Die violetten Blütenblätter sind verblasst, hängen herab und umgeben den Stempel nicht mehr kranzförmig. Die vielen Weißanteile bei den Blüten tragen dazu bei, dass dieser Sonnenhut noch recht leicht und transparent wirkt, obwohl die Form sehr kompakt ist. Das leuchtende Blau des Hintergrundes trägt mit seiner Strahlkraft zur optimistischen Bildaussage bei. Einige markante, dunkle Stellen grenzen die Blütenstempel von den Blütenblättern ab. Einige wenige Stängel durchziehen dynamisch die Bildfläche.

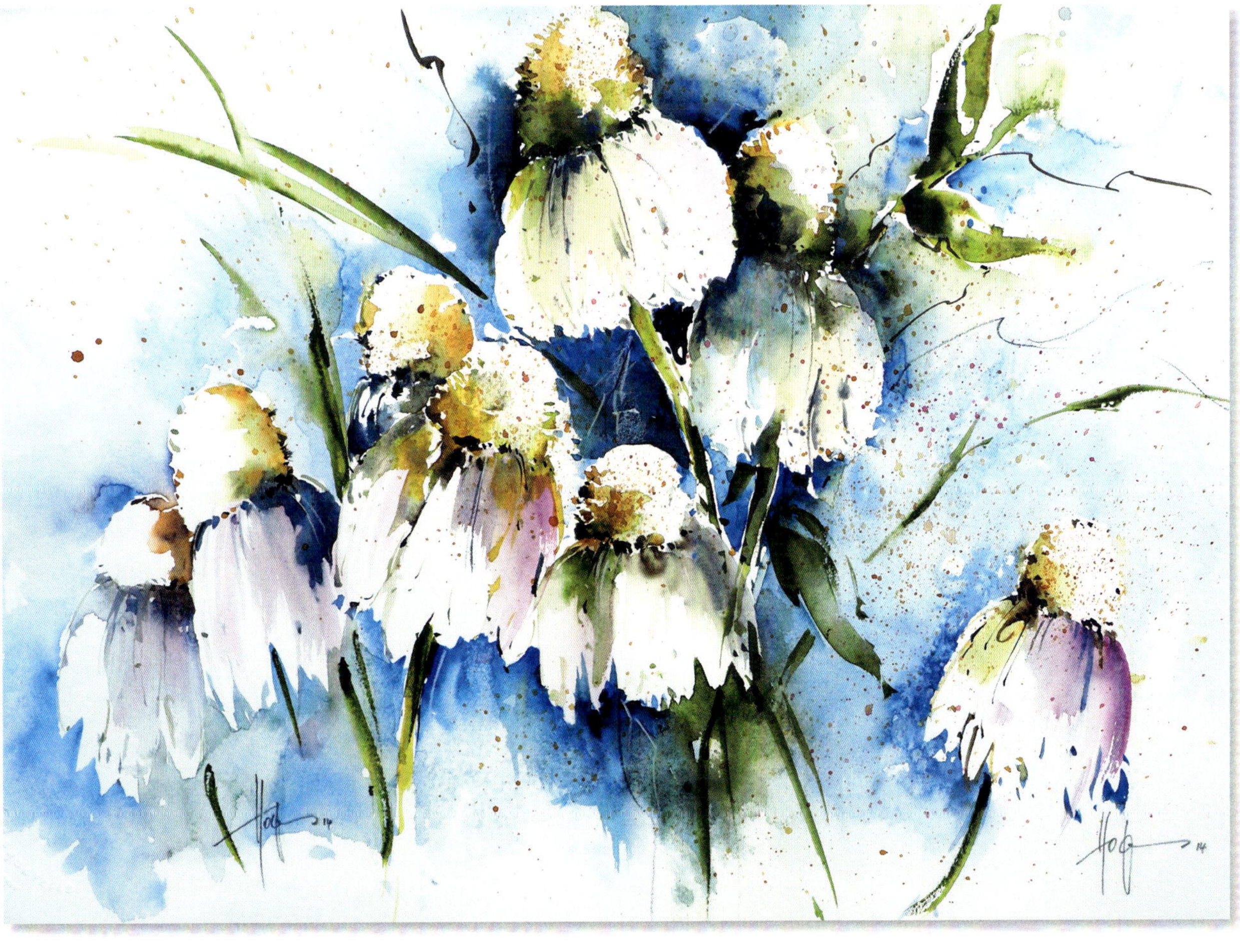

Blumenstrauß I

Die Ausstrahlung eines Blumenstraußes hängt von mehreren Faktoren ab. Die wichtigste Grundlage sind die Blumen, die zur Verfügung stehen. Ergibt ihre Zusammenstellung eine farbliche Harmonie? Sind groß- und kleinblütige Formen dabei, Einzel- und rispenförmige Blüten? Stehen ein paar Blätter und Gräserstängel zur Verfügung? Alles Weitere liegt jetzt in den Händen der Gestalterin oder des Gestalters. Ideal ist eine Anordnung, die sowohl in die Breite als auch in die Höhe geht und damit ein schönes Volumen herstellt.

Papier: Hadern, Büttenpapier „Ekkehardt Hofmann“, 640 g/m², satiniert, 56 cm x 76 cm
Farben: Reingelb, Indischgelb, Quinacridone Gold, Gelbgrün, Olivgrün, Grünoliv, Perylene Grün, Bergblau, Kobaltblau hell, Ultramarinviolett, Kobaltviolett, Purpurmagenta.

Bei diesem Strauß stechen die weißen Margeriten hervor. Daher galt ihnen gleich am Anfang meine besondere Aufmerksamkeit, sowohl bei der Platzierung als auch bei der Farbgebung.

Wie bei allen weißen Bildanteilen lässt erst die Farbigkeit der Umgebung und des Hintergrundes diese entstehen. Um die Margeriten herum scharen sich Hortensien, Rittersporn, Glocken- und Flockenblumen. Je nach Blütenform betonen sie im Strauß die waagerechte oder die senkrechte Achse. Durch das dominante Weiß der Margeriten erhält der Strauß viel Farbkontrast, Lebendigkeit und Ausstrahlung.

Vasen deute ich sehr gerne als durchsichtige Glasgefäße an. Dadurch werden die Stängel, die zu den einzelnen Blumenarten gehören, sichtbar und der Gesamteindruck erscheint sehr natürlich. Die Größe der Vase muss dem Strauß entsprechen. Ist sie zu klein, hat man immer den Eindruck, dass sie umkippt. Ist sie zu groß, entsteht der Eindruck, dass der Strauß in der Vase ertrinkt. Die Dunkelheit im Vasenbereich durch Blätter und Stängel verleiht der Komposition Bodenhaftung. Ein paar lange Grashalme, mit der spitzen Seite des Schrägpinsels gezogen, verstärken die Dynamik.

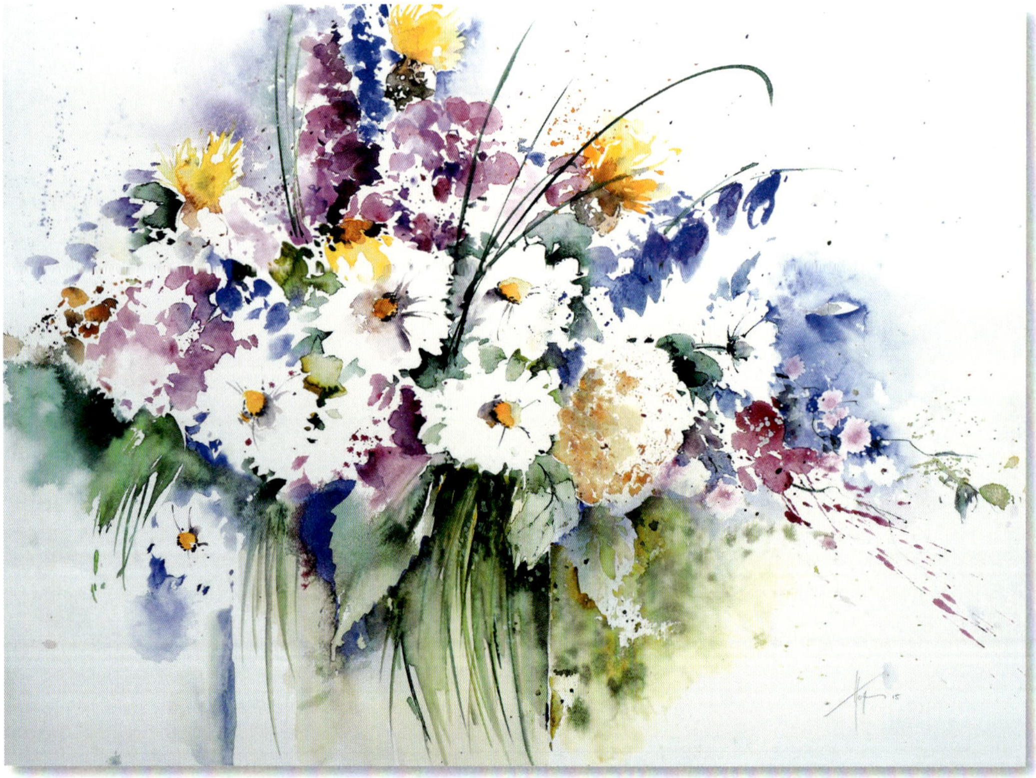

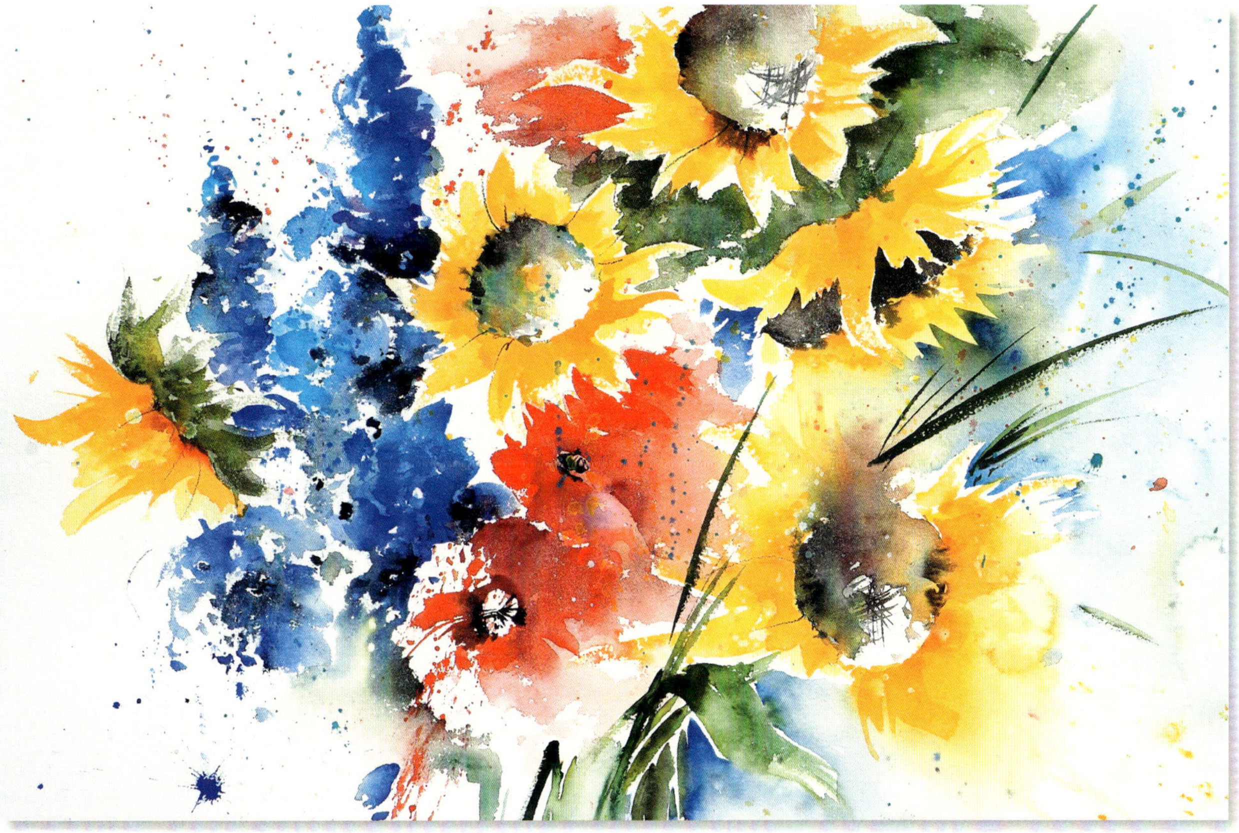

Blumenstrauß II

Die dominanten Blumen in diesem Strauß sind die Sonnenblumen. Ihr leuchtendes Gelb entspricht im Zusammenspiel mit den umgebenden Farben Blau und Rot genau dem Farbe-an-sich-Kontrast. Ich verwende in meinen Aquarellen sehr viele reine Farbtöne. Werden diese, wie hier, nebeneinander gestellt, steigert sich ihre Farbigkeit und sie verleihen dem Bild aufgrund ihrer Klarheit eine enorme Leuchtkraft. Sobald Farbtöne gemischt werden, ergibt sich immer eine mehr oder weniger starke Brechung und daraus resultierend eine farbliche Stumpfheit.

Wichtig bei einer Bildkomposition mit derart starken Farben ist der Mengenanteil der verschiedenen Töne. Hier überwiegen die Sonnenblumen mit ihrem Gelbton. Die roten Blüten im Mittelbereich und der Rittersporn auf der linken Blattseite grenzen den Strauß ab. Nur eine gelbe Blüte durchbricht diese Grenze. Wie sich auch bei diesem Aquarell gut erkennen lässt, gehört die Einbeziehung ausgesparter Weißflächen elementar zu meiner Malerei.

Papier: Hadern, Büttenpapier „Ekkehardt Hofmann", 640 g/m², satiniert, 56 cm x 76 cm
Farben: Reingelb, Indischgelb, Lasurorange, Goldbraun, Siena gebrannt, Vandyckbraun, Gelbgrün, Grünoliv, Zinnoberrot, Perylene Maroon, Coelinblau, Bergblau, Kobaltblau hell, Ultramarin feinst, Ultramarinviolett, Kobaltviolett, Indigo

Farbe-an-sich-Kontrast

Dieser Kontrast stellt reine, ungebrochene Farben nebeneinander. Der stärkste Farbe-an-sich-Kontrast besteht zwischen den Primärfarben Rot, Gelb und Blau. Dieser Kontrast sorgt für eine fröhliche, positive Stimmung, kann auch aus großer Entfernung wahrgenommen werden und eignet sich daher gut für große Bildformate.

Nachgefragt: Motiv Blumen

Warum überhaupt Blumen?

Blumen sind für mich ein elementares Motiv. Die Verbindung von Form und Farbe geht hier eine enge Symbiose ein. Ausgehend von einer anfänglich exakten Formerfassung bin ich im Lauf der Zeit immer freier im Umgang mit den Formen geworden und habe mich damit der Farb-Form-Malerei angenähert.

Welche Blumenart eignet sich für einen Einstieg in die Blumenmalerei?

Mein Anfangsmotiv war der Mohn. Die flächigen Blütenblätter mit ihrem intensiven Rotton eignen sich hervorragend für ein Aquarell. Zusätzlich entsteht mit dem umgebenden Grün der Stängel und des Blattwerks ein intensiver Komplementärkontrast.

Wie bringe ich die Farben meiner Blumenaquarelle zum Leuchten?

Ich verwende in der Hauptsache reine Farbtöne. Stellt man diese nebeneinander, so steigern sie sich in ihrem Ausdruck und in ihrer Wirkung (Farbe-an-sich-Kontrast). Nur in ganz seltenen Fällen mische ich die Aquarellfarben bereits im Kasten. Möchte ich einen bereits trockenen Farbauftrag verändern, setze ich die Lasurtechnik ein. Durch Lasieren kann ich den Farbton in seiner Wirkung steigern oder dämpfen.

Gibt es Blumen oder Blüten, die ich weniger gern male?

Sicherlich hat man so seine Lieblingsmotive. Aber eigentlich treiben mich gerade die Blüten, die ich nicht so sehr bevorzuge, zu besonderen Lösungen. Dazu gehören kleinblütige oder ganz strenge Formen. Ich denke hier etwa an vollständig geschlossene Tulpen. Wenn sie sich öffnen und ihr Innenleben präsentieren, entwickeln sie dann aber eine ganz besondere Ausstrahlung. Manchmal muss man einfach warten können.

Was gibt meinen Aquarellen das gewisse Etwas?

Viel wichtiger als extravagante Besonderheiten in meine Bilder einzubringen ist mir, ganz überlegt und gezielt die Grundtechniken des Aquarellmalens wie Lavieren und Lasieren anzuwenden. Viele Überlegungen verwende ich auf die Komposition: Wie platziere ich meine Blüten, um im Bild Spannung und Ausstrahlung entstehen zu lassen? Wie gewichte ich die Anteile von Blüten und grünem Blattwerk? Durch häufige Wiederholungen eines Blumentyps entstehen Bilderserien, anhand derer ich Vergleiche ziehe und dann weiterarbeite.

Gibt es eine Empfehlung, wie Hell- und Dunkelbereiche verteilt werden sollen?

Wenn ich den Lichteinfall sowohl vom Tageslicht als auch von künstlichen Lichtquellen berücksichtige, ergibt sich eine Abstufung der Helligkeit von oben nach unten. Daraus leitet sich schon ein erster Hinweis für Hell- und Dunkelbereiche ab.

Je nachdem, welches Motiv ich wähle, setze ich dunkle Bereiche als bildbetonenden Faktor ein. Durch dunkle Farbhinterlegungen hebe ich meinen Kompositionsschwerpunkt hervor und stelle ihn in den Mittelpunkt.

Landschaften

Bei der Landschaftsmalerei unmittelbar vor dem Motiv stoßen wir zum Kern der Aquarellmalerei vor. Nicht nur der gewählte Motivausschnitt ist von bildgestalterischer Bedeutung, auch die ganzen umgebenden Einflüsse fließen mit in die Bildgestaltung ein: Wetter, Wind, Geräusche, Geruch, Menschen. Es ist ein Malen mit allen Sinnen.

Wenn es um die Darstellung von Landschaften geht, nehme ich mir ganz speziell die Landschaft in meiner unmittelbaren Umgebung zum Vorbild: Landstriche, die sich sehr weiträumig zeigen und bei der perspektivischen Bildanlage durch konkrete Elemente im Vordergrund und verblauende Farbgestaltung im Hintergrund eine geradezu meditative Wirkung entfalten. Oder von Raureif überzogene Bäume am Flusslauf, die dem Winter einen malerischen Anstrich verleihen.

Es ist nicht nur die aktive Malerei, die mich bei der Landschaftsdarstellung beschäftigt. Es ist ebenso das intensive Betrachten, Aufnehmen und Verarbeiten, das dann bei der Aquarellgestaltung zum Tragen kommt.

Blick vom Wahrberg

Papier: Hadern, Büttenpapier „Ekkehardt Hofmann“ 640 g/m², satiniert, 56 cm x 76 cm
Farben: Jaune brillant, Quinacridone Gold, Indischgelb, Purpurmagenta, Bergblau, Kobaltblau hell, Ultramarin feinst, Indigo, Goldbraun, Vandyckbraun, Paynesgrau, Grünoliv, Perylene Grün

Auf einem Bergrücken nahe meinem Wohnort liegt das Gut Wahrberg. Egal, in welche Richtung der Blick schweift, überall erschließen sich weite Acker- und Wiesenflächen. Dieser Anblick löste bei mir den Wunsch aus, ein klassisches Landschaftsaquarell anzulegen.

Von meinem erhöhten Standpunkt aus erblickte ich eine sehr räumlich gegliederte Flächeneinteilung. Große Wiesenflächen im Vordergrund wurden von kleineren Flächenteilen im Mittelgrund abgelöst. Bei dem weit entfernten Hintergrund sind kaum noch Flächengrenzen erkennbar. Dadurch präsentiert er sich mehr als Einheit. Überträgt man diese Größenanteile auf das Bild, ergibt sich allein dadurch schon eine räumlich ausgeprägte Gliederung.

1 Diese Einteilung habe ich mit einem leichten Farbauftrag in Jaune brillant und Quinacridone Gold angelegt. Die Grenzübergänge zwischen den einzelnen Zonen lasse ich leicht schräg verlaufen, wodurch sie mehr Dynamik erhalten. Die hoch angelegte Horizontlinie ergibt sich aus meinem erhöhten Standpunkt.

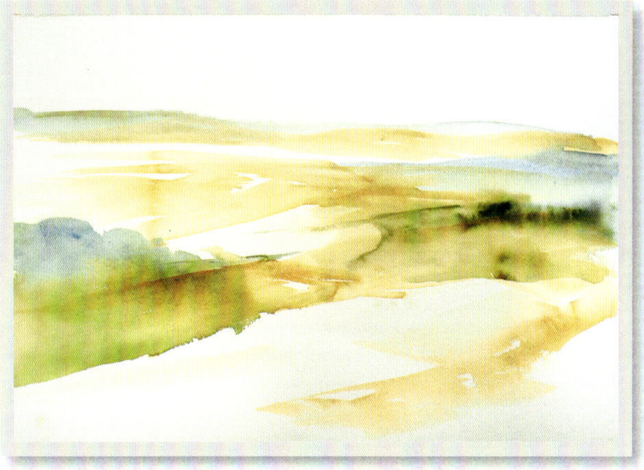

2 Wesentlich deutlicher lässt sich die Abgrenzung zwischen den einzelnen Zonen erkennen, wenn ich die Grenzbereiche mit Blau- bzw. Grüntönen hervorhebe. Diese Zonen ergeben bei der weiteren Bildgestaltung Schattenbereiche oder Grüngürtel.

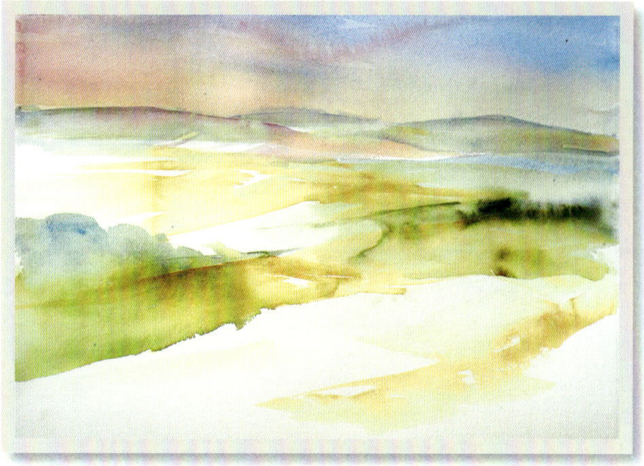

3 In diesem frühen Stadium lege ich bereits den Himmel an. Mit einem hellen Ockerton, stark verdünntem Purpurmagenta und Kobaltblau hell ergibt sich eine zart-romantische Abstufung. Dieser Farbton, der bei weiteren Malvorgängen immer wieder bearbeitet wird, überstrahlt am Ende die gesamte Bildkomposition.

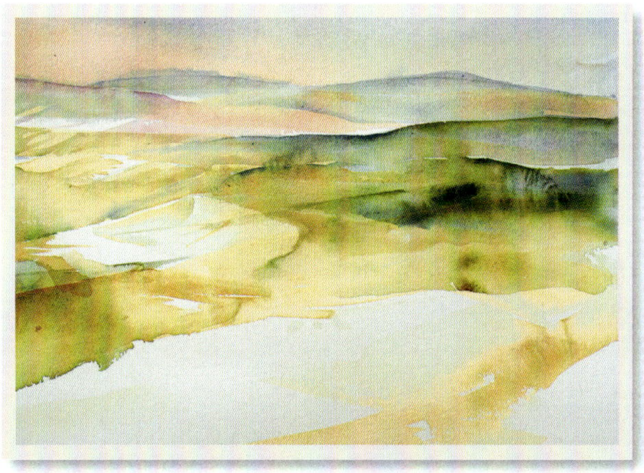

4 Nahtlos setzt sich der Malvorgang beim Mittelgrund fort. Die Flächenabgrenzungen werden deutlicher sichtbar. Neben den jetzt größeren Wiesen und Äckern spielt auch die Richtung, in der sie bewirtschaftet werden, eine wesentliche Rolle für die Bildgestaltung.

Hier ergeben die Ackerraine und Traktorspuren einen Verlauf von links nach rechts. Sichtbar werden diese Kompositionspunkte mit weichen Strichbewegungen, Flächenverläufen und ausgesparten Weißanteilen. Jaune brillant, Quinacridone Gold und Gelbgrün sind dafür die geeignetsten Farbtöne.

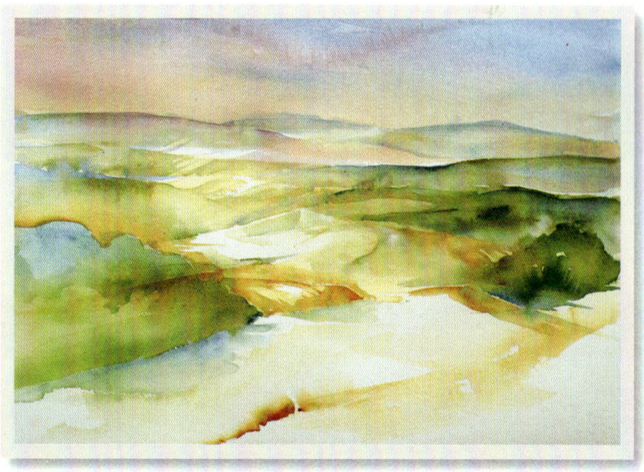

5 Mit dem großflächigen Vordergrund schließe ich die räumliche Gliederung ab. Alle Elemente des Bildes sind jetzt deutlich sichtbar.

Es sind ganz wenig Details, die erforderlich sind, um eine Bewegungsrichtung sichtbar zu machen. Die leicht gebogenen Linienstrukturen innerhalb der Flächen lassen erkennen, dass es sich um eine sanft geschwungene Hügelstruktur handelt. Die hellen Flächen geben mir die Gelegenheit, meine Bildkomposition bei der finalen Endgestaltung mit vielfältigen Details zu beleben.

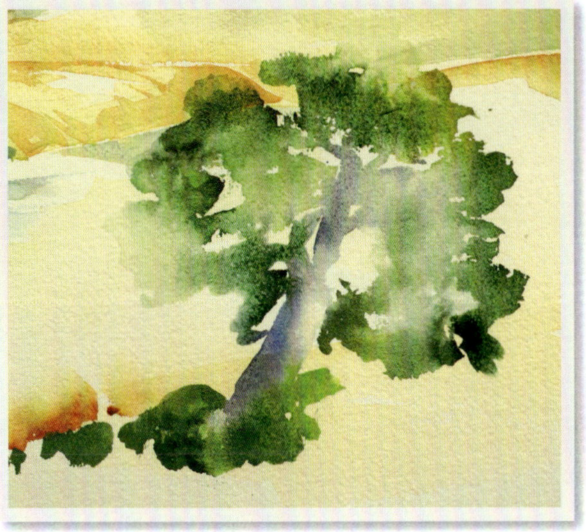

6 Ein alter Streuobsthochstamm steht dominant im Vordergrund. Der magere Boden führt zu einer frühen Vergreisung dieser Bäume. Daraus ergibt sich häufig eine skurrile Wuchsform. Mit einem ersten Farbauftrag mit Paynesgrau, Caput mortuum und Weiß gestalte ich den Stamm. Damit sich dieser dreidimensional darstellt, ist diese Farbgebung mit einer Licht- und Schattenseite unbedingt erforderlich. Ein schönes Farbspiel ergibt sich aus dem Zusammenwirken von hellen und dunklen Grüntönen beim Anlegen des Laubs. Gelbgrün als helle Vorgabe und ein sattes Grünoliv verfließen nass in nass ineinander und führen schon dadurch zum Eindruck von Räumlichkeit.

7 Jetzt beginnt der Einstieg in die letzten Detailarbeiten. Die einzelnen Flächenzonen sind durch mehr oder weniger stark ausgeprägte Buschgruppen begrenzt. Zum Vordergrund hin werden diese Bereiche immer größer. Auch diese Maßnahme trägt dazu bei, dass das Bild räumliche Tiefe erhält. Jedes bildnerische Mittel, das im Vordergrund eine Querrichtung betont, verstärkt diese Räumlichkeit. In diesem Fall übernimmt ein Weidezaun diese Aufgabe. Nach einer Bildbetrachtung mit zeitlichem Abstand stehen noch ein paar finale Arbeiten an, die zum endgültigen Abschluss führen. Dabei handelt es sich um zusätzliche Felderabgrenzungen, Differenzierungen bei den Buschgruppen und dem Streuobstbaum, um Schattenbildungen und einige belebende Spritzer.

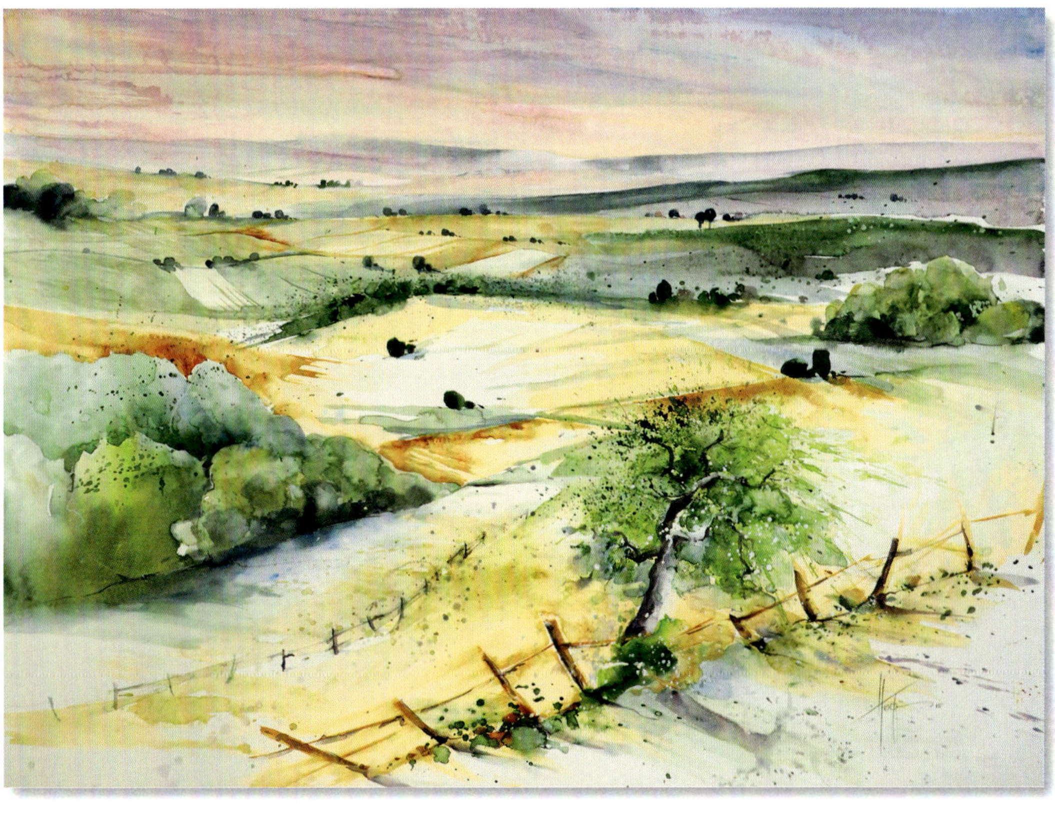

Erlacher Becken I

Papier: Hadern, Büttenpapier 640 g/m², Feinkorn, 36 cm x 56 cm
Farben: Gelbgrün, Maigrün, Grünoliv, Perylene Grün, Olivgrün, Indischgelb, Goldbraun, Sienna gebrannt, Vandyckbraun, Bergblau, Kobaltblau hell

Das Erlacher Becken

Seit ich Aquarelle male, habe ich dieses Motiv mindestens einmal jährlich gestaltet. Die Gesamtzahl der Bilder kann ich gar nicht mehr angeben. Eines habe ich dabei gelernt: Es ist für den eigenen Entwicklungsprozess sehr wichtig, Bilder in Serie zu malen.

Dieser Blick in die fränkische Landschaft gehört zu meinen Standardmotiven. Jedes Jahr male ich dieses Motiv zu verschiedenen Jahreszeiten. Im Rückblick kann ich später sehr gut meine malerische Entwicklung, besondere Ereignisse während des Malvorgangs und unterschiedliche Stimmungen ablesen.

Worin liegt der besondere Reiz dieses Motivs für mich? Ganz typisch ist von einem erhöhten Standpunkt aus die Aufgliederung der Landschaft in Vorder-, Mittel- und Hintergrund zu erkennen. Bei der Farbwahl bestimmen die vielseitigen Abstufungen der Grünnuancen den Bildschwerpunkt. Ein Kennzeichen für den Frühsommer, in dem der Chlorophyllanteil in den Blättern diese intensive Grünfärbung auslöst.

Meine verwendeten Farben lassen erkennen, dass ich für die verschiedenen Grünnuancen reine Fertigtöne bevorzuge. Diese rein angewandten Farbtöne strahlen mit einer intensiven Brillanz.

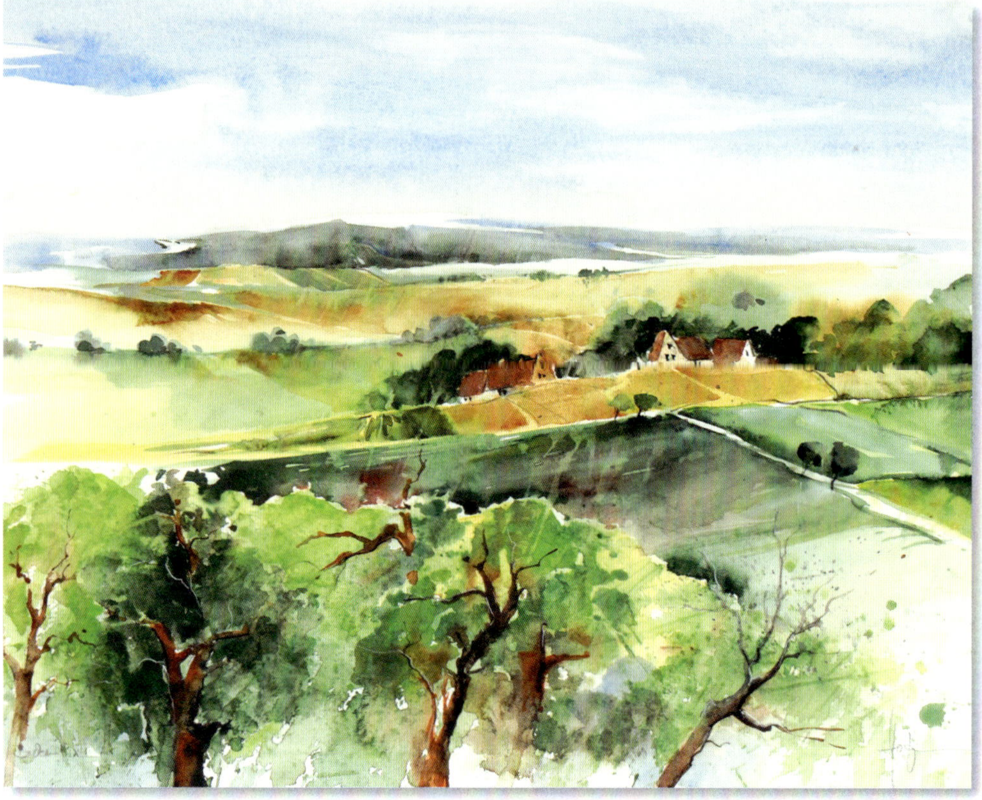

Sind im Vordergrund einzelne Details bei den Bäumen und Felderbegrenzungen noch gut sichtbar, lösen sich diese zum Hintergrund immer mehr auf – eine Möglichkeit, in einem Landschaftsbild räumliche Tiefe darzustellen.

Eine gestalterische Besonderheit ist auf der Bildoberfläche erkennbar. An dem Maltag herrschte starker Wind, sodass sich mein Wasserbehälter über das Aquarell ergoss. Die dadurch entstandenen Streifen verleihen dem Bild Dynamik und Authentizität.

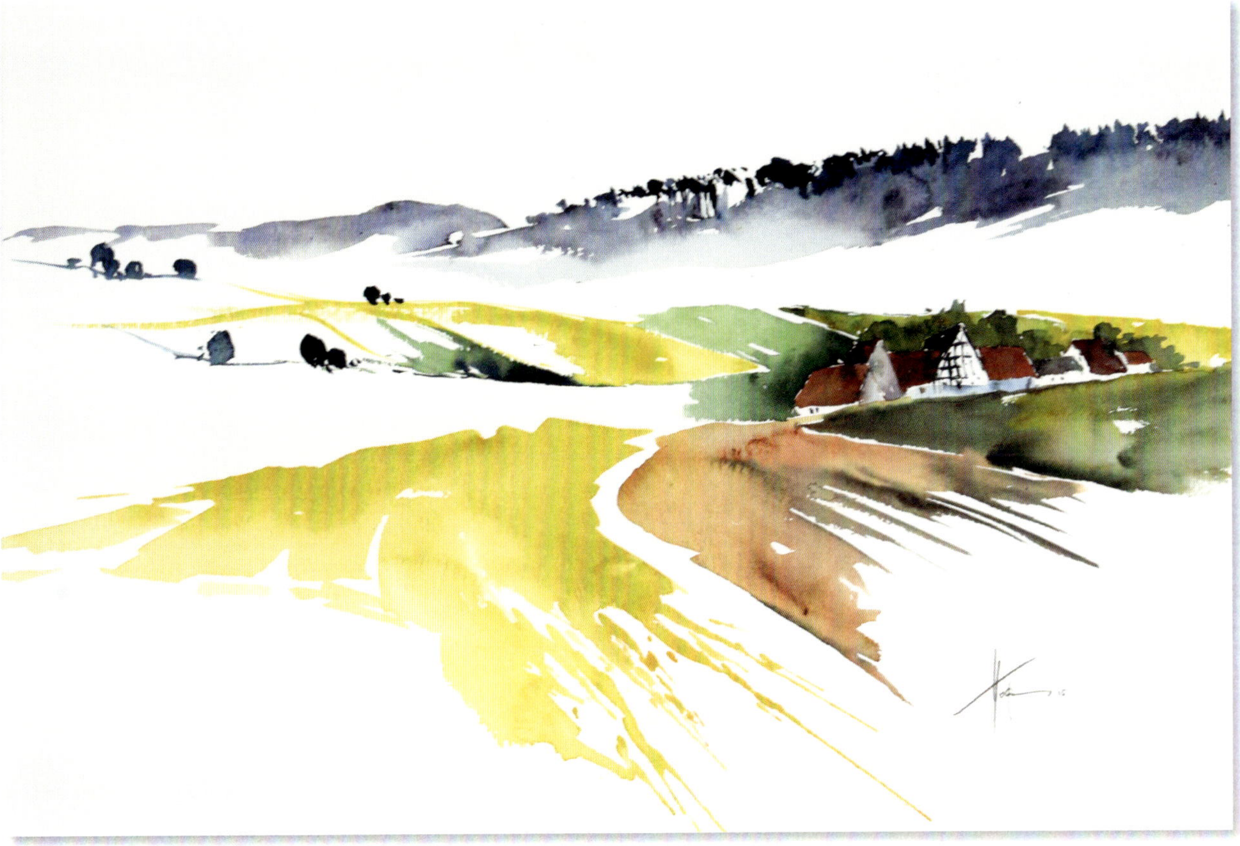

Erlacher Becken II

Papier: Hadern, Büttenpapier 640 g/m², Feinkorn, 36 cm x 56 cm
Farben: Reingelb, Goldbraun, Vandyckbraun, Perylene Maroon, Olivgrün, Grünoliv, Perylene Grün, Indigo, Caput mortuum

Dasselbe Motiv, diesmal in einem ganz reduzierten Malstil. Das Aquarell ist aus einer bestimmten Stimmungslage heraus entstanden. Erst wenn man ein Motiv total verinnerlicht hat, ist man meiner Meinung nach in der Lage, eine Landschaft auf diese Weise zu malen. Alles Nebensächliche, jeder Zierrat fällt weg – die Reduktion auf das Wesentliche prägt diese Komposition und gibt ihr Kraft und Ausdruck.

Die Bewegungsrichtungen, die durch die Abgrenzungen der Felder voneinander entstehen, führen durch das Bild. Die wenigen Häuser, von dieser Landschaft umschlossen, geben der Bildkomposition Halt. Ein durchgehender Waldgürtel bildet den Abschluss im Hintergrund.

Solche Aquarelle leben von ihrer Farbflächenverteilung. Für mich ist dieses Gestaltungsmittel in meinem Malprozess immer wieder sehr wichtig.

Murnauer Moos

Papier: Hadern, Büttenpapier „Ekkehardt Hofmann“ 640 g/m², satiniert, 56 cm x 76 cm
Farben: Indischgelb, Quinacridone Gold, Lasurorange, Goldbraun, Purpurmagenta, Gelbgrün, Grünoliv, Olivgrün, Bergblau, Paynesgrau, Caput mortuum, Ultramarinviolett

Diesen Maltag habe ich noch sehr genau in Erinnerung. Früh am Morgen war im Murnauer Moos die Fernsicht noch nebelverhangen, sodass wir nur die Grasfläche des Mooses erkennen konnten, von den Bergen im Hintergrund jedoch noch nichts sahen.

Aber allein schon diese Grasfläche des Mooses in ihren warmen lebendigen Farbschattierungen erweckt ein Verständnis für all die vielen Malenden, die sich schon in früheren Jahren zu diesem Motiv hingezogen fühlten. Mit einem großflächigen Farbauftrag, wechselweise mit Indischgelb, Quinacridone Gold und Goldbraun, entstand die Moosfläche. Unterbrechungen mit Weißanteilen verstärkten die Gliederung. Ein absterbender Baum in zentraler Bildposition zieht den Blick auf sich.

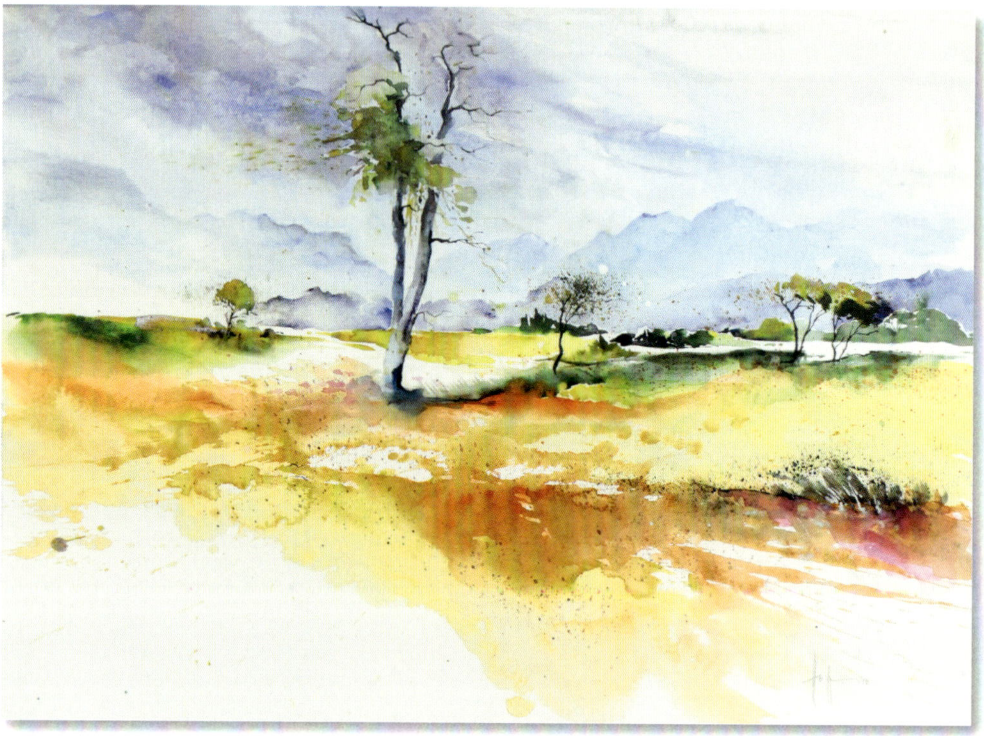

Rechtzeitig hob sich die Nebelwand und die Berge im Hintergrund wurden sichtbar. Jetzt konnte ich mit zarten Bergblaunuancen, Paynesgrau und Caput mortuum die Komposition komplettieren. Der Wetterlage entsprechend erscheinen die Bergrücken nur ganz schemenhaft. Der aufsteigende Nebel führte jetzt dazu, dass sich die Graunuancen am Himmel fortsetzten.

Die Bergkette erhielt eine Sockellinie mit Ultramarinviolett. Davor gruppieren sich ein paar dunkle Büsche und kleine Bäume. Der Baumsolitär erhielt auf der Schattenseite eine stärkere Farbausprägung und eine Belaubung.
Die Graszonen innerhalb der Moosfläche gestalten, gliedern und verstärken die Räumlichkeit.

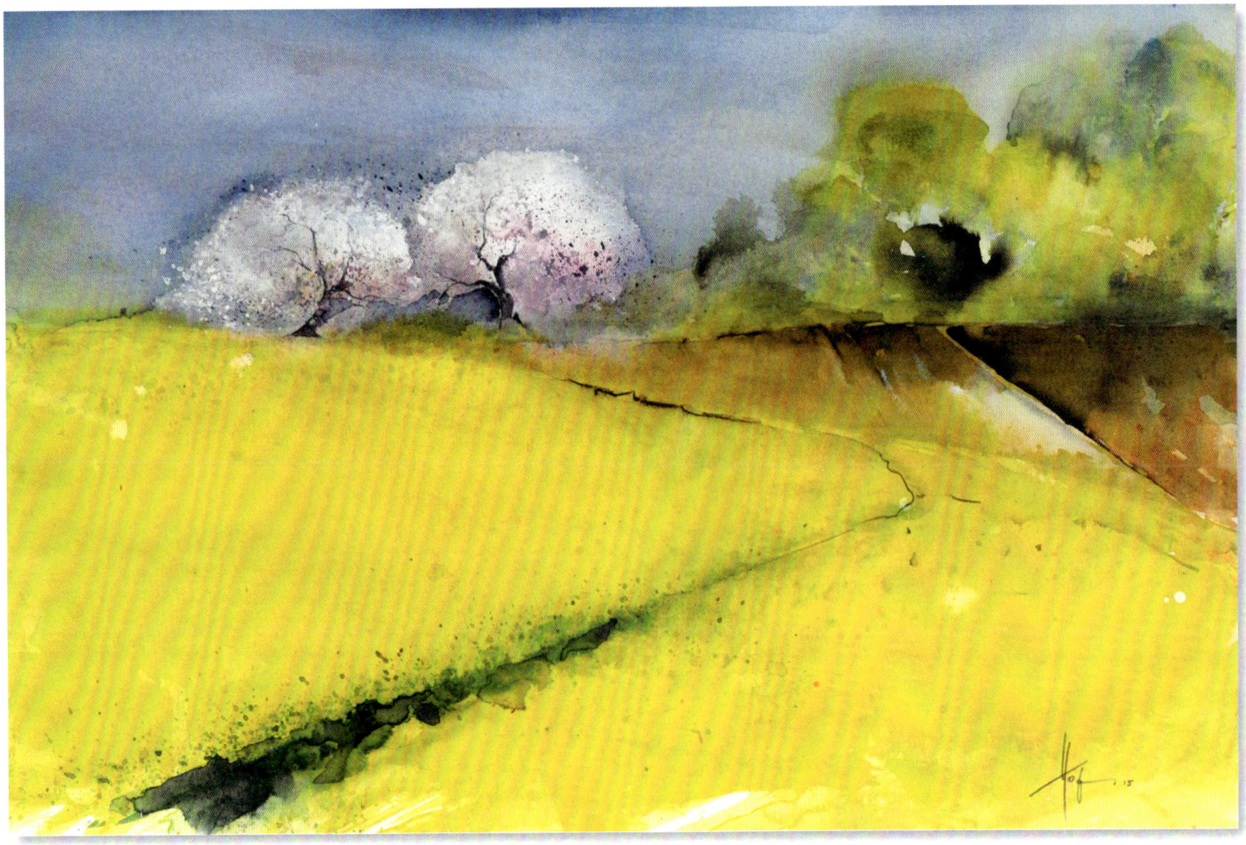

Rapsfeld mit blühenden Apfelbäumen

Papier: Hadern, Büttenpapier „Ekkehardt Hofmann" 640 g/m², satiniert, 36 cm x 56 cm
Farben: Reingelb, Indischgelb, Gelbgrün, Grünoliv, Siena gebrannt, Vandyckbraun, Bergblau, Paynesgrau, Caput mortuum, Purpurmagenta

Die großen Felder, auf denen im Frühjahr leuchtendgelb der Raps blüht, beleben die Ackerlandschaft. An der Feldraingrenze stehen immer wieder blühende Apfelbäume, deren weiß- und purpurmagentafarbenes Blütenmeer einen schönen Kontrast bildet.

In meinem Fall erstreckte sich über diesem Farbspiel ein bleierner Himmel, der ein bevorstehendes Gewitter ankündigte. Schwerpunkt dieser Komposition ist das Rapsfeld, welches dominant den Vordergrund beherrscht. Die grasbewachsene Ackergrenze, die sich vom unteren linken Bildrand im Schwung nach links oben bewegt, gliedert diese Fläche. Der braune Ackerboden und die Gruppe von Büschen rechts oben betonen das Gelb der Rapsfläche.

Einen zweiten Blickfang bilden die beiden blühenden Apfelbäume. Der Eindruck der Blütenfülle entsteht auch hier durch das Aussparen weißer Flächen. In diesem Fall kam mir zudem der bleierne Gewitterhimmel zu Hilfe. Die schwere Himmelsfarbe kam mittels Bergblau, vermischt mit Paynesgrau und Caput mortuum, zustande. Ein paar Spritzer mit Purpurmagenta und Weiß strukturieren zusätzlich zu den Ästen die Baumfläche.

Im farbigen Gesamteindruck entsteht eine der Wetterlage entsprechende, bedrückende Atmosphäre.

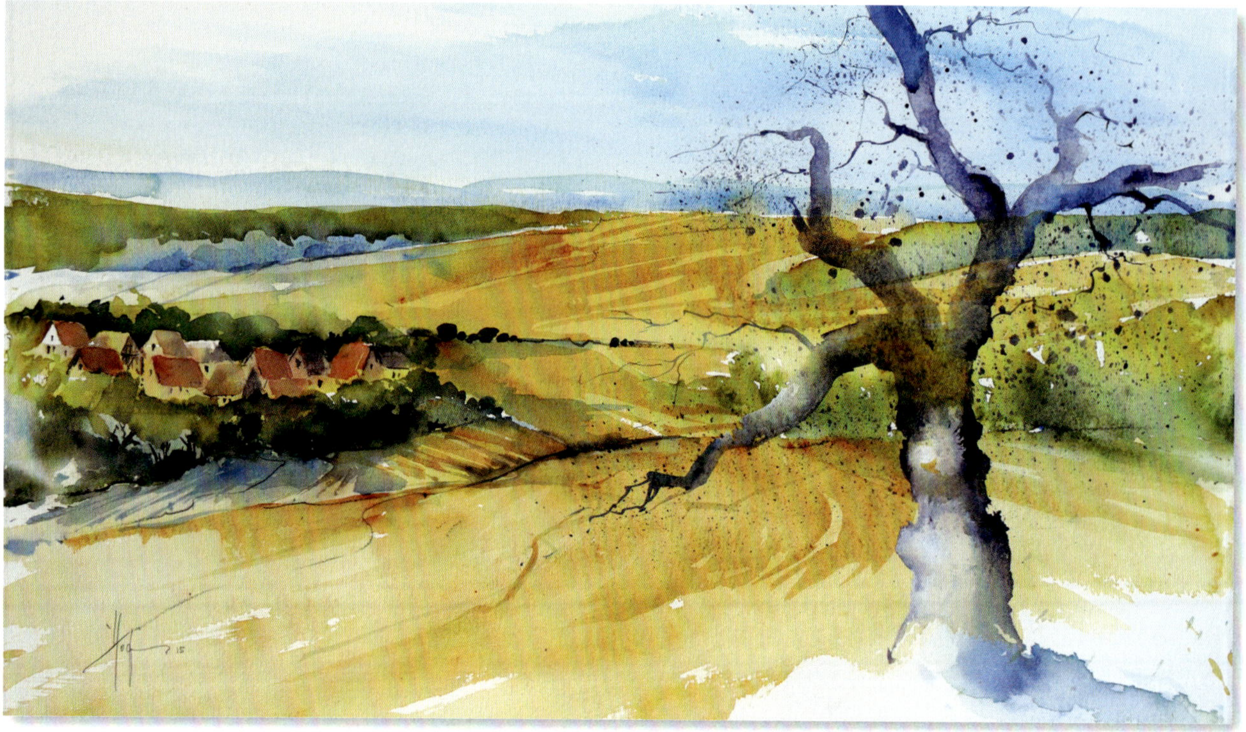

Sommerzeit – Erntezeit

Papier: Hadern, Büttenpapier „Ekkehardt Hofmann" 640 g/m², Feinkorn, 56 cm x 76 cm
Farben: Reingelb, Indischgelb, Quinacridone Gold, Goldbraun, Gelbgrün, Grünoliv, Bergblau, Caput mortuum, Ultramarinblau, Paynesgrau

Lasur als Mittel der Bildgestaltung

Der lasierende Farbauftrag in Indischgelb über die Weizenfelder ist eine Maßnahme, mit der ich gleichzeitig zwei bildgestalterische Ziele erreiche: Zum einen verstärkt sich der Farbton der Weizenfelder, zum anderen werden die im ersten Farbauftrag ausgesparten Feldstrukturen in ihrem Bildausdruck zurückgenommen und die Fläche stellt sich als Einheit dar.

Die Jahreszeit ist fortgeschritten und auf den Feldern herrscht der warme Gelbton des reifen Getreides vor. Großflächig ziehen sich die Äcker s-förmig durch die Bildkomposition. Das in einen Grüngürtel eingebettete Dorf bringt Leben in dieses Aquarell. Ein mächtiger Baum mit skurrilem Stamm und Ästen beherrscht den Vordergrund.

Dieses Bild ist ein Paradebeispiel für die Lasurtechnik. Zuerst wird mit Indischgelb, Reingelb und Quinacridone Gold der Verlauf der Weizenfelder angelegt. Gegliedert wird diese Fläche durch die Häuser des Dorfes mit den umgebenden Bäumen und Büschen sowie durch zwei Waldstreifen an der rechten Bildseite und einem Waldgürtel links oben.

Mit dem nächsten Malschritt entsteht der Solitärbaum – knorrig im Stammbereich, an den Hauptästen sind sturmbedingte Abbrüche erkennbar. Nach dem Trocknen des bisherigen Farbauftrages erfolgt mit Indischgelb, beginnend an der Horizontlinie bis zum unteren Bildrand, ein lasierender Farbauftrag. Jetzt wird der sommerliche Farbton der Weizenfelder deutlich sichtbar.

Gebirge

Papier: Hadern, Büttenpapier „Ekkehardt Hofmann“ 640 g/m², Feinkorn, 56 cm x 76 cm
Farben: Coelinblauton, Kobaltblau hell, Indigo, Gelbgrün, Grünoliv, Perylene Grün, Indischgelb, Lasurorange, Paynesgrau, Caput mortuum, Jaune brillant

Malerischer Ausgangspunkt bei diesem Aquarell war der Verlauf der Gebirgskette, deren Form ich mit viel Wasser gesteuert habe. Die sich dabei ergebenden Flächenstrukturen stellen immer wieder eine Überraschung beim Aquarellmalen dar.

Um diesen dominanten Bergstock herum ordnen sich die Landschaft und die Berge im Hintergrund an. Wichtig waren mir auch die weißen Flächen innerhalb der Landschaft und der weiße Weg als begleitendes Element. Der rustikale Weidezaun verstärkt die Bedeutung des Weges und führt zusätzlich in die Bildkomposition hinein.

Ein weiteres dominantes Element der Bildgestaltung stellt der Baum im Vordergrund dar. Der auffallende Blauton hebt den großen Bergstock als Bildschwerpunkt hervor. Unterstützt wird diese Wirkung durch die in einem ruhigen Grauton gehaltenen Berge im Hintergrund. Auch der Himmel, mit Jaune brillant und Paynesgrau zurückhaltend gestaltet, drängt sich farblich nicht in den Vordergrund.

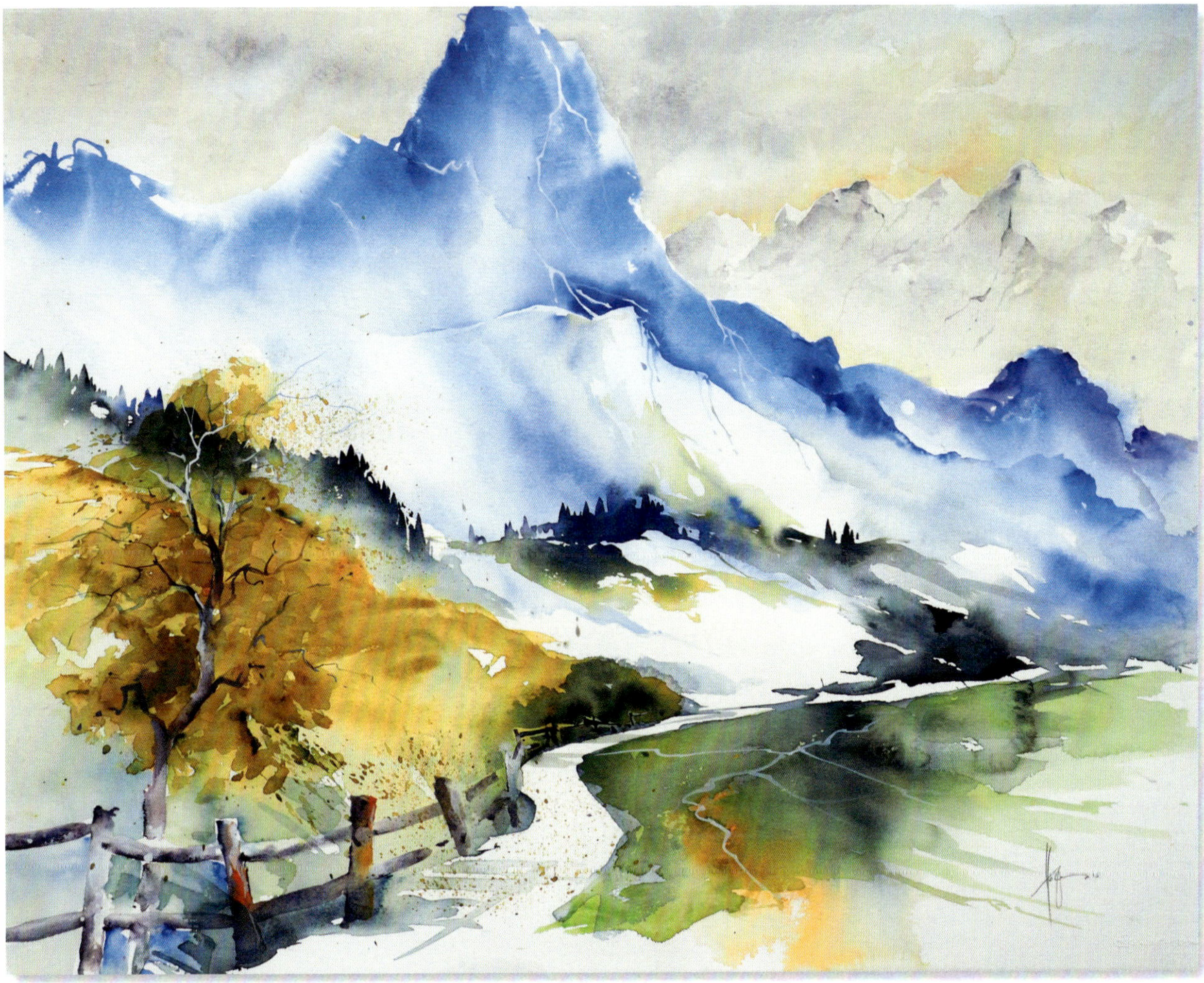

Fränkischer Winter

Papier: Hadern, Büttenpapier „Ekkehardt Hofmann“ 640 g/m², satiniert, 56 cm x 76 cm
Farben: Bergblau, Ultramarin, Indigo, Goldbraun, Siena gebrannt, Vandyckbraun, Quinacridone Gold, Lasurorange, Paynesgrau, Caput mortuum

Schattenwurf im Winterbild
Bleibt die Schneefläche bei einem Winterbild ganz weiß stehen, kann sie unstrukturiert und leblos wirken. In den Wintermonaten steht die Sonne sehr tief, es ergeben sich lange Schatten, die die Schneefläche gliedern. Das sollte man bei der Bildgestaltung berücksichtigen.

Winterbilder mit großen Schneeflächen strahlen Ruhe und Gelassenheit aus. Je dunkler der Himmel und die Landschaft dargestellt wird, umso intensiver ist der Kontrast und damit der winterliche Eindruck.

Die nahegelegenen Häuser beleben mit ihrer Farbigkeit die Bildaussage und heben sich von den monochromen Häusern im Hintergrund ab. Dies ist eine von mehreren gestalterischen Möglichkeiten, um Räumlichkeit in der Bildkomposition zu erzielen.

Wichtige bildgestalterische Aufgaben übernehmen die Elemente im Vordergrund. Der quer verlaufende Zaun erzeugt Breite, die der Räumlichkeit zugute kommt. Verstärkt wird dieser räumliche Eindruck zusätzlich durch den einzeln stehenden Baum. Bei der Farbgestaltung seines Stammes habe ich ganz bewusst Gold- und Rottöne verwendet. Diese Farbigkeit steht im Kontrast zu den sonst dunklen Wintertönen und verstärkt dadurch den Eindruck von Eis und Kälte.

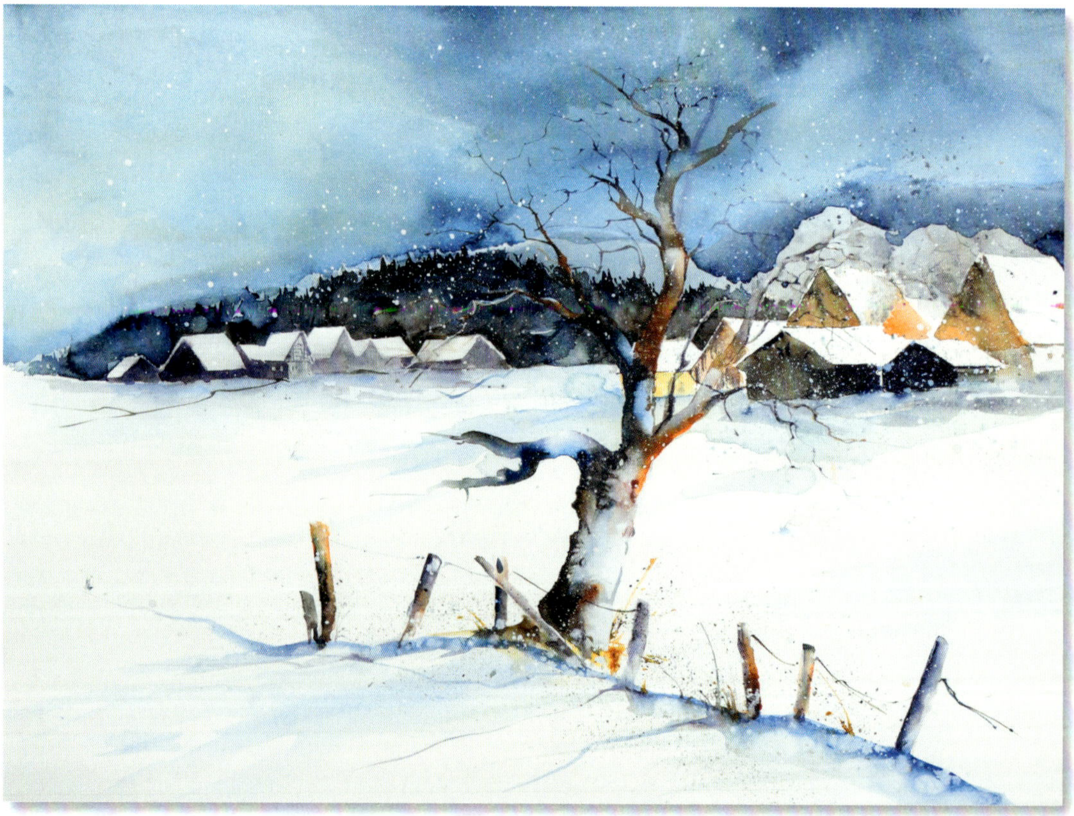

Strandgebiet

Papier: Hadern, Büttenpapier „Ekkehardt Hofmann", 640 g/m², satiniert, 38 cm x 56 cm
Farben: Jaune brillant, Quinacridone Gold, Perylene Maroon, Paynesgrau, Caput mortuum, Gelbgrün, Perylene Grün, Bergblau, Kobaltblau hell

Bei diesem Aquarell bestimmen die großen Sandflächen der Dünen den Bildausdruck. Damit der ständig blasende Wind den Sand nicht zu stark forträgt, werden die Dünen mit Strandhafer bepflanzt. Zusätzlich sorgen noch einige Bäume für die Geländebefestigung. Die Windrichtung von der Meerseite her ist an der Bewegungsrichtung des Strandhafers und der Belaubung erkennbar.

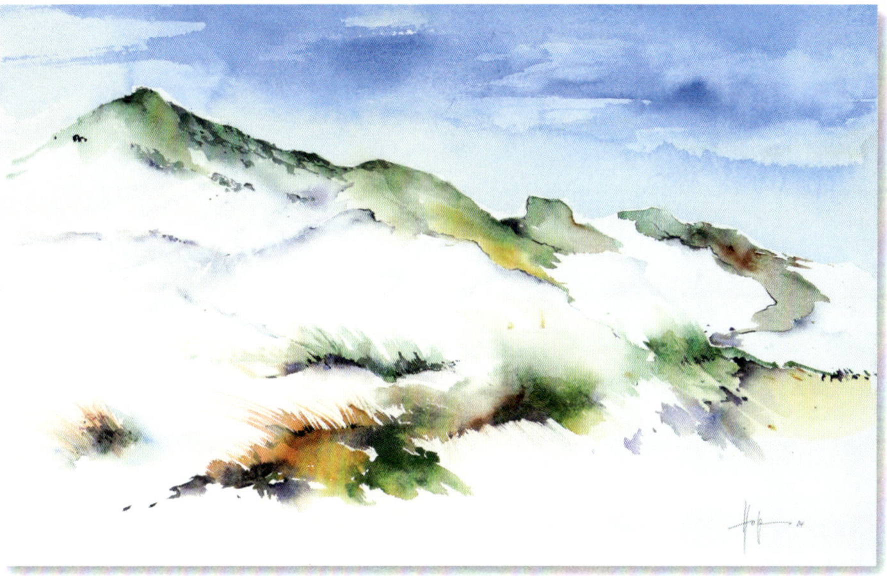

Die wenigen Bildelemente vermitteln einen meditativen Eindruck. Der Farbton des Strandhafers mit seiner Tendenz zum Orange hin kontrastiert stark mit dem Blau von Himmel und Wasserfläche. Dieser Komplementärkontrast führt zu einer Farbsteigerung, die dem Aquarell Leben und Dynamik einhaucht.

Boddenlandschaft

Papier: Hadern, Büttenpapier „Ekkehardt Hofmann", 640 g/m², satiniert, 38 cm x 56 cm
Farben: Bergblau, Kobaltblau hell, Ultramarin, Gelbgrün, Olivgrün, Grünoliv, Perylene Grün, Paynesgrau, Caput mortuum, Goldbraun

Die Ruhe, die von einer großen Binnenwasserfläche mit ihrer abgrenzenden Horizontlinie ausgeht, zieht mich immer wieder in ihren Bann. So auch bei einem Besuch Anfang der 1990er Jahre in der alten Künstlerkolonie Ahrenshoop. Die Wasserfläche der dortigen Boddenlandschaft ist umgeben von Schilf, einige Zeesboote liegen vor Anker. Den Zugang zum Wasser bildet ein Holzsteg, der auf einer Seite von Steinen begrenzt wird, auf der anderen Seite befinden sich Holzpfähle.

Ich stelle mir vor, ein meditatives, ruhiges Aquarell zu gestalten. Was mache ich nun aus den Gegebenheiten vor Ort? Wie so oft beim Malen vor der Natur ist es nicht nur wichtig, sich zu fragen, welche Motivteile in die Komposition einbezogen werden sollen, sondern auch, welche Details weggelassen werden können.

Boote – also bewegliche Elemente – passen nicht zu meiner Bildvorstellung und werden deshalb gestrichen. Den Holzsteg verlängere ich und führe damit den Betrachter in das Bild hinein.

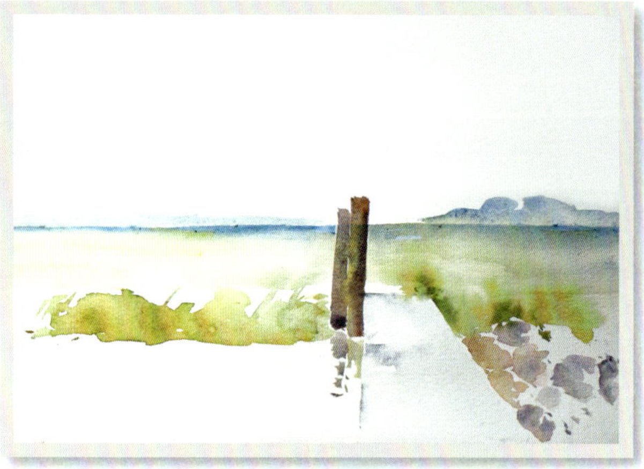

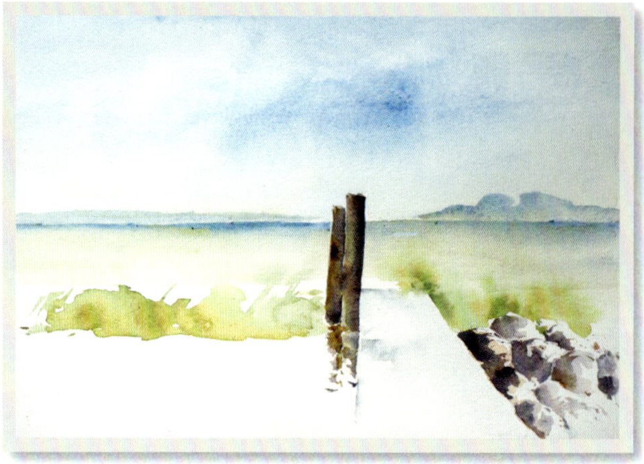

1 Die erste Farbanlage erfolgt mit hellen, leicht verwaschenen Farbtönen. Dieser Farbauftrag entspricht der Technik des Lavierens (s. Seite 13). Entscheidend bei diesem ersten Farbauftrag ist die Horizontlinie, deren Höhe für die Bildkomposition wichtig ist. In diesem Fall machen Wasserfläche und Vordergrund etwa 40 % und der Himmel 60 % aus. Der Verlauf der Wasserlinie muss absolut waagerecht sein, ansonsten entsteht der Eindruck, dass das Wasser ausläuft. Ich messe mit meinem Pinselstiel die Höhe aus, markiere sie mit Punkten über die gesamte Blattbreite und ziehe dann erst die durchgehende Linie.

Alle wichtigen Bildteile sind mit der ersten Farblasur angelegt und bereits jetzt ist erkennbar, welche Ruhe die durchgehende waagerechte Horizontlinie ausstrahlt.

2 Nimmt der Himmel einen so großen Anteil der Bildfläche ein, muss er natürlich von Anfang an in die Bildgestaltung einbezogen werden. Die Farbgebung ist, entsprechend meiner Bildidee, nicht zu turbulent, sondern mit leicht changierenden blauen Farbtönen in Bergblau und Kobaltblau hell gestaltet. Dabei berücksichtige ich, dass der Farbverlauf bei einem Schönwetterhimmel am Horizont heller ist und zum Zenit hin an Intensität zunimmt.

Die Holzpfähle seitlich am Steg erhalten eine vertiefende Farbgebung. Die farbliche Gestaltung der Steine bestimmt deren Form: Die obere Rundung, die dem Licht zugewandt ist, bleibt weiß ausgespart stehen, die seitlich abfallenden Flächen werden farblich mit Goldbraun, Paynesgrau und Caput mortuum moduliert.

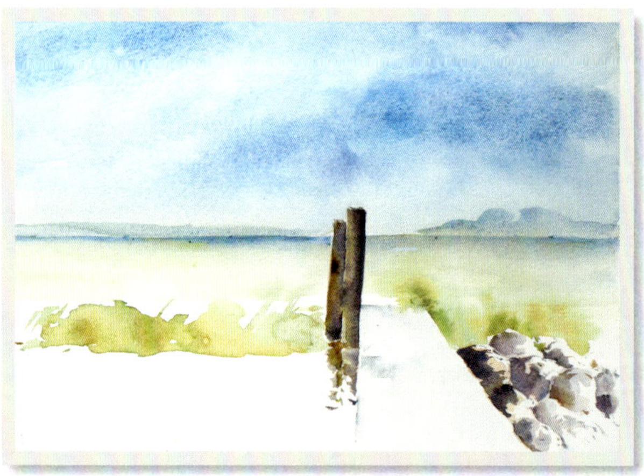

3 Bevor ich mich der Gestaltung der Schilfflächen widme, erhält der Himmel weitere Farblasuren. Diese Arbeitsweise des Auftragens von Farben auf den trockenen Untergrund lässt Farbverdichtungen mit einer schönen Flächigkeit entstehen. Die Ränder des Farbauftrags können teilweise weich verzogen werden und machen die Komposition malerisch. Neben Bergblau und Kobaltblau hell verwende ich jetzt noch Ultramarinviolett.

Für den Arbeitsablauf hat es sich als vorteilhaft erwiesen, im oberen Blattbereich anzufangen und zum unteren Bildrand hinzuarbeiten. Dadurch wird vermieden, dass man mit der Hand in den nassen Farbauftrag hineinwischt.

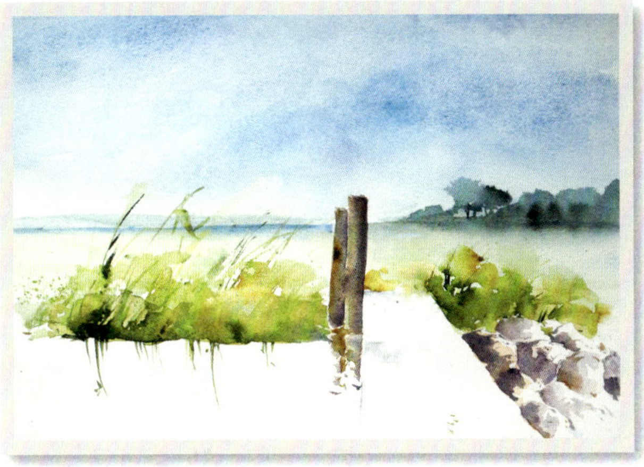

4 Der Schilfbewuchs besteht, malerisch gesehen, aus zwei Elementen. Zum einen sind es einzelne Halme, die filigran in die Höhe stehen, zum anderen ist es der enge Bewuchs, der flächig in den Bodden hineinragt. Das Wechselspiel von linearen und flächigen Formen wird durch den Einsatz unterschiedlicher Grünnuancen unterstützt. Gelbgrün, Olivgrün, Perylene Grün und stellenweise Quinacridon Gold ergeben ein abwechslungsreiches Farbbild.

Die Spiegelung einzelner Halme im seichten Wasser lege ich sofort mit dem ersten Farbauftrag an. Die endgültige Ausarbeitung dieses Bildbereiches erfolgt bei den Abschlussarbeiten.

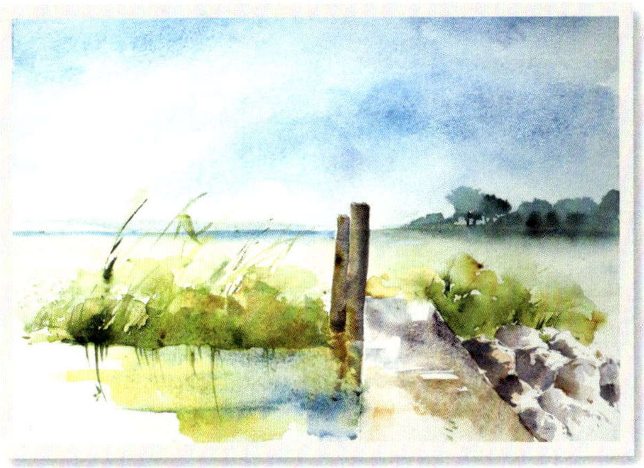

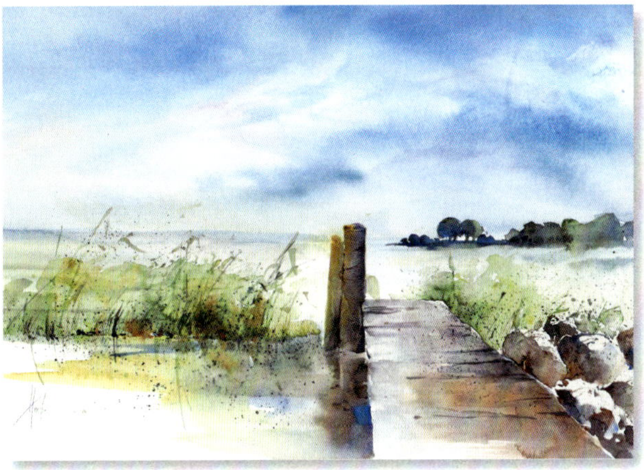

5 Mit der Wasserzone unterhalb des Schilfgürtels und der Ausarbeitung des Holzsteges nähert sich mein Malvorgang dem Ende. Im Wasserbereich sind die Farben des Schilfs zu sehen, unterbrochen von Blautönen. Gerne löse ich den unteren Bildrand mit einem lockeren, nur teilweisen Farbauftrag auf und gebe damit meinem Aquarell Transparenz und Leichtigkeit.
Die Bohlen des Holzstegs müssen waagerecht liegen. Auch hier genügen Andeutungen.
In diesem Stadium trete ich von meinem Bild zurück und stelle mich innerlich darauf ein, dass ich bei der anschließenden Begutachtung nicht mehr der Malende bin, sondern der Betrachter. Dabei helfen mir folgende Fragen:

- An welchen Motivteilen müssen noch farbliche Vertiefungen vorgenommen werden?
- Wo fehlen noch Akzente und Details?

6 Mit den folgenden finalen Arbeiten verstärke ich die Bildaussage und verleihe der Komposition Esprit:

- Die Verstärkung der Baumgruppe an der Uferlinie am Horizont schließt die Wasserfläche ab,
- im Bereich des Schilfgürtels sind es noch einige einzelne Halme, sowohl mit dem Pinsel als auch mit dem Aquarellstift gezogen, die diesen stärker strukturieren,
- einige Linien auf dem Holzsteg kennzeichnen die Bohlen,
- Spritzer mit dem Borstenpinsel lockern den Bildvordergrund auf.

Im Gesamteindruck strahlt die Komposition die von mir gewünschte Ruhe aus.

Bootshafen

Papier: Hadern, Büttenpapier „Ekkehardt Hofmann“, 640 g/m², satiniert, 38 cm x 56 cm
Farben: Bergblau, Coelinblau, Kobaltblau hell, Goldbraun, Perylene Maroon, Lasurorange, Paynesgrau, Caput mortuum, Vandyckbraun, Gelbgrün, Grünoliv

Ein Hafen für die Segelboote und kleine Ferienhäuser gehören ganz selbstverständlich zu den Wasserflächen in Deutschlands Norden. Die extrem spitzen Dachformen der Häuser wirken sehr reizvoll. Um einen optimalen Kontrast zu den Gebäudekuben zu erzielen, habe ich die Dächer weiß ausgespart. Mit den wenigen Farbflächen bei den Häusern und den weißen Dachflächen entsteht eine minimale Ausdrucksform, die diesen Häusern entspricht.

Ein Bootssteg führt zu den Häusern hin und damit in die Bildkomposition hinein. Die angedeuteten Personen beleben das Aquarell. Einen entscheidenden Einfluss auf die Räumlichkeit haben die Dalben im Vordergrund, die zur Befestigung der Schiffe dienen.

Hell-Dunkel-Malerei

Beachten Sie, wie bildgliedernd sich die zwei ausgesparten Dachflächen auswirken. Hier können Sie den Hell-Dunkel-Kontrast im praktischen Einsatz erleben.

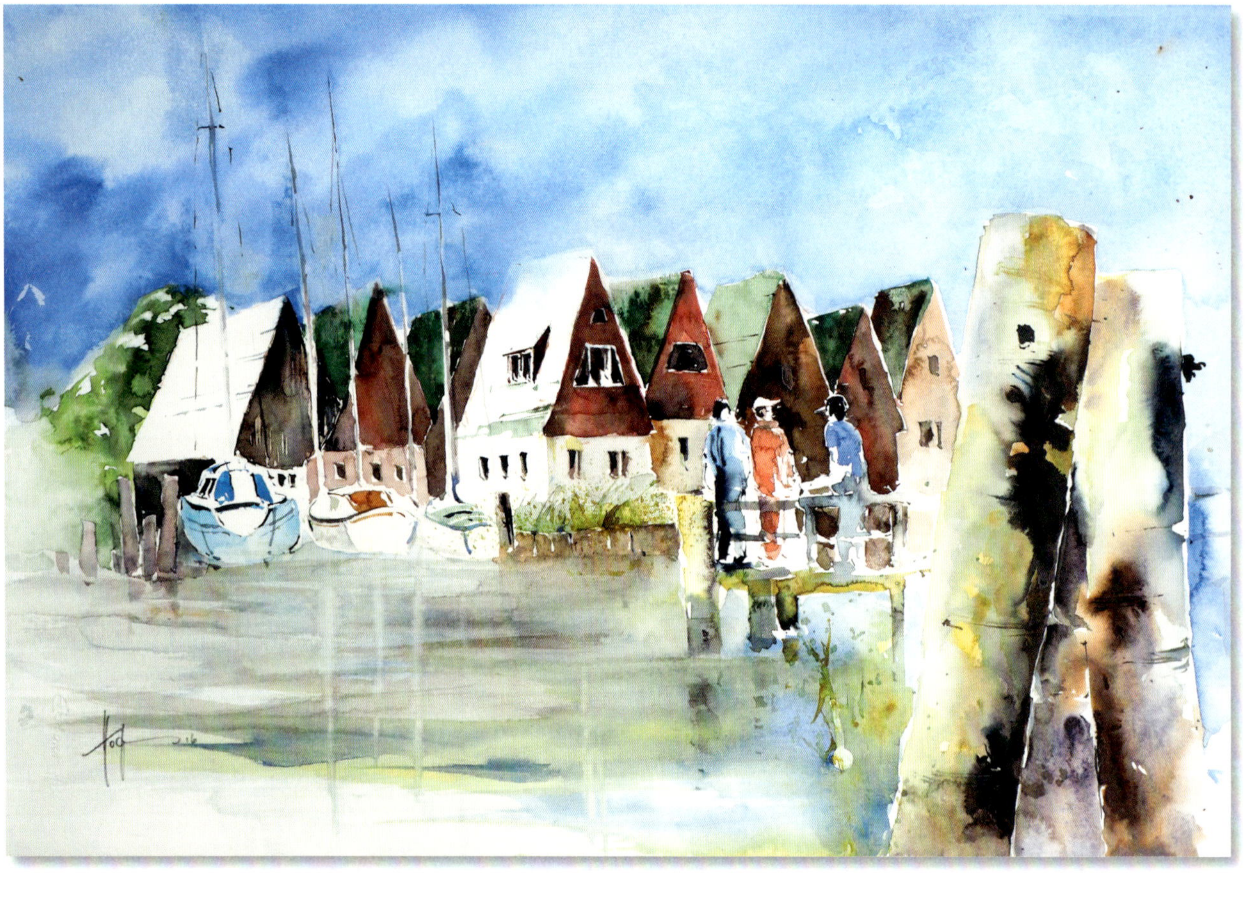

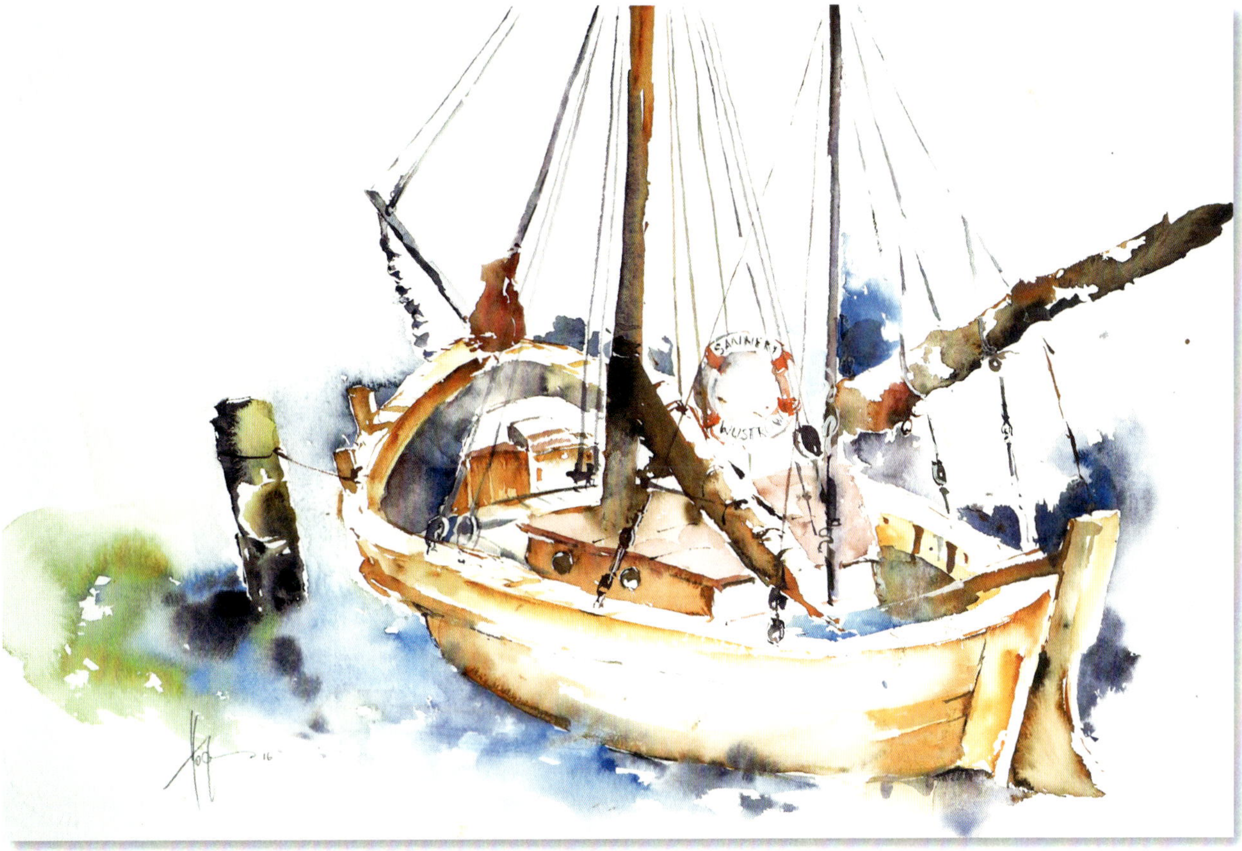

Segelschiff

Papier: Hadern, Büttenpapier „Ekkehardt Hofmann", 640 g/m², satiniert, 38 cm x 56 cm
Farben: Indischgelb, Goldbraun, Siena gebrannt, Vandyckbraun, Caput mortuum, Kobaltblau dunkel, Ultramarin, Gelbgrün, Zinnoberrot

Ein altes Holzboot im Hafen faszinierte mich ganz besonders. Für mich strahlt dieses Boot eine echte Seefahreratmosphäre aus.

Bei der Bildgestaltung überwiegen die zeichnerisch-grafischen Elemente. Mit dem ersten Farbauftrag habe ich die dickbauchige Form angelegt. Wichtig dabei ist, dass das Boot flach auf der Wasserfläche liegt und nicht den Berg hochfährt. Dies gelingt dann, wenn der Bootskorpus relativ breit dargestellt wird.

Im nächsten Schritt geht es mit den Bootsdetails weiter. Masten, Segel, Leinen, Kajüten gestalten den Gesamteindruck. Um dem Aquarell auch bei diesem Motiv Leichtigkeit zu verleihen, habe ich sehr viele Weißflächen ausgespart.

Linie statt Fläche

Es muss nicht immer malerisch-flächig sein: In diesem Fall übernehmen die grafisch-zeichnerischen Elemente eine dominante Rolle bei der Bildgestaltung.

Windflüchter

Papier: Hadern, Büttenpapier „Ekkehardt Hofmann“, 640 g/m², Feinkorn, 38 cm x 56 cm
Farben: Gelbgrün, Grünoliv, Perylene Grün, Bergblau, Kobaltblau hell, Quinacridone Gold, Goldbraun, Paynesgrau, Caput mortuum

Jahrelang weht der Wind zu den Bäumen auf den Dünen hin und formt diese. Mit dem schönen Namen Windflüchter, wie diese Bäume bezeichnet werden, ist alles ausgedrückt.

Bereits mit dem ersten Farbauftrag habe ich die Baumstämme angelegt und dabei deren leicht schräge Wuchsrichtung berücksichtigt. Die Grundlage ist ein Farbspiel aus Goldbraun und Paynesgrau, im Verlauf von der Licht- zur Schattenseite aufgetragen. Diesen Farbauftrag habe ich mit Gelbgrün in den Baumkronen fortgesetzt. Sehr deutlich ist zu erkennen, wie sowohl die Baumstämme als auch die Baumkronen mit einem zweiten Farbauftrag räumliche Tiefe erhalten. Diese fleckigen Farbaufträge, die nicht die ganze Fläche der Grundierung abdecken, lassen einen Durchblick auf den ersten Farbauftrag zu, dies ist die Grundlage für die dritte Dimension.

Für den Himmel habe ich Kobaltblau hell gewählt, wobei ich damit ganz speziell den abgestorbenen Baum auf der linken Bildseite betont habe.

Einen kompositorischen Zusammenhalt erhält das Aquarell durch den durchgehenden Grüngürtel im Hintergrund. Analog zur Wuchsrichtung der Bäume weisen auch die Gräser, die die Stämme umranden, nach rechts.

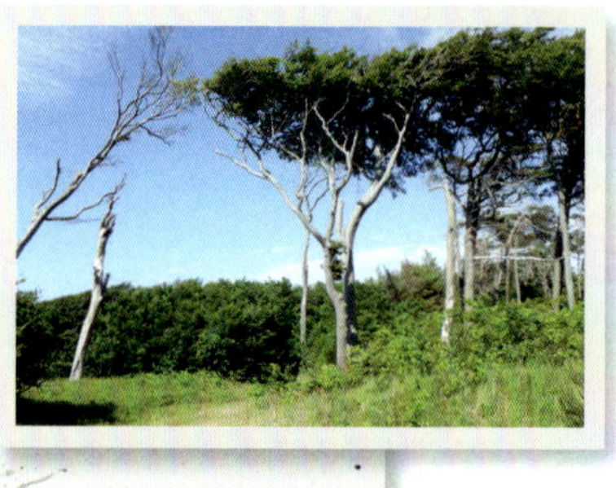

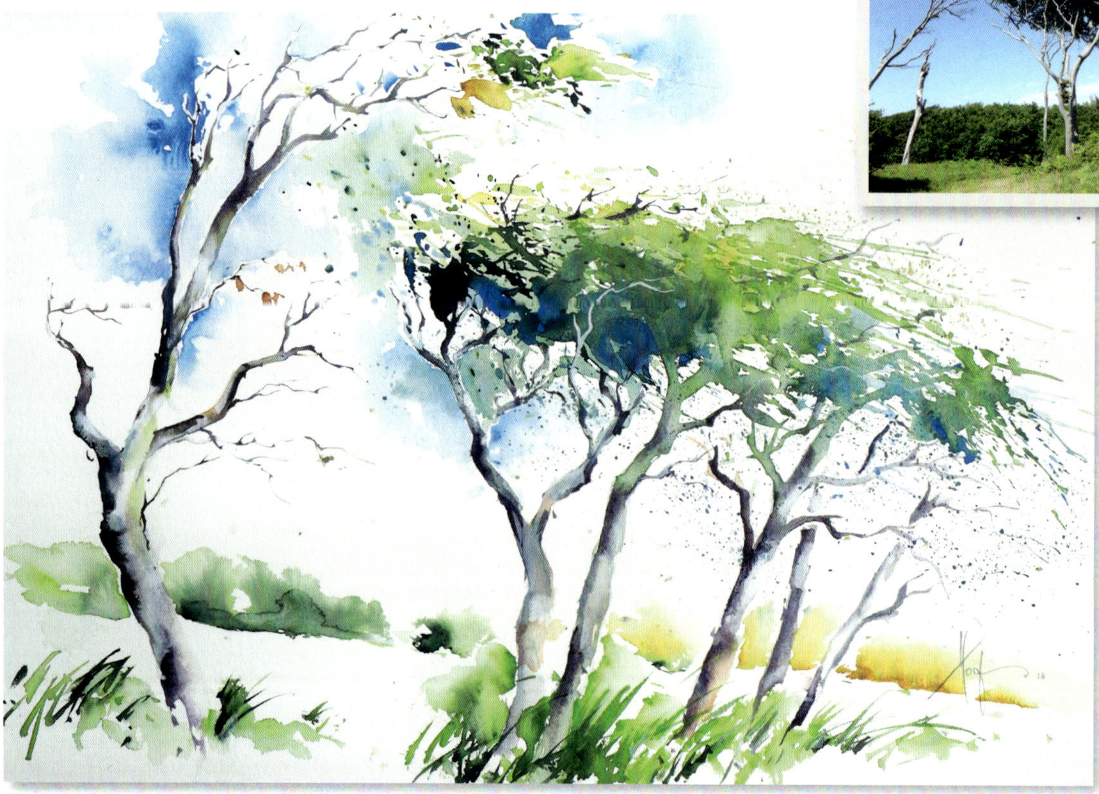

Nachgefragt: Motiv Landschaften

Wie lässt sich in der Landschaftsmalerei Räumlichkeit erzielen?

Um Landschaftsmotive erfolgreich zu gestalten, können folgende Tipps helfen:

- **Räumliche Gliederung der Fläche:** Ausgehend von einem relativ großen Vordergrund über einen flächenmäßig kleineren Mittelgrund, hin zu einem noch kleineren Hintergrund lässt sich bereits eine perspektivisch gestaltete Einteilung erreichen.

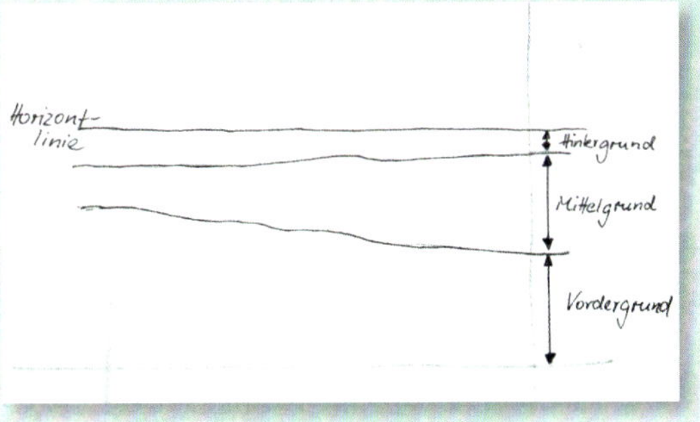

- **Perspektivische Wirkung von Gegenständen:** Ein großer Baum im Vordergrund, der über das Papierformat hinausragt, wirkt sehr dominant. Kleinere Elemente im Hintergrund stellen die Räumlichkeit her.

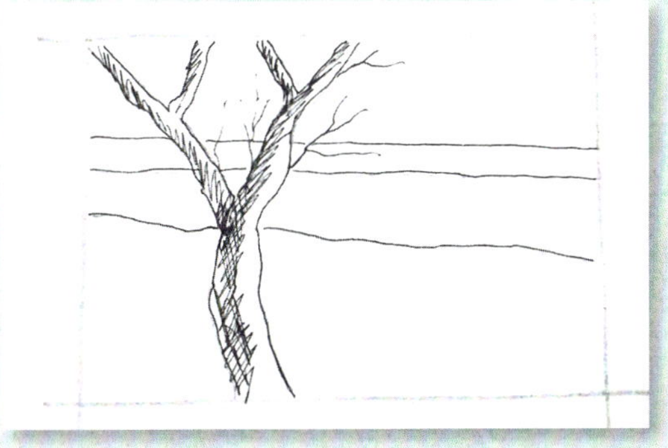

- **Wege und Straßen:** Ein Wege- oder Straßenverlauf führt in die Tiefe des Bildes hinein. Die Verengung des Wegeverlaufs unterstützt die perspektivische Wirkung.

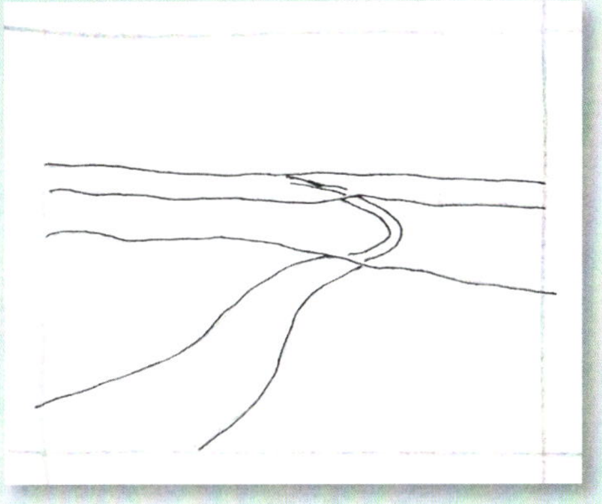

- **Quer verlaufende Elemente im Vordergrund:** Gräser und Zäune im Vordergrund ergeben eine Wirkung in die Breite. Daraus leitet sich für den Mittelbereich und dem Hintergrund eine Räumlichkeit ab.

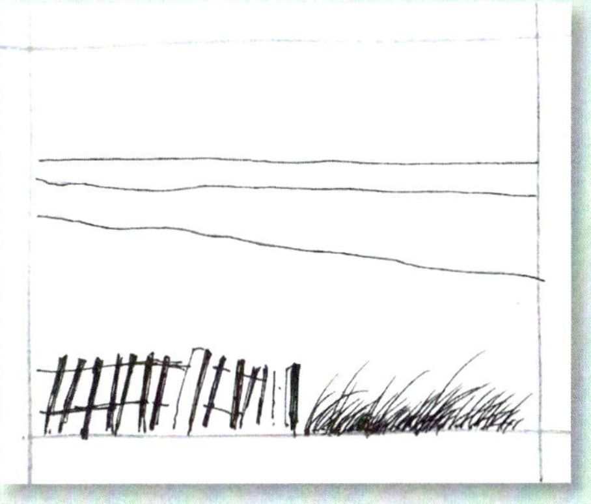

Häuser

Zu Häusern haben wir alle einen Bezug. Hier wohnen und leben wir, es sind Orte, an denen wir uns wohlfühlen wollen.

Seltsamerweise zieht es die Maler bei der Motivsuche so gut wie immer zu den älteren Häusern hin. Sind es die Altersspuren, die diese Gebäude prägen, sind es die Lebenserfahrungen, die man diesen Häusern ansieht? Auf alle Fälle ist es die Atmosphäre, die sie ausstrahlen. Nicht mehr alle Mauern stehen exakt gerade, von der aus der senkrechten Linie in die leicht diagonal überführte Hausecke geht viel Dynamik aus. Der Verputz ist häufig fleckig, manche Stellen sind heruntergebrochen und erzählen von jahrelangen Witterungseinflüssen. Malerherz, was wünschst du mehr!

Meine Vorgehensweise bei der Bildgestaltung von Häusern hat sich über Jahre entwickelt. In der Zwischenzeit haben sich die einzelnen Arbeitsschritte automatisiert, sodass sich meine Aquarelle kontinuierlich entwickeln. Obwohl mir die Arbeitsschritte im Lauf der Zeit in Fleisch und Blut übergegangen sind, beobachte ich immer noch genau den jeweiligen Entwicklungszustand des Bildes. So kann ich beispielsweise sehen, ob sich Farbverläufe ergeben, die nicht geplant sind, aber den Bildausdruck mitgestalten und bereichern.

Haus hinter den Dünen

Papier: Hadern, Büttenpapier „Ekkehardt Hofmann“, 640 g/m², Feinkorn, 38 cm x 56 cm
Farben: Indischgelb, Quinacridone Gold, Lasurorange, Perylene Maroon, Goldbraun, Siena gebrannt, Gelbgrün, Olivgrün, Grünoliv, Perylene Grün, Kobaltblau hell, Ultramarin, Indigo, Paynesgrau, Caput mortuum, Vandyckbraun

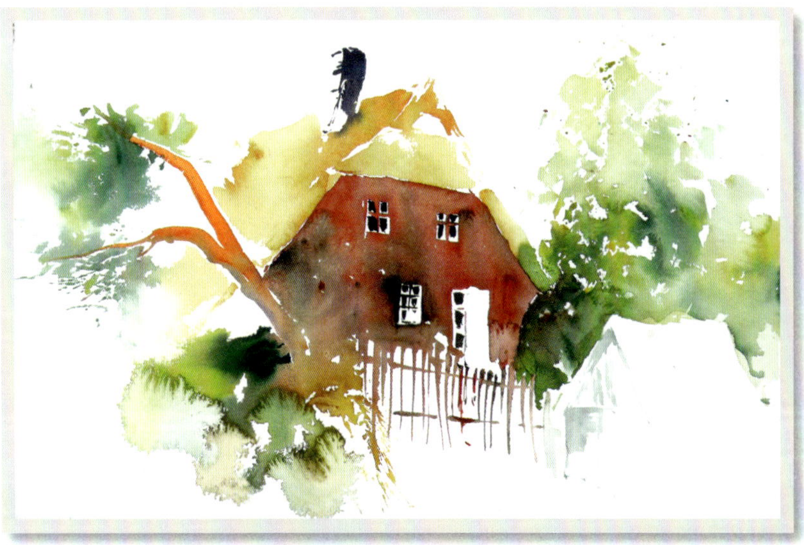

1 Die wichtigsten zehn Minuten im Malprozess sind die Minuten, bevor man mit dem Aquarellieren beginnt. Die anfängliche Motiverfassung ist sehr wichtig, denn im Laufe des Malprozesses dürfen keine Motivteile mehr auftauchen, die man eingangs übersehen hat.

Mit einem ersten zarten Farbauftrag lege ich die einzelnen Motivteile an. Wichtig ist mir dabei, die gesamte Papiergröße zu berücksichtigen. Einzelne Motivteile, die mit dem äußeren Blattrand kollidieren, verleihen der Komposition Größe und Weite. Der relativ helle erste Farbauftrag erlaubt mir noch, nötige Korrekturen vorzunehmen. In der linken unteren Ecke, in der Büsche und Gräser angedeutet sind, haben sich durch Wasserzugabe Krakelee-Verläufe gebildet. Die Ränderbildung gefällt mir spontan gut und ich entschließe mich, diese in meine weitere Bildgestaltung einzubeziehen.

2 Bevor ich fortfahre, warte ich so lange, bis der erste Farbauftrag vollständig getrocknet ist. Dies ist ein ganz wichtiger Schritt. Ansonsten besteht die Gefahr, dass sich der zweite Farbauftrag mit dem noch feuchten ersten vermischt und zu einem subtraktiven Farbergebnis führt. Subtraktiv heißt, die Farben werden unbunt und verlieren ihre Strahlkraft.

Der Flächenanteil des Himmels ist bei Landschaft- und Architekturmotiven meist relativ groß und wirkt sich mit seiner Farbgebung auf die Gesamtwirkung der Komposition aus. Deshalb beziehe ich diesen Bereich sehr früh in meine Bildgestaltung ein.

Die Skizze

Mit einer Skizze vor dem Malbeginn werden die wichtigen Motivteile erfasst und kompositionsgerecht platziert. Es empfiehlt sich, diese Skizze auf einem kleineren Extrablatt anzulegen und dann sofort mit Farbe auf dem Aquarellpapier zu beginnen.
Sollte Ihnen eine Skizze auf dem Malpapier mehr Sicherheit geben, empfehle ich dafür die Verwendung eines hellen, wasservermalbaren Aquarellstiftes. Graphitstifte lösen sich beim Kontakt mit Wasser leicht an und verunreinigen die Aquarellfarben.

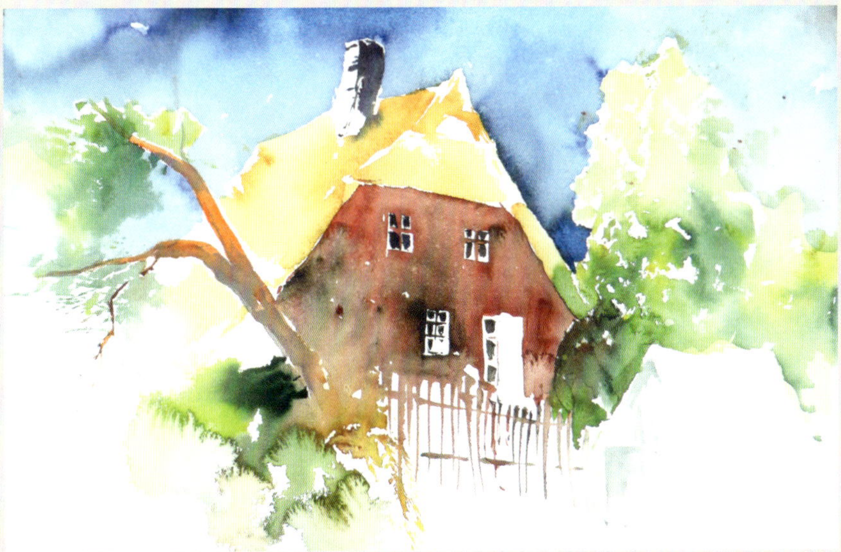

Auch hier trage ich anfänglich zuerst eine helle Farblasur auf, um im weiteren Verlauf den Farbton eventuell vertiefen zu können. Bei den Blautönen bevorzuge ich Kobaltblau hell. Der wässrige Auftrag lässt sofort Andeutungen von Wolkenbildungen entstehen. Nach dem ersten hellen Farbgrundauftrag ist es ein ganz normaler Vorgang, dass die Farbe in das Papier eindringt und heller auftrocknet. Ein weiterer Farbauftrag führt zu der von mir gewünschten Farbvertiefung.

3 Der Farbton der Hauswand wird mit Perylene Maroon und einer stellenweisen Zugabe von Vandyckbraun erzielt. Damit ist die grundlegende Gestaltung abgeschlossen und ich kann mich den einzelnen Kompositionsdetails widmen.

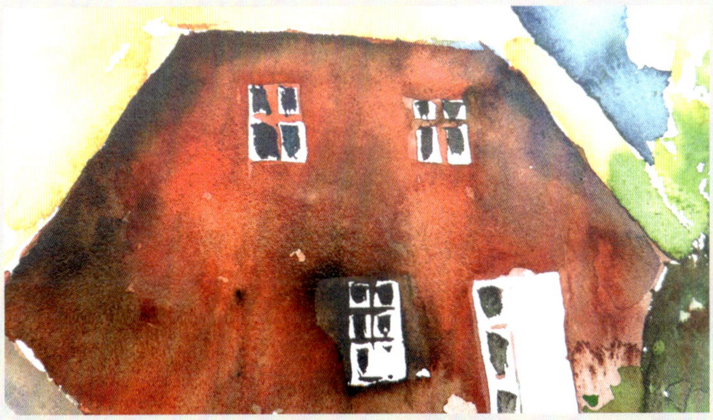

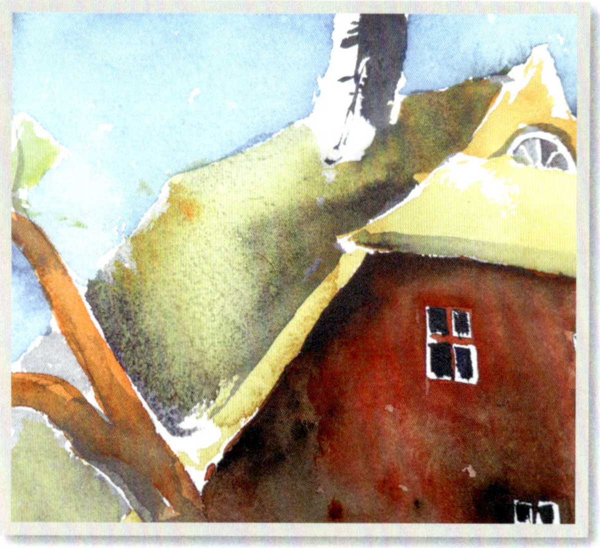

4 Die reetgedeckten Häuser an den norddeutschen Küsten besitzen eine sehr malerische Ausstrahlung. Reet ist trockenes Schilf und strahlt nach der Neueindeckung eines Daches goldgelb. Mein erster Farbauftrag erfolgt deshalb immer mit Quinacridone Gold, einem leuchtenden Ockerton. Im Laufe der Jahre führen Wind und Wetter dazu, dass sich auf den Dachflächen eine Patinaschicht bildet, die aber an einzelnen Partien noch den Goldockerton durchblitzen lässt. Diese Wirkung erziele ich mit einem Farbauftrag aus Ultramarinblau und Caput mortuum. Auch hier muss ich wieder abwarten, bis mein Ockergrundauftrag getrocknet ist, ansonsten würde ein undefinierbarer Schmutzton entstehen.

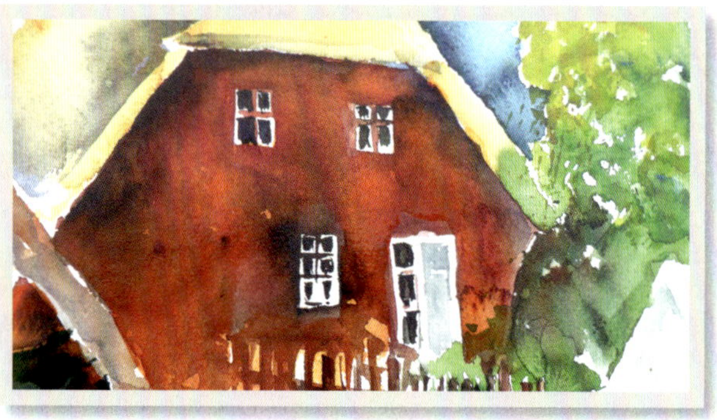

5 Ein Lasurauftrag mit Lasurorange lässt den Rotton der Hauswand erstrahlen.

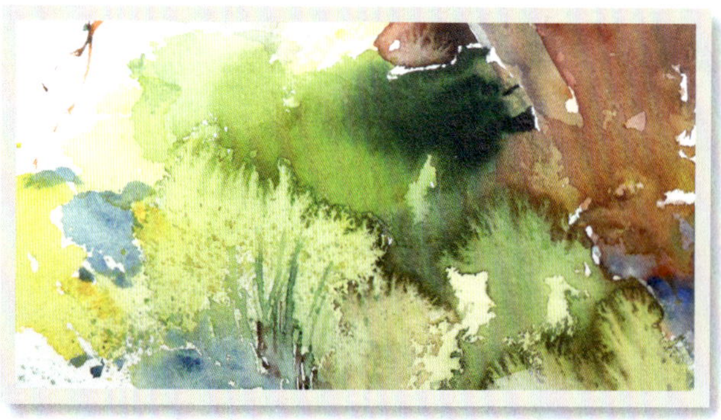

6 Ein Farbüberzug mit Reingelb führt bei den in Gruppen angeordneten Büschen und Gräsern zu mehr Leuchtkraft und Flächigkeit.

7 Eine weitere Besonderheit an den Meeresküsten sind die Bäume, die durch den ständigen Wind in ihrer Wuchsrichtung verformt werden. Allein schon der Name „Windflüchter“ drückt dies sehr deutlich aus. Für uns Maler nehmen sie dadurch eine Form an, die einem Bild eine besondere Ausdruckkraft verleihen kann.
Häufig handelt es sich dabei um Kiefern, deren orangefarbener Stamm eine zusätzliche Farbwirkung ausstrahlt. Nach dem Grundauftrag mit Lasurorange wird eine Schattengestaltung mit Caput mortuum unbedingt erforderlich. Diese Differenzierung von Hell – Dunkel gibt dem Stamm Volumen und Räumlichkeit und bewirkt, dass sich eine Ansicht von der Fläche in die Rundung ergibt.

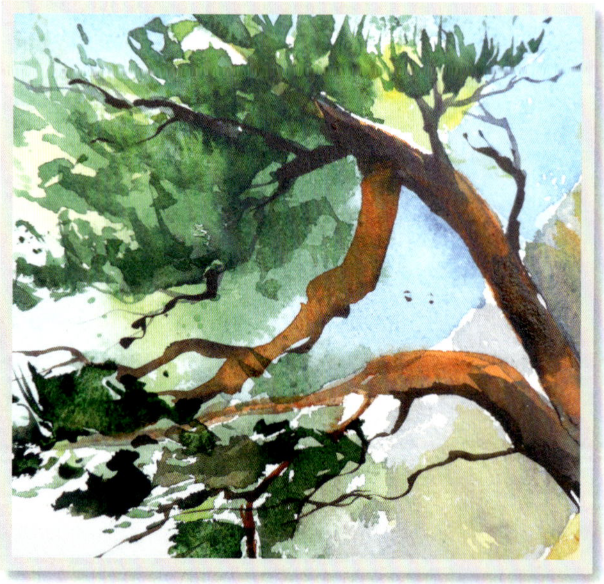

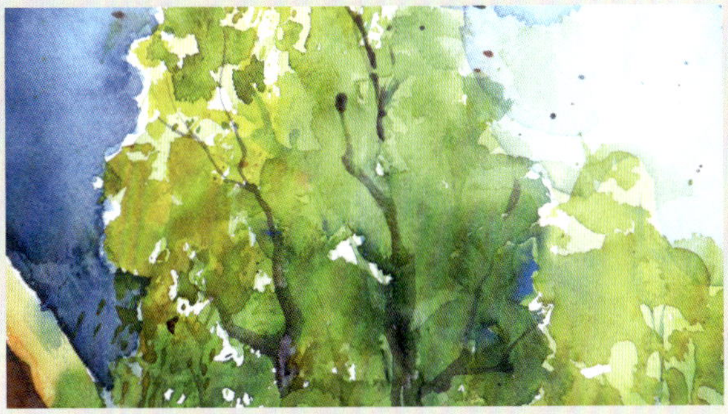

8 Meine besondere Aufmerksamkeit beim Aquarellieren von Bäumen gilt der Gestaltung des Laubs. Ob Nadeln oder Blätter – die Vorgehensweise ist ähnlich. Nach einem hellen Grundton, bei dem die Grünflächen unter Berücksichtigung der Lichtdurchbrüche angelegt werden, entsteht durch den schichtweisen Auftrag weiterer Farbtöne die Tiefe innerhalb des Blattwerks. Verschiedene Grüntöne, die der Licht- und Schattenseite angepasst sind, modellieren die Gesamtwirkung.

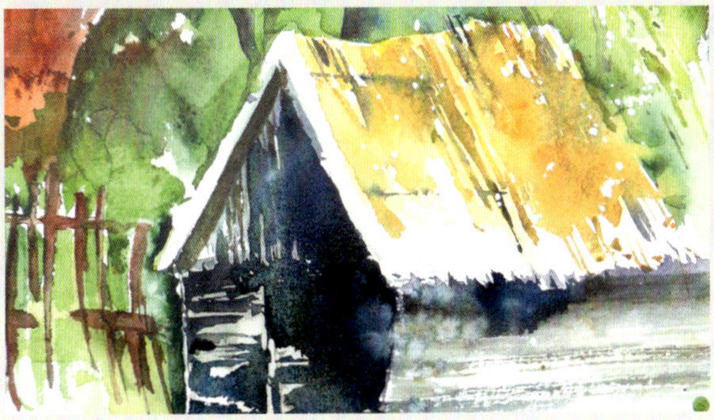

9 Ein letztes Detail bei diesem Motiv stellt die Hütte vor dem Gartenzaun dar. Hier habe ich noch einmal besonders auf die Farbgestaltung der Licht- und Schattenseite geachtet. Die Anwendung von Hell-Dunkel-Kontrasten bei der Bildgestaltung verleiht der Komposition Räumlichkeit und Tiefe.

10 Die finalen Arbeitsschritte: Letzte Intensivierungen bei den Blautönen des Himmels rücken das Gebäude nach vorne. Ein paar Gräser im Vordergrund stellen die Bodenhaftung her.

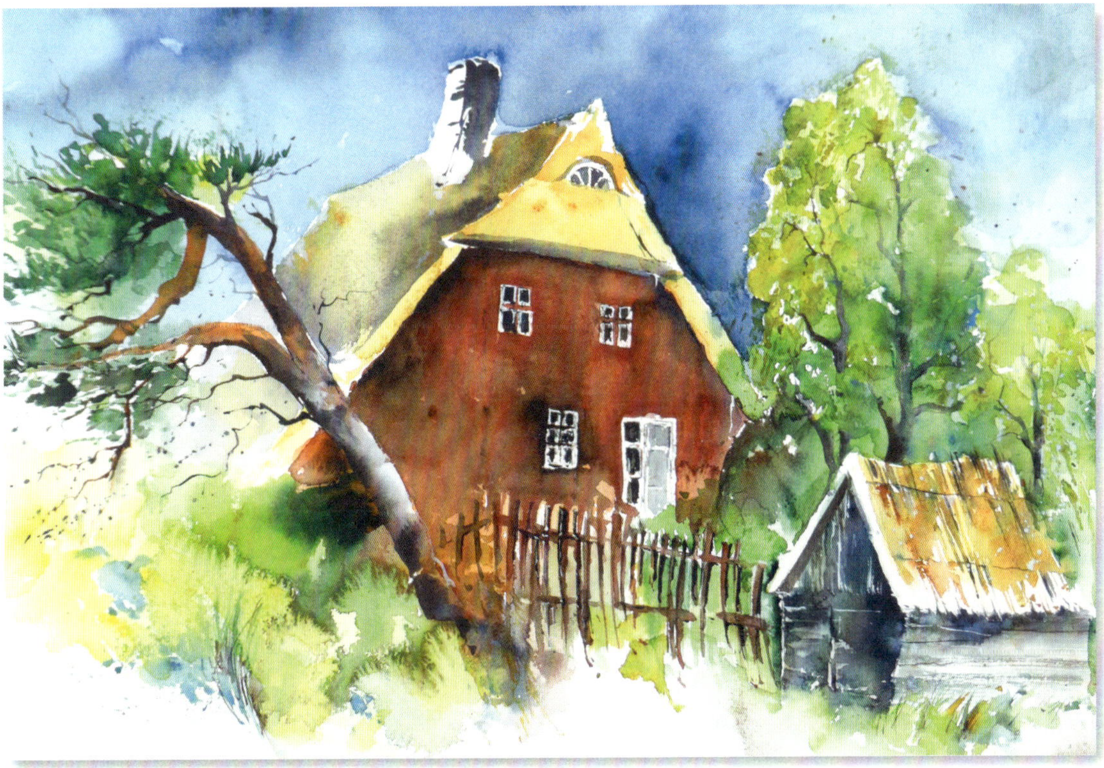

Winterhausen

Papier: Hadern, Büttenpapier „Ekkehardt Hofmann" 640 g/m², satiniert, 36 cm x 56 cm
Farben: Jaune brillant, Indischgelb, Quinacridone Gold, Gelbgrün, Goldbraun, Olivgrün, Purpurmagenta, Paynesgrau, Caput mortuum, Bergblau, Kobaltblau hell, Lasurorange

Ausgangspunkt der Komposition ist die dörfliche Idylle, die dieses Ortsbild prägt. Die Kirche, erhöht auf einen Hügel gebaut, unmittelbar daneben das Pfarrhaus und auf der anderen Seite des Platzes das Rathaus. Während sich die Kirche bautechnisch relativ schlicht repräsentiert, stellt sich das Pfarrhaus mit einem aufwendigen Fachwerk dar. Die Architektur des Rathauses lässt erkennen, dass dieser Ort im Einzugsbereich der Fürstbischöfe von Würzburg liegt, die das Gebäude sehr prunkvoll erbauen ließen.
Bei meiner Bildgestaltung war mir die Berücksichtigung der Weißflächen ganz wichtig, um dem Aquarell eine lichte Leichtigkeit zu verleihen. Aus dem Rundumblick, den ich von meinem Standpunkt aus hatte, ergab sich die Anordnung der Gebäudekomposition. Im linken Bildteil habe ich den Kirchturm entsprechend der Architektur mit wenigen Farbflächen fixiert. Die auf das Kirchengebäude zuführende Treppe verstärkt die erhöhte Position. Begrenzt wird die Treppe von zwei kugelförmigen Bäumen. Obwohl ich deren Belaubung relativ flächig angelegt habe, entsteht durch den abwechselnden Einsatz von hellen und dunklen Grüntönen, verstärkt mit Kobaltblau hell, eine starke Differenzierung.

Fachwerkhäuser zeigen sich konstruktionsbedingt immer sehr kontrastreich. Einfach die Gesamtfläche weiß stehen lassen und darauf das Fachwerk in Rot- und Brauntönen anlegen – diese Variante der Darstellung macht schon einen guten Eindruck.

Das barocke Rathaus wirkt groß und wuchtig. Durch die nur teilweise Einbeziehung in die Bildkomposition bildet es mit den anderen Gebäuden eine harmonische Einheit. Auch hier habe ich mit Indischgelb und Quinacridone Gold für die wenigen Mauerstreifen und Fensterumrandungen einen zurückhaltenden Farbauftrag gewählt. Die Blumenbepflanzungen und Staudenarrangements bringen zusätzlich Farbe in die Bildaussage. Der Schattenbereich zwischen Pfarrhaus und Rathaus verleiht der Komposition Tiefe.

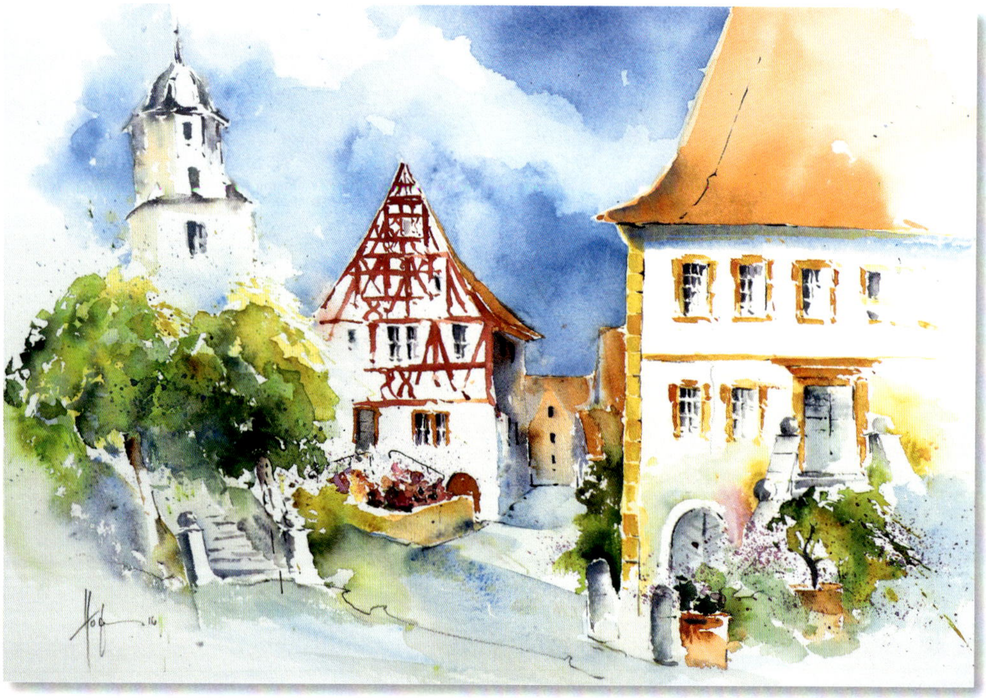

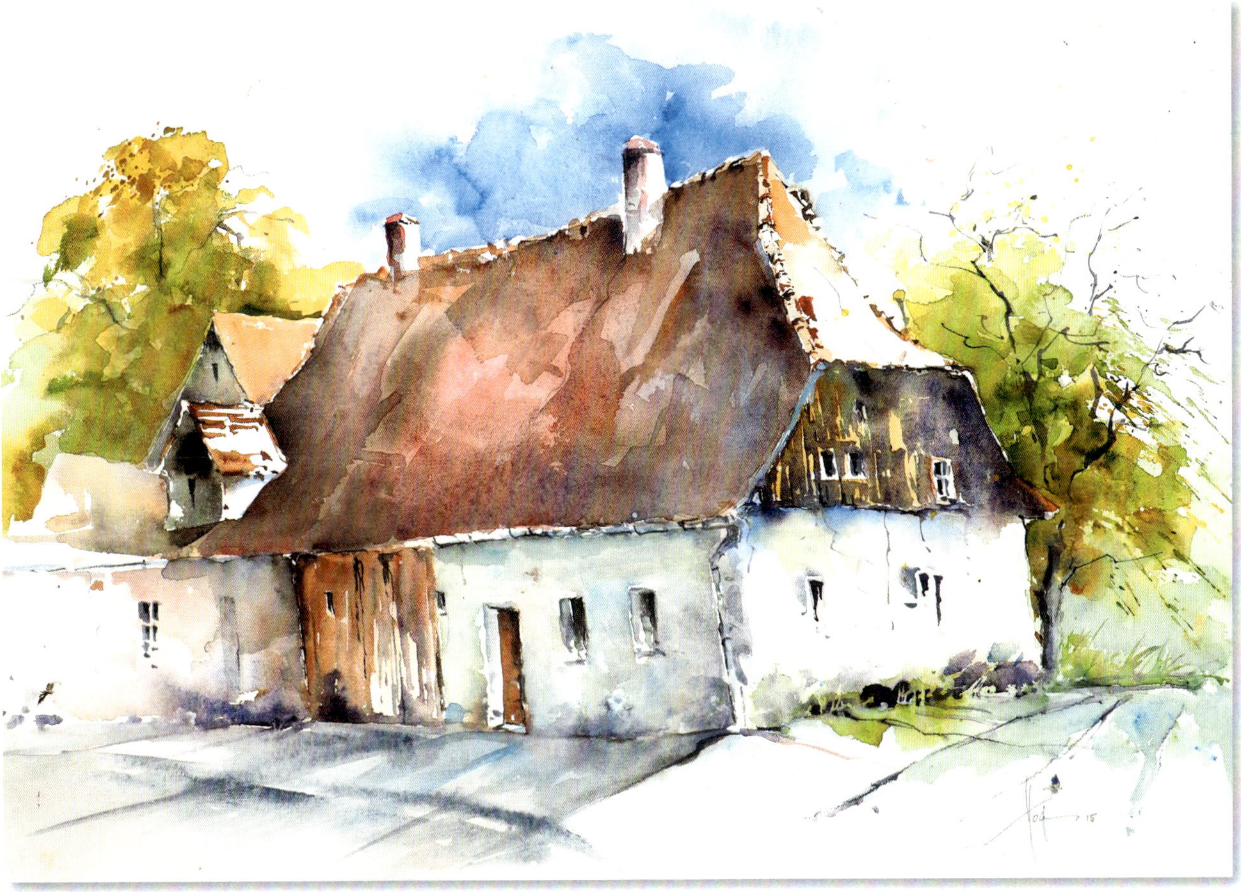

Heiners Haus

Papier: Hadern, Büttenpapier „Ekkehardt Hofmann“, 640 g/m², Feinkorn, 38 cm x 56 cm
Farben: Lasurorange, Perylene Maroon, Krapplack, Quinacridone Gold, Gelbgrün, Grünoliv, Vandyckbraun, Bergblau, Kobaltblau hell, Paynesgrau, Siena gebrannt, Caput mortuum

Die Form dieses Gebäudes ist den vorhergehenden Häusern ähnlich, bei der Außenfassade zeigt sich aber ein deutlicher Unterschied. Während im Norden die Häuser häufig mit einer Klinkerfassade verkleidet werden, herrschen in Mitteldeutschland verputzte Wände vor. Wieder ist es das Haus eines früheren Kleinbauers, das mein Interesse weckte.
Mein Standplatz liegt frontal zur vorderen Hausecke und von hier fallen die Linien der Dachkanten nach links perspektivisch ab. Auch die untere Kante der Holzverkleidung im Giebelbereich fällt nach hinten ab. Mit einem relativ hellen Grundauftrag, der den Umriss des Gebäudes fixiert, lege ich die ersten Farben an. Der morbide Gesamteindruck entsteht nur durch viele lasierende Schichten, die sich überlagern. Diese dürfen nicht zu gleichmäßig aufgetragen werden, damit an den Verläufen die Risse des Mauerwerkes nachvollziehbar erscheinen.

Bei aller Detail- und Malverliebtheit darf ich die Teile des Motivs, die vom Licht beschienen werden, nicht zumalen, sondern muss ganz speziell hier die Weißflächen stehen lassen. Nur so entstehen die Kontraste, die wiederum zur Betonung der dunklen Flächen beitragen.

Eine Hintergrundgestaltung mit Bäumen und Himmelsflächen rückt das Hausmotiv nach vorne und hebt es damit als Gestaltungsschwerpunkt heraus.

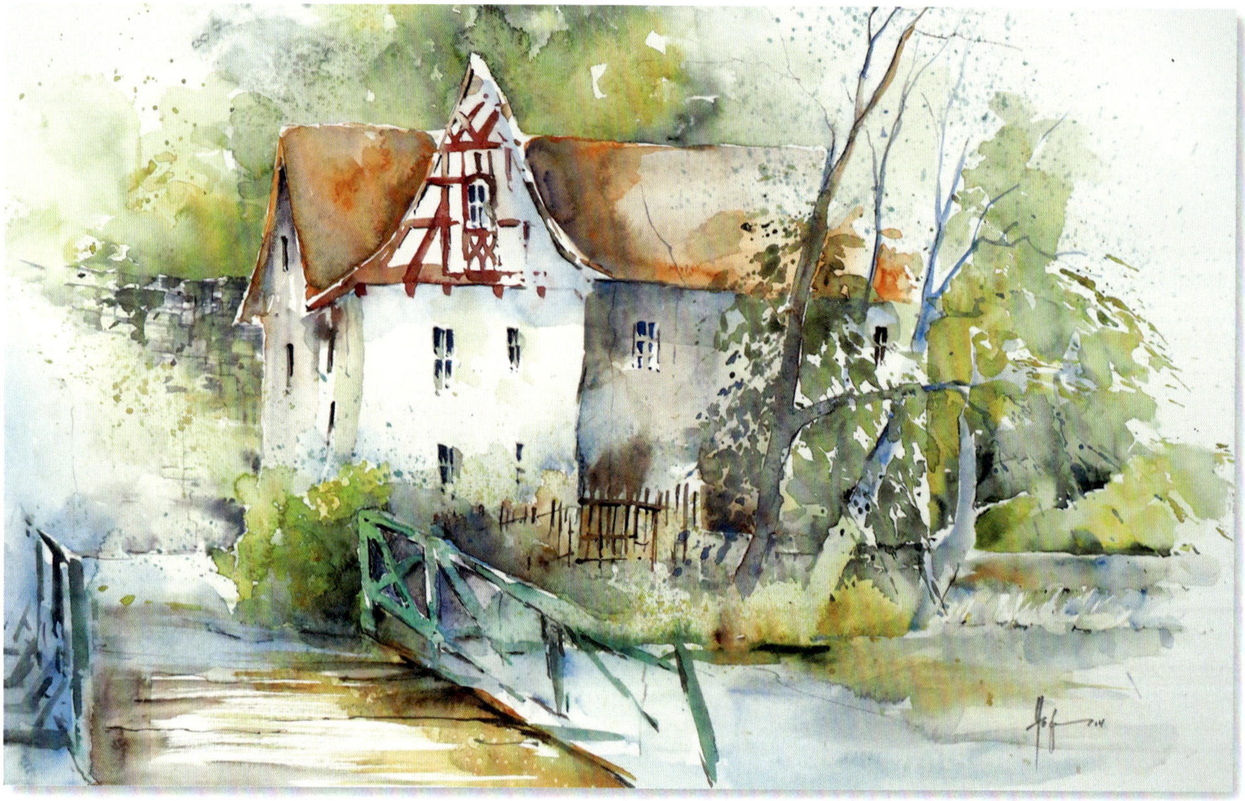

Gipsmühle im Taubertal

Papier: Hadern, Büttenpapier „Ekkehardt Hofmann", 640 g/m², Feinkorn, 38 cm x 56 cm
Farben: Gelbgrün, Grünoliv, Kobaltgrün rein, Bergblau, Kobaltblau hell, Indigo, Goldbraun, Siena gebrannt, Vandyckbraun, Lasurorange

Persönlicher Bildausdruck

Überlegen Sie bei Ihrer Motivgestaltung immer, wie sie Bildschwerpunkte ins „rechte Licht" rutschen lassen können. Für mich ist es wichtig, mit allen gewählten malerischen Maßnahmen einen persönlichen Bildausdruck zu erreichen, sozusagen den Wunsch, in diesem Anwesen zu wohnen.

Holz war in früheren Zeiten ein sehr beliebtes Baumaterial. Bei der Ständerbauweise bildeten geschosshohe Ständer das tragende System, dessen Zwischenräume ausgemauert wurden. Diese Fachwerkhäuser können in ganz Deutschland heute noch besichtigt werden.

Im speziellen Fall habe ich ein Mühlengebäude gewählt, das nur im Giebelbereich Fachwerk aufweist. Malerisch gesehen besteht bei der Fachwerkgestaltung die Gefahr, dass man zu viele Details darstellt und zu einem sehr grafischen Ausdruck gelangt. Dies wollte ich unbedingt vermeiden. Im Bild ist deutlich erkennbar, dass der Fachwerkgiebel auf einem quer stehenden Teil des Gebäudes aufsitzt, der direkt vom Licht beschienen wird und deshalb auch optisch herausragt.

Unterstützt wird der Giebel als Bildschwerpunkt zusätzlich durch die über den Fluss führende Brücke. Speziell das rechte Brückengeländer führt wie ein Pfeil dorthin. Das gesamte Umfeld wie Himmel, Wasser, Vegetation übernimmt im Hinblick auf den Bildfokus nur eine dienende Funktion. Das sind für mich sehr wichtige Kompositionsmerkmale.

Pastoriushaus Sommerhausen

Papier: Hadern, Büttenpapier „Ekkehardt Hofmann“, 640 g/m², Feinkorn, 38 cm x 56 cm
Farben: Indischgelb, Goldbraun, Lasurorange, Siena gebrannt, Gelbgrün, Olivgrün, Paynesgrau, Caput mortuum, Vandyckbraun, Bergblau

Wenn ich solche alten Häuser entdecke, bin ich immer wieder fasziniert, wie viel Mühe, Kosten und Detailliebe der Erbauer in die Außenanlagen investiert hat. Die mächtigen Steinsäulen, die den Eingang zu diesem Haus flankieren, drücken für mich viel Selbstbewusstsein aus, das der frühere Besitzer ganz sicherlich gehabt hat.

An so einem gestalterisch relativ überschaubaren Detail können malerisch viele Techniken geübt werden. Schauen wir zuerst einmal auf die Perspektive. Die Linien, die auf den rechen Seiten der Steinsäulen den Abschluss zum oben aufliegenden Kapitell bilden, liegen über Augenhöhe des Betrachters und fallen deshalb in ihrem Verlauf nach hinten ab.

Die linken Säulenseiten stehen dagegen frontal zum Betrachter, deshalb sind deren Linien waagerecht. Der umgekehrte Fall tritt bei den Linien am Sockelende auf. Hier steigen die Begrenzungslinien leicht an. Deutlich sichtbar wird dadurch ein perspektivischer Grundsatz: vorne groß – hinten klein.

Ein weiteres gestalterisches Element, dessen Ausformung hier gut geübt werden kann und deutlich sichtbar wird, ist die unterschiedlich intensive Farbgestaltung der Steinsäulen. Die hellere, frontale Seite drängt stark nach vorne.

Die umgebende Bepflanzung ergänzt den romantischen Charakter des Hofeinganges. Sehr deutlich können Sie meine Vorgehensweise erkennen. Eine leichte, helle Grundierung mit Gelbgrün fixiert die Größe des Laubbereiches. Nach dem Trocknen aufgetragene, unregelmäßige Flecken in Grünoliv erwecken den Eindruck einzelner Blätter. So entsteht, ohne zu sehr in malerische Details zu verfallen, im Auge des Betrachters ein Laubbaum.

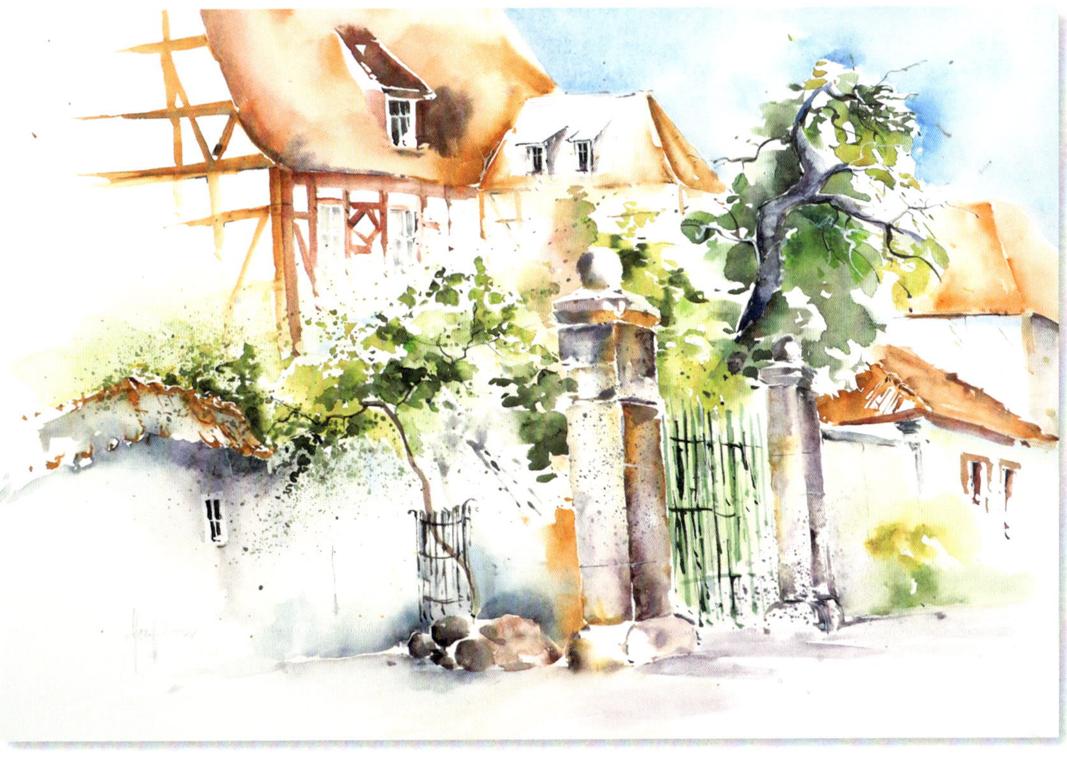

Alpenländischer Baustil

Papier: Hadern, Büttenpapier „Ekkehardt Hofmann", 640 g/m², Feinkorn, 38 cm x 56 cm
Farben: Indischgelb, Goldbraun, Siena gebrannt, Vandyckbraun, Gelbgrün, Grünoliv, Kobaltgrün rein, Lasurorange, Zinnoberrot, Purpurmagenta, Bergblau, Kobaltblau hell, Paynesgrau, Caput mortuum

Weiß statt farbig

Ein ganz wichtiger Arbeitsschritt bei der Aquarellmalerei besteht darin, Teile eines Motivs, die vom Licht beschienen werden, weiß stehen zu lassen, obwohl sie in der Realität farbig sind (s. Seite 108 ff.). Wenn dieser Entwicklungsprozess in die Bildgestaltung einfließt, entstehen mit einem Schlag kontrastreiche Bilder voller Leuchtkraft. Nicht alle Teile eines Motivs müssen akribisch genau wiedergegeben werden. Achten Sie immer wieder darauf, dass Sie der Fantasie des Betrachters einen gewissen Spielraum in Ihrer Bildgestaltung einräumen.

Als ich dieses Motiv im oberbayerischen Garmisch-Partenkirchen zum ersten Mal sah, war ich sofort davon begeistert. Die Anordnung der Gebäude und ganz besonders die Farbigkeit haben mich fasziniert.

Unschwer ist zu erkennen, dass sich Holz als Baumaterial der Region anbietet. Ein weiteres sehr typisches Merkmal für den alpenländischen Baustil ist die flache Dachneigung. Man nutzt die Schneehaube, die im Winter auf diesen Flächen liegen bleibt, als zusätzliche Dämmung.

Mit dem nur leicht farblich hervorgehobenen Geräteschuppen im Vordergrund lenke ich den Blick perspektivisch zum Bildfokus, dem Wohngebäude, hin. Hier lebe ich mich in Details bei der Balkenrichtung am Giebel aus, bei den üppigen Geranien auf der Balkonbrüstung und den kleinen Fenstern.

Bei meinem Streifzug durch die Regionen zeigt sich nicht nur bei den Baumaterialien und den Hausformen, sondern auch bei der Vegetation eine Veränderung. Der typische Baum der Bergregion ist ein Nadelbaum. Umso höher wir steigen, umso solitärer tritt er auf.

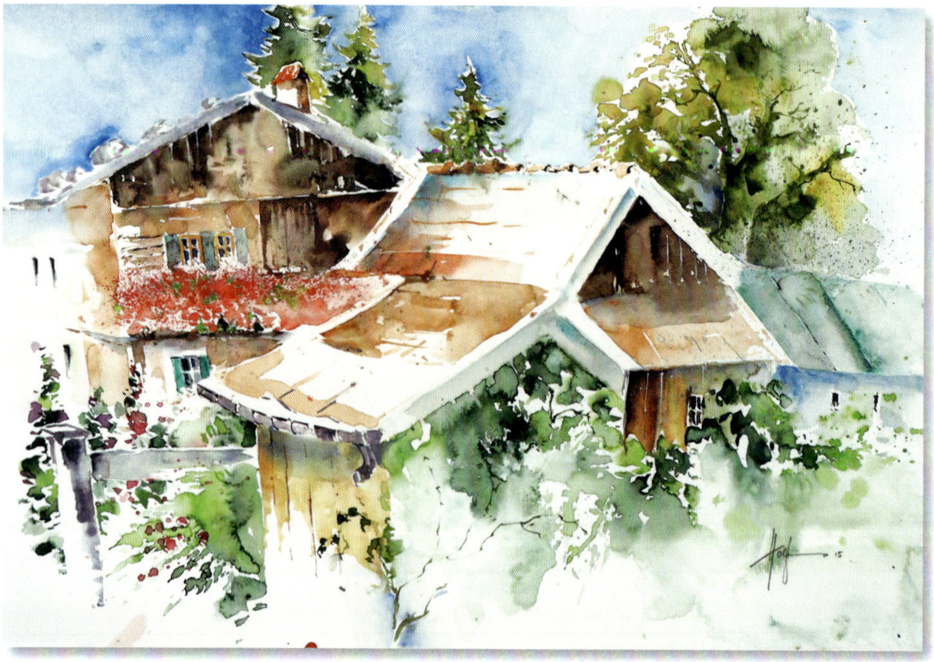

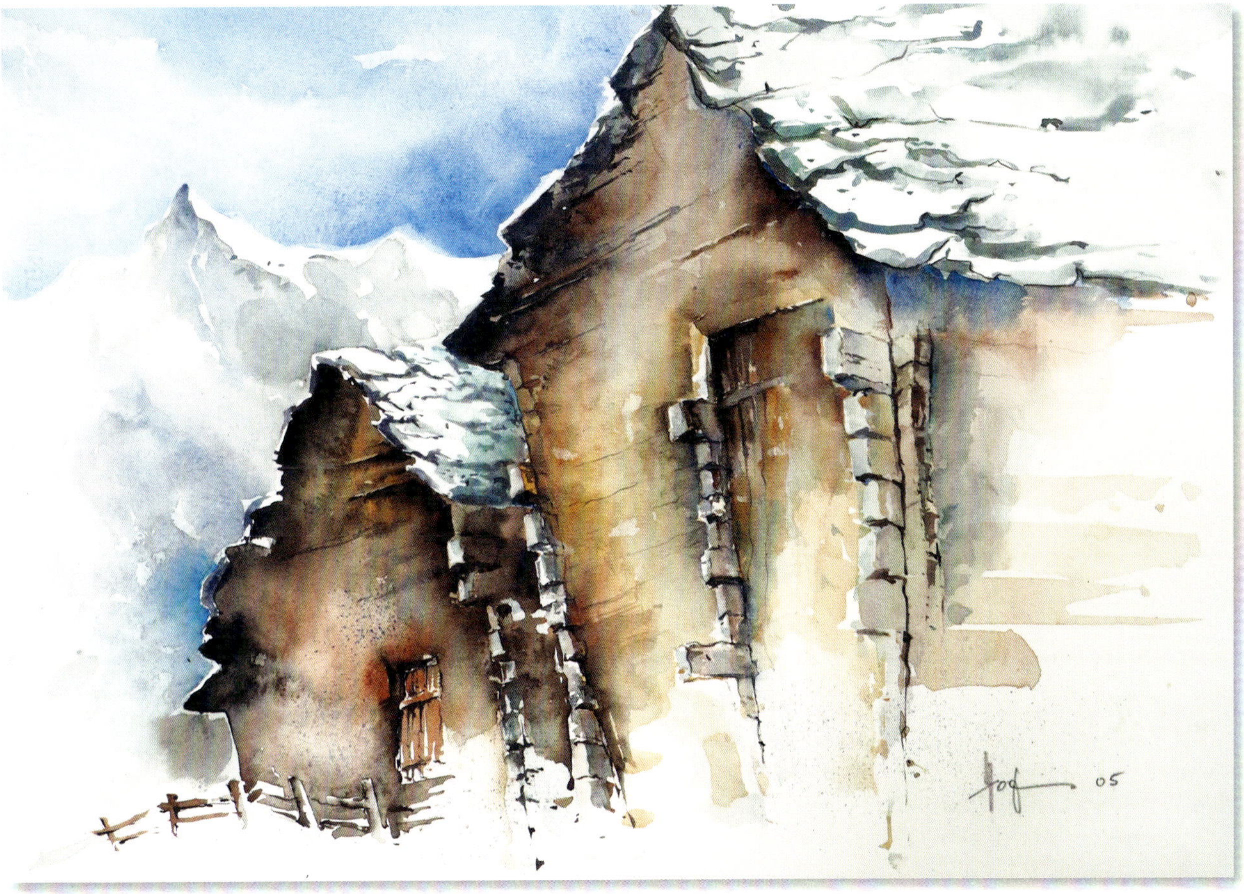

Berghütten im Wallis

Papier: Hadern, Büttenpapier, Waterford-Saunders, 640 g/m², Feinkorn, 38 cm x 56 cm
Farben: Bergblau, Kobaltblau hell, Indischgelb, Goldbraun, Siena gebrannt, Vandyckbraun, Indigo, Paynesgrau, Caput mortuum

Jetzt sind wir ganz oben in dem Bereich, wo sich das Wetter über lange Monate des Jahres sehr extrem zeigt. Entsprechend müssen die Berghütten gebaut sein. Stabile Holzbalken, die Dachdeckung mit Steinplatten, alles fest mit dem Boden verankert.

Die Schutzhütten der Bergregionen sind für einen Maler Motive von ganz besonderem Reiz. Die hellen Balkenköpfe ragen aus der massiven Konstruktionsform heraus und stehen damit im Kontrast zu dem ansonsten ziemlich einheitlich wirkenden Hüttenkomplex. Diese Auflösung der Kubusform erschien mir ganz wichtig.

Da die Hütte auch eine gewisse Schutzfunktion übernimmt, gehören die Türen unbedingt dazu. Die Dachbedeckung aus Steinplatten ist ein malerischer Glücksfall. Die flächige Seite, dem Licht zugewandt, ist ganz hell. Die unregelmäßigen Bruchkanten grenzen mit ihrer dunklen, linearen Wirkung die Form ein.

Die Bergkette im Hintergrund rundet das Motiv ab. In diesem Fall vervollständigt sie nur den Gesamteindruck einer Hochgebirgsregion, deshalb habe ich sie auch nur schemenhaft angelegt.

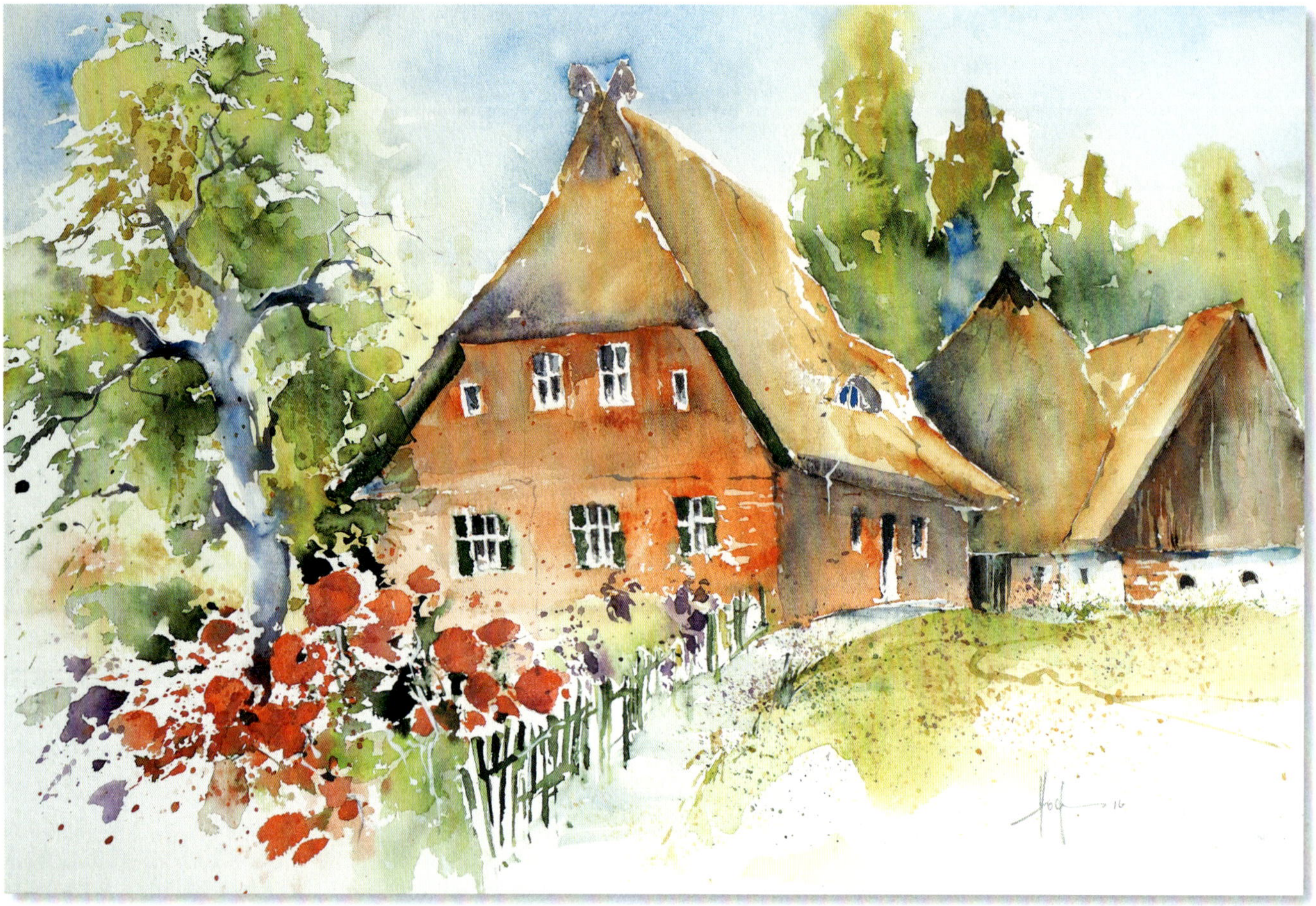

Haus in Ahrenshoop

Papier: Hadern, Büttenpapier „Ekkehardt Hofmann", 640 g/m², Feinkorn, 38 cm x 56 cm
Farben: Quinacridon Gold, Lasurorange Goldbraun, Vandyckbraun, Caput mortuum, Bergblau, Kobaltblau hell, Gelbgrün, Grünoliv, Paynesgrau, Zinnoberrot, Perylene, Grün

Immer wieder stelle ich in meinen Malseminaren die Frage, ob irgendjemand schon einmal in einer Neubausiedlung gemalt hat. Und immer wieder stelle ich fest, dass alle nur bei dem Gedanken daran entsetzt den Kopf schütteln.

Es sind die alten Gebäude, die auf uns Maler einen besonderen Reiz ausüben. Harmonisch schmiegen sie sich an das Gelände an und strahlen mit ihren weit herabgezogenen Dächern viel Atmosphäre aus. Nicht zu vergessen natürlich die unmittelbare Umgebung, die so ein Haus einfasst. Bauerngärten mit üppiger Blumenpracht, Obstbaumwiesen oder knorrige Nadelhölzer. Idylle pur.

Bei diesem Motiv eines Hauses in der Künstlerkolonie Ahrenshoop sind die Wirtschaftsgebäude dem Wohnhaus zugewandt und werden von einer Baumreihe im Hintergrund gegen die Winde geschützt.

Nachgefragt: Motiv Häuser

Wie lasse ich den morbiden Eindruck von altem Mauerwerk entstehen?

Mehrere Faktoren erwecken den Eindruck von altem, brüchigem Mauerwerk. Die senkrechten Wände stehen nicht ganz in der Senkrechten, sondern leicht diagonal, wodurch der Eindruck von Alter und Verfall entsteht. Bei verputzten Flächen erwecke ich diesen Eindruck, indem ich beim Farbauftrag verschiedene Töne ineinanderfließen lasse und damit Stockflecken erzeuge. Besonders eignen sich dafür Grautöne, die den Grundfarbton in seiner Leuchtkraft brechen.

Wie wichtig ist die perspektivisch richtige Darstellung von Gebäuden?

Ohne die Perspektive ergibt sich keine Räumlichkeit. Räumlichkeit im architektonischen Bildaufbau lässt sich aber nicht nur durch die Anwendung der Perspektivregeln erzielen, sondern auch durch Überlagerungen mit Nebengebäuden. Die Überschneidungen von Häuserfronten und Dachflächen ergeben ein Vorne und Hinten. Mehr dazu können Sie auf Seite 118 ff. nachlesen.

Wie rücke ich mein Motiv ins rechte Licht?

Bildteile, die ich besonders herausstellen oder in den Vordergrund rücken will, erhalten im Rahmen meiner Komposition eine dominante Position. Zusätzlich rücken sie durch eine auffällige Farbgebung oder Hell-Dunkel-Kontraste in den Fokus.

Egal, um welches Motivelement es sich handelt: Dunkle Hinterlegungen schieben das besonders zu betonende Bilddetail in den Vordergrund. Das können bei Gebäuden dahinter stehende Baumgruppen sein, bei Landschaften Waldzonen, bei Blumenmotiven in der Farbschattierung changierende Tonflächen.

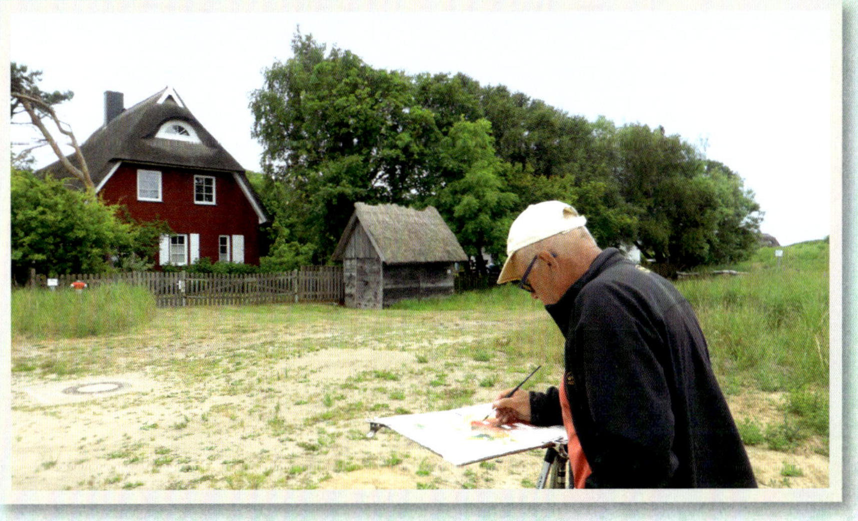

Bäume

Bäume zu malen ist für jeden Landschaftsmaler ein absolutes Muss. Ob als einzeln stehender Baum, als Gruppe, in Form einer Allee oder als Wald – Bäume sind ein wichtiger Bestandteil unserer Landschaft und prägen diese unübersehbar. Eine Auseinandersetzung mit ihren Erscheinungsformen und den entsprechenden Gestaltungsmöglichkeiten ist daher unumgänglich.

Bäume zu malen ist ein Ganzjahresthema. Im Ablauf der Jahreszeiten präsentieren sich Laubbäume mit einem wechselnden Blätterkleid. Im Frühling starten sie mit einem hellen, sehr frischen Grün. Die zunehmende Sonneneinstrahlung und die Wärme lässt in den Blättern immer mehr Chlorophyll entstehen, das Laub wird jetzt dunkelgrün und wirkt sehr satt und saftig. Je nach Art des Baumes sind es aber sehr unterschiedliche Töne von Grün, die beim Nebeneinander von Baumgruppen Abwechslung und Lebendigkeit bringen.

Eine schöne Zeit, um Bäume zu malen, ist der Herbst. Die Saftströme zu den Blättern versiegen und diese beginnen sich zu verfärben. Von leuchtenden Gelbtönen über Orange bis hin zu einem satten Dunkelrot wird eine Farbpalette sichtbar, von der ein besonderer Reiz für den Aquarellisten ausgeht.

Der Winter ist eine gute Jahreszeit, um das Malen von Bäumen zu lernen. Da das Laub fehlt, kann man den Aufbau und die Form des Stammes und der Äste deutlich erkennen. In den Wintermonaten haben speziell alte Bäume auch ohne Blätterkleid eine starke Ausstrahlung. Jetzt werden die Borkenstruktur der Rinde und die Verwachsungen als ein Erscheinungsbild ihres Alters deutlich sichtbar. Wenn dann im Frühling das erste frische Laub sprießt, sind dazwischen noch viele Durchblicke auf die Äste vorhanden. Jetzt bietet sich eine gute Gelegenheit, die winterlichen Malerfahrungen mit der spärlichen Belaubung zu verbinden.

Studie eines Laubbaumes

Papier: Hadern, 300 g/m², 38 cm x 56 cm
Farben: Gelbgrün, Bergblau, Ultramarin feinst, Caput mortuum

Bei der malerischen Gestaltung eines einzeln stehenden Laubbaumes sollte man zwei Komponenten im Auge behalten: den Stamm mit den Ästen und die Belaubung.

Die Vorgehensweise bei der Bildgestaltung ist sehr individuell. Manche beginnen mit dem Stamm, ich gestalte zuerst das Laub. Dabei beginne ich oben und arbeite mich nach unten vor.

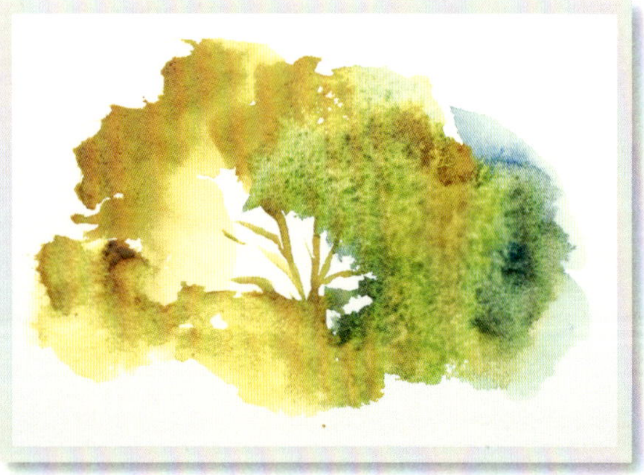

1 Für den farblichen Grundauftrag kommen die Töne Gelbgrün und Bergblau zum Einsatz. Den hellen Grünton setze ich auf der Lichtseite ein. Mit Bergblau gestalte ich die Schattenseite.

Das Blätterkleid eines Baumes ist nie völlig kompakt, sondern weist immer wieder lichte Stellen und Durchbrüche auf, in denen Äste oder Teile des Stammes sichtbar sind. Mit diesem Wechselspiel beginne ich schon im oberen Bereich der Krone.

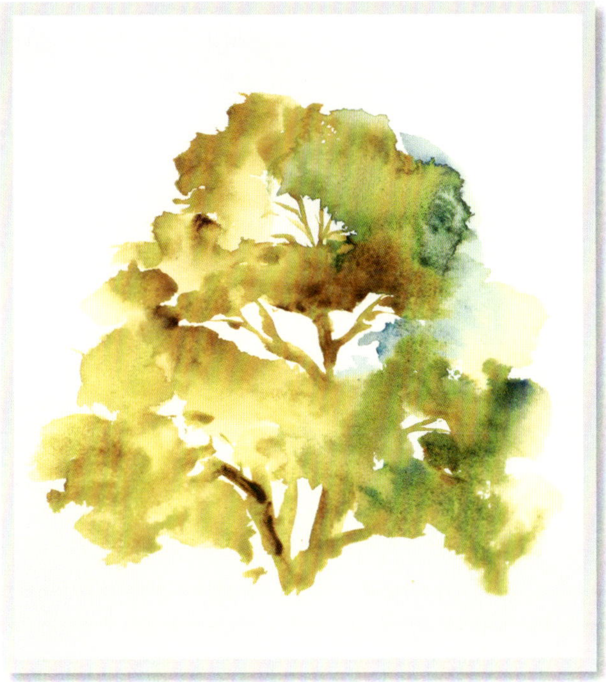

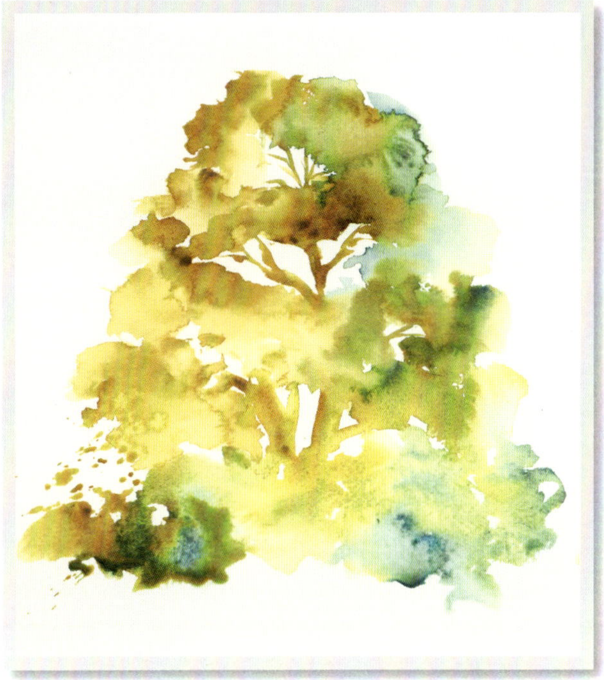

2 Um das Laub weiter zu gestalten, fahre ich mit den Tönen Gelbgrün und Bergblau fort. Der wolkenartige Farbauftrag entspricht jetzt schon deutlich der Belaubung, wie sie sich in der Natur zeigt. Die Äste und Stämme werden stattlicher. Diese Durchbrüche sind mir sehr wichtig, weil sie eine Unterbrechung im Farbbild darstellen und dem Aquarell Lockerheit verleihen.

3 Im untersten Bereich des Blattwerks lasse ich auch auf der Lichtseite etwas Bergblau in das Gelbgrün hineinlaufen. Damit entsteht eine Gesamtschattenzone, die vom Licht abgewandt ist.

4 Jetzt fehlt noch der Stamm. Für dessen farbliche Gestaltung mische ich Caput mortuum mit Ultramarinblau. Damit der Stamm ansehnlich und rund wirkt, ist es wichtig, die Lichtseite heller als die Schattenseite zu gestalten. Dies lässt sich durch ein Wegnehmen der Farbe auf der Lichtseite erreichen oder durch die Zugabe von Aerocolor Weiß.

Eine Schattenfläche, deren Breite der Fläche der Belaubung entspricht, gibt dem Baum die nötige Bodenhaftung.

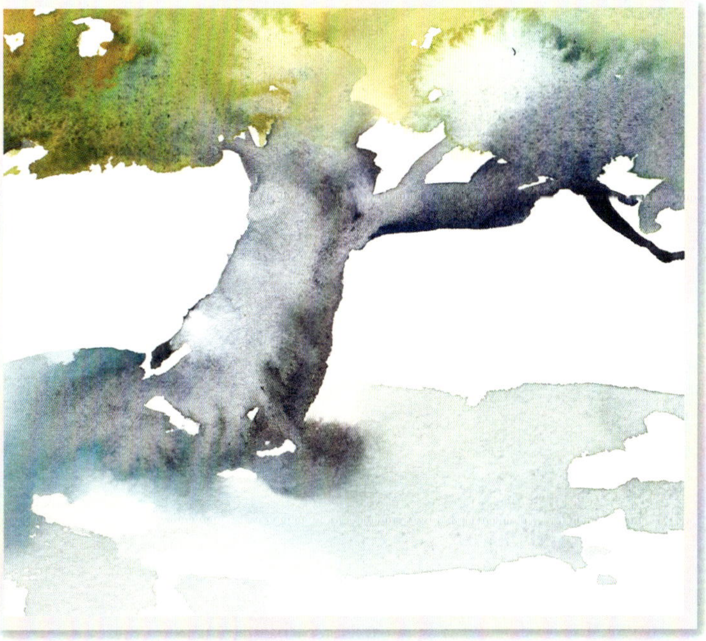

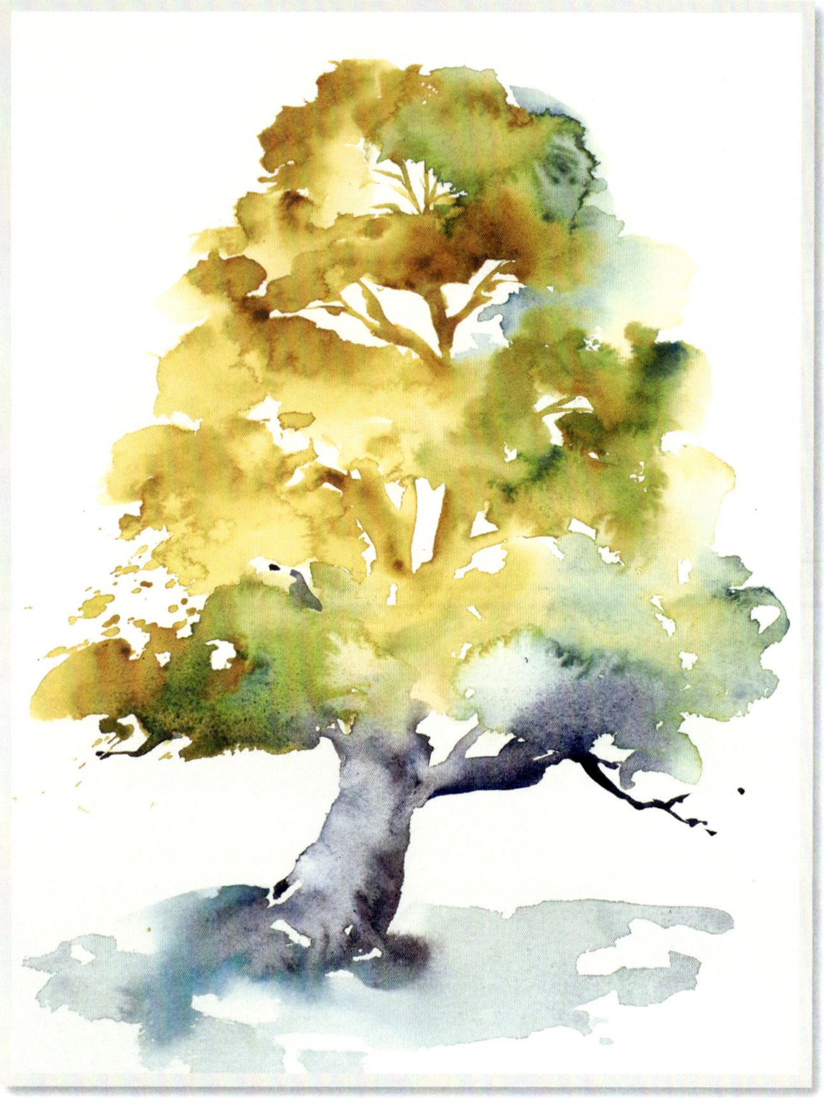

Mit Abstand

Egal, wie viel Farbe ich aufgetragen habe, es gehört zum Aquarellmalen einfach dazu, dass dieser erste Farbauftrag in das Papier „einsackt" und im Laufe des Trockenprozesses flacher wird. Um die Farbigkeit zu beurteilen und die weitere Vorgehensweise festzulegen, stelle ich das Bild nach dem ersten Trocknen in die Senkrechte und betrachte es mit etwas Abstand.

5 Nachdem ich das Bild einer ersten Beurteilung (siehe Hinweiskasten) unterzogen habe, korrigiere ich zuerst einmal die Gesamtform. Auf der sonnenbeschienenen Lichtseite löse ich die kompakte Form mit einigen Farbspritzern auf. Diese Spritzer geben für das Auge gleichzeitig den Eindruck von Ästen wieder.

6 Die mit dem Grundauftrag angelegten Laubbereiche wirken nach dem Trocknen flach und haben keine Räumlichkeit. Um dies zu ändern, lege ich mit dem nächsten Farbauftrag weitere, fleckige Farbschichten darüber, die aber nicht deckungsgleich mit dem Grundauftrag sein dürfen. An ihren Grenzen wird sichtbar, dass es ein Oben und ein Unten gibt. Dadurch entsteht eine Dreidimensionalität, das Blattwerk wirkt jetzt räumlich.
Auch mit negativ ausgesparten Ästen kann die Belaubung abwechslungsreich gestaltet werden.

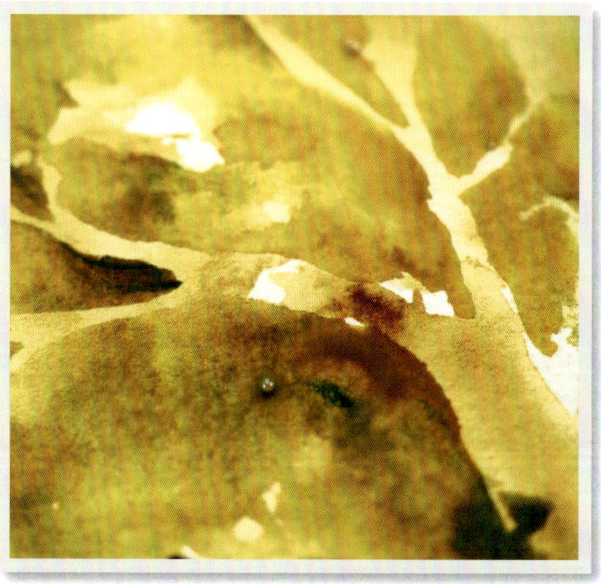

7 | Farbspritzer beleben den Gesamteindruck.

8 | Mit einer Horizontlinie und einem in Teilen angelegten Himmel versetze ich den Baum in die Natur. Zwischen Himmel und Laub lasse ich mit Absicht eine Weißzone frei, die den Baum zusätzlich heraushebt.

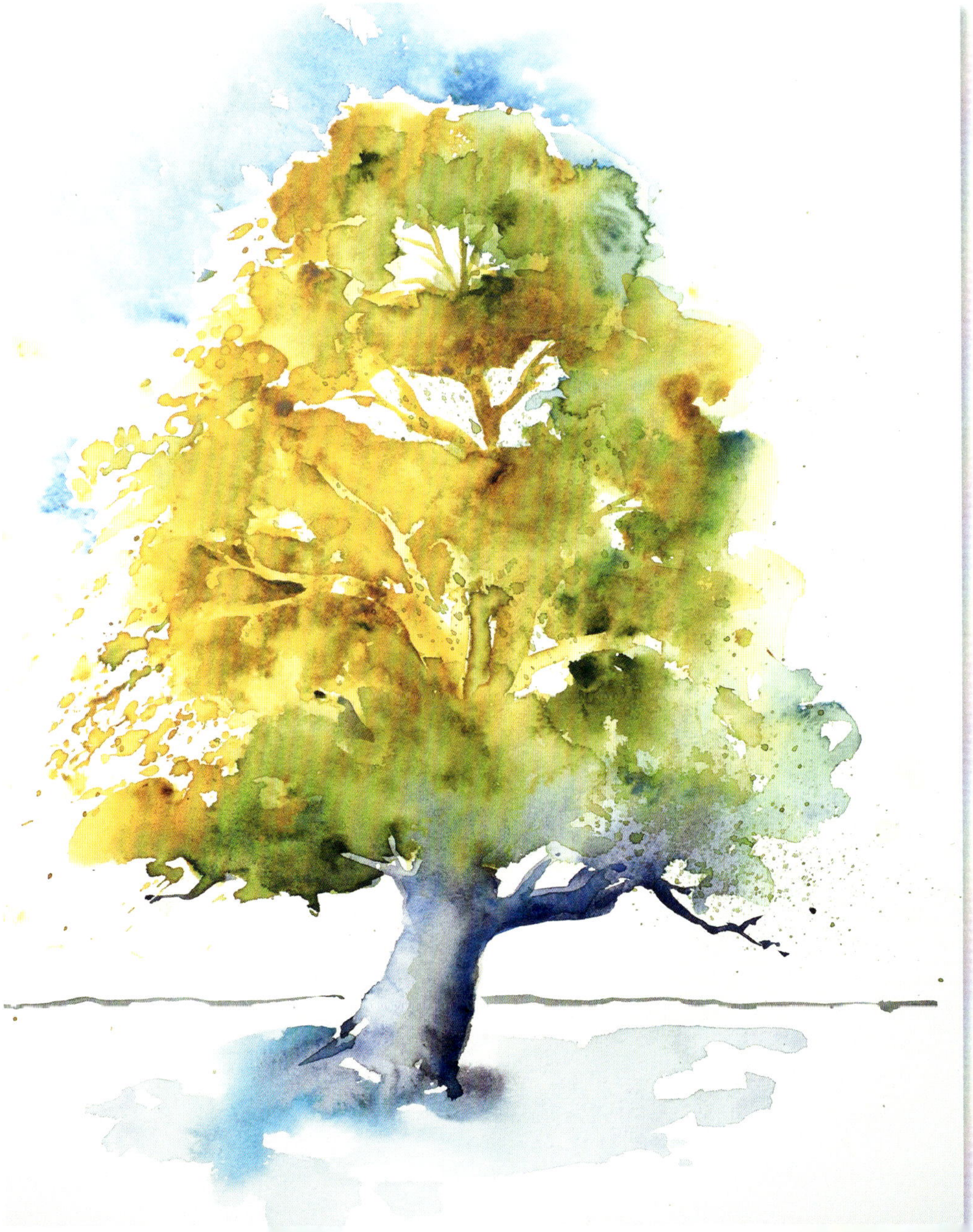

Baumgruppe

Papier: Hadern, Büttenpapier „Ekkehardt Hofmann", 640 g/m², satiniert, 38 cm x 56 cm
Farben: Bergblau, Ultramarin feinst, Paynesgrau, Caput mortuum, Gelbgrün, Olivgrün, Indischgelb, Indigo, Vandyckbraun
Effektmittel: Marmorierspray weiß, Kunstharzlack weiß, Spiritus (oder Effektspray), Airbrushfarbe weiß

Eine Gruppe derart mächtiger Baumstämme übt einen starken Reiz aus, dieses Sujet als Aquarell zu gestalten. Die Stämme sind zerklüftet und rau und weisen eine ausgeprägte Borkenstruktur auf. Der Eindruck von Mächtigkeit und Größe stellt sich dadurch ein, dass die Bäume über den oberen Bildrand hinausragen.

Ich habe mit den Baumstämmen begonnen. Hier liebe ich die Farbmischung aus Caput mortuum und Ultramarin. In den noch nassen Farbauftrag lasse ich von der Lichtseite weiße Airbrushfarbe einfließen und erreiche so einen strukturierten Farbverlauf.

Der Wald im Hintergrund entsteht, flächig angelegt, mit Gelbgrün. In einem weiteren Arbeitsschritt sorgt das dunklere Olivgrün für Bodenhaftung. Die Bäume in diesem Bereich sollen nicht zu sehr in den Vordergrund rücken. Das Wechselspiel von negativ ausgesparten und positiv mit Paynesgrau angelegten Stämmen entspricht diesem Konzept.

Mit viel Liebe zum Detail arbeite ich an den Stämmen im Vordergrund weiter, wobei dem vordersten mein Hauptaugenmerk gilt. Unregelmäßige Farbaufträge bringen Leben und Räumlichkeit in den Stamm. In den noch nassen Farbauftrag am unteren Stammende habe ich weißen Kunstharzlack hineingesprüht. Der Lack ist nicht wasserlöslich und schwimmt deshalb auf der wässrigen Oberfläche. Durch das abschließende Einsprühen von ethanolhaltigen Lösungen wie etwa Spiritus oder Effektspray zerteilt sich die Fläche und bildet die sichtbaren Strukturen. Mehr dazu können Sie auf Seite 104 nachlesen.

Der letzte Effekt entsteht durch weißes Marmorierspray. Trotz der vielen Effektmittel – oder gerade deswegen – ist ein stimmungsvolles Bild entstanden.

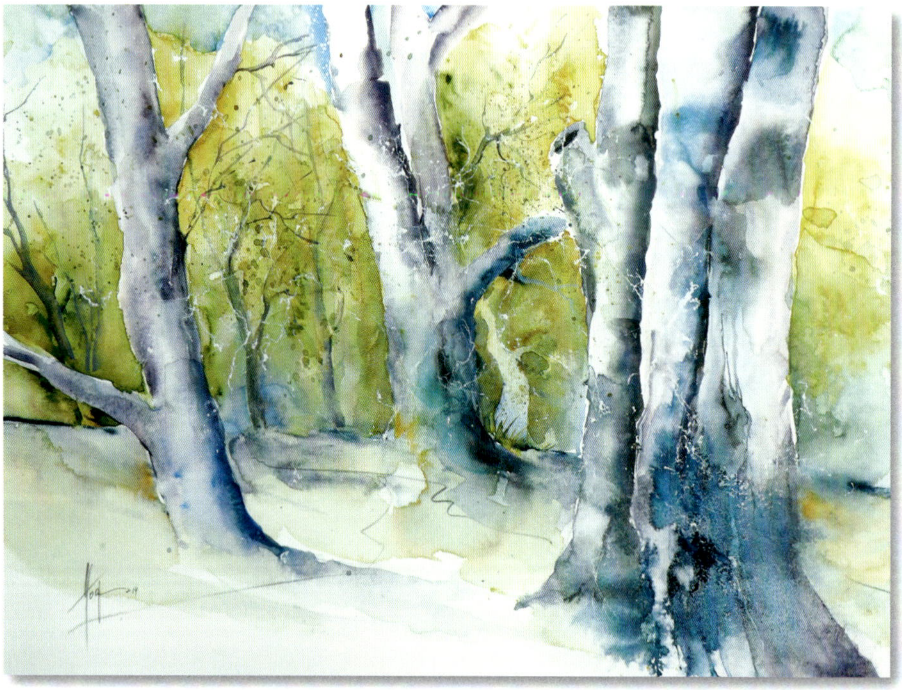

Alter sichtbar machen

Alte Bäume sind wunderbare Motive. Oft überlege ich beim Malen, welche Zeiten so ein Baum wohl durchlebt hat. Seinen Alterungsprozess macht eine wechselnde Farbgebung im Stammbereich sichtbar, die Risse und Schrunden andeutet.

Birkenstämme

Papier: Hadern, Büttenpapier „Ekkehardt Hofmann“, 640 g/m², satiniert, 38 cm x 56 cm
Farben: Paynesgrau, Caput mortuum, Olivgrün, Vandyck-braun, Indigo
Airbrushfarben: Olivgrün, Brillantgrün, Brasilbraun, Goldocker

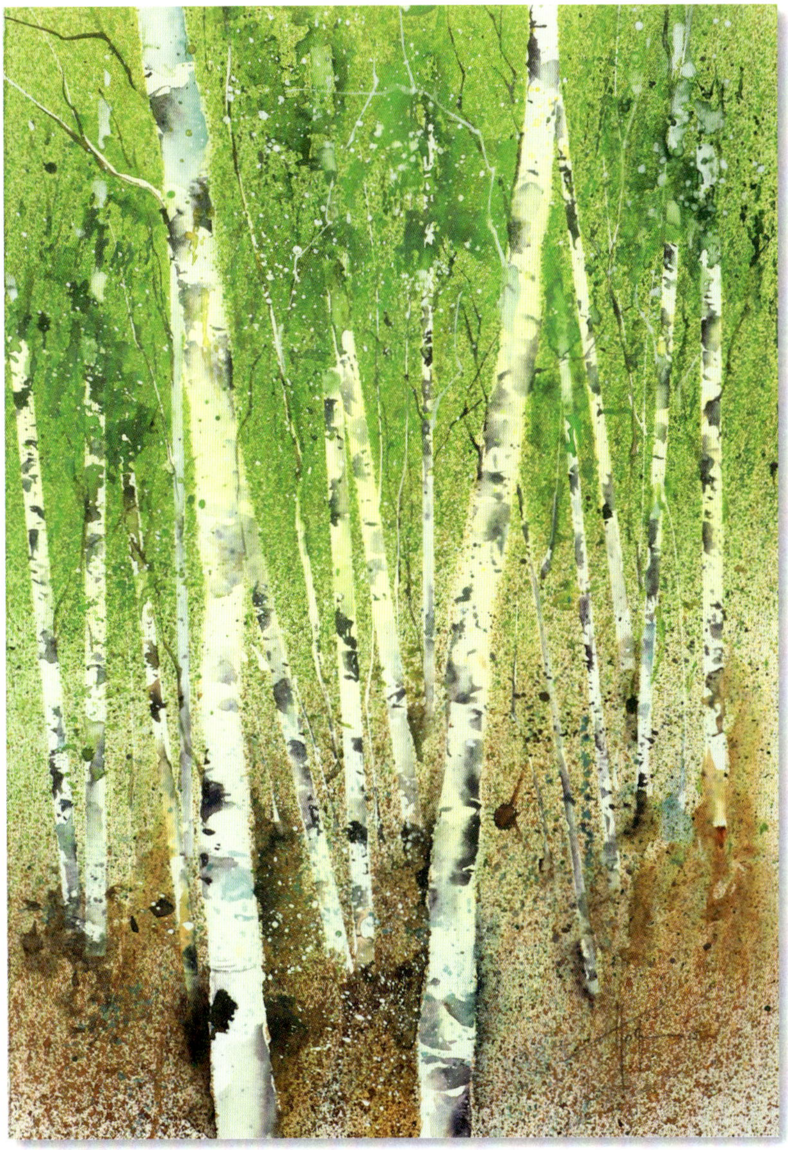

Bei diesen Birkenstämmen kamen verschiedene Techniken und Materialien zum Einsatz. Zuerst einmal ging es um die Form der Stämme. In diesem Fall habe ich sie aus dünnem Papier in verschiedenen Breiten gerissen und als Schablone über das Aquarellpapier gelegt. Die über das Aquarellpapier hinausragenden Streifen fixiere ich mit Klebeband auf der Malunterlage, die im Papier endenden Schablonenstreifen befestige ich mittels eines mit der Klebeseite nach außen zu einem Ring gerollten Tesakreppstreifens. Dünne Äste habe ich mit Maskiermittel abgedeckt.

Die Bildgestaltung beginne ich mit einer Sprühtechnik. Mit einer verdünnten Mischung der Airbrushfarben Oliv- und Brillantgrün entsteht die erst Farbschichtung im Hintergrund. Die Farbmischung sprühe ich mit Hilfe eines Fixativ-Sprühers auf. Durch Zugabe von immer mehr Goldocker und Brasilbraun verdunkelt sich der Farbton. So entsteht die dunkle Nuance im Bodenbereich.

Nach dem Abnehmen der Papierschablonen können die ausgesparten Baumstämme farblich gestaltet werden. Die genannten Aquarellfarben, in unterschiedlichen Mengenverhältnissen gemischt, ergeben die Farbnuancen für die unregelmäßigen, fleckigen Verfärbungen der Birkenstämme.

Einige dünne, filigrane Ästchen beleben die Darstellung. Für eine gewisse Ruhe innerhalb der Komposition sorgt eine Lasur mit verdünntem Maigrün im Bereich des Birkenlaubs. Ein paar Spritzer mit Weiß schließen die Bildgestaltung ab.

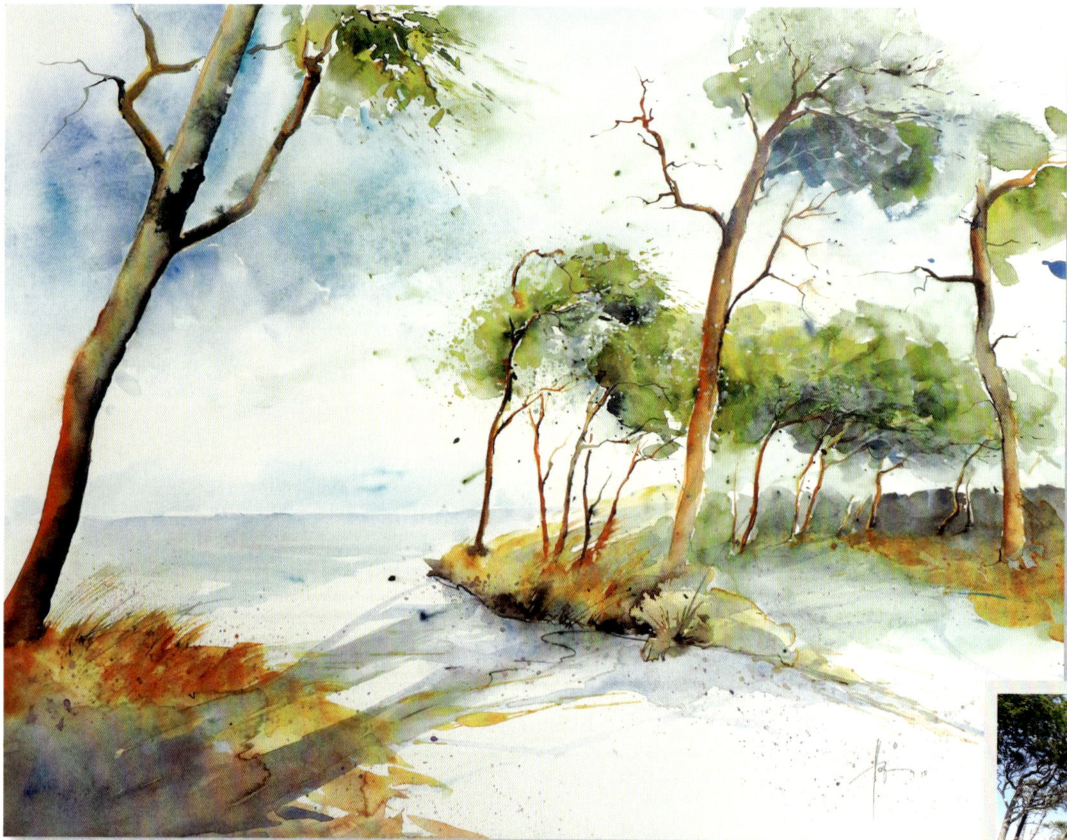

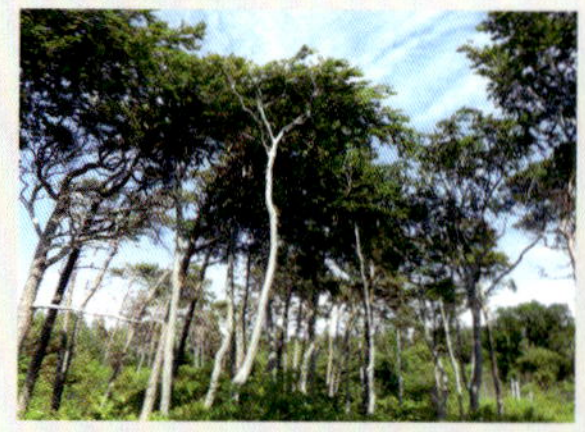

Windflüchter an der Ostsee

Papier: Hadern, Büttenpapier „Ekkehardt Hofmann“, 640 g/m², satiniert, 56 cm x 76 cm
Effektmittel: Indischgelb, Quinacridone Gold, Goldbraun, Siena gebrannt, Vandyckbraun, Gelbgrün, Olivgrün, Perylene Grün, Bergblau, Kobaltblau hell, Indigo, Caput mortuum

Diese Kiefernbäume an der Ostsee sind fast ständig einem starken Wind ausgesetzt. Nachdem dieser Wind vorwiegend von der Meerseite her weht, hat sich die Form der Bäume sehr einseitig entwickelt. Typischerweise haben sie im Volksmund den Namen „Windflüchter“. Auf mich üben sie einen starken Reiz aus, und es vergeht kein Aufenthalt in dieser Region, in dem ich nicht ein Aquarell davon anlege.

Bei diesem Bild spielt die Komposition eine große Rolle. Aus perspektivischer Sicht entsteht die Räumlichkeit durch eine größenmäßige Staffelung der Bäume. Ganz vorne links steht der größte Baum, nach hinten werden die Stämme immer kleiner und enden in einer Vielzahl kleiner Bäume im Hintergrund. Die Unterbrechung durch den Sandstreifen, der sich zum Meer hinzieht, verstärkt den perspektivischen Aufbau.

Der große Weißanteil dieses Sandsteifens bringt zudem viel Kontrast in den Bildausdruck. Das Hauptaugenmerk liegt eindeutig im Vordergrund, das in der Ferne liegende Meer ist nur aufgrund seiner Horizontlinie von Bedeutung. Diese Waagerechte verleiht der Komposition Breite und Großzügigkeit. Lange Schatten, die die Weißfläche unterbrechen, weisen auf eine tief stehende Sonne hin.

Die Bewegungsrichtung der Halme des Strandhafers entspricht derjenigen der Bäume. Das Blau des Meeres steht im Komplementärkontrast zu den Gelb-Orange-Tönen des Grases und steigert damit den Farbausdruck.

Buchenwald im Herbst

Papier: Hadern, Büttenpapier „Ekkehardt Hofmann“, 640 g/m², satiniert, 56 cm x 76 cm
Farben: Reingelb, Indischgelb, Quinacridone Gold, Lasurorange, Goldbraun, Siena gebrannt, Vandyckbraun, Bergblau, Kobaltblau hell, Ultramarin feinst, Paynesgrau, Caput mortuum, Gelbgrün, Perylene Grün

Die richtige Bodenhaftung

Damit Bäume auf dem Bild nicht wirken, als würden sie in der Luft schweben, ist es wichtig, sie auf dem Boden zu verankern. Dies erziele ich durch die Anlage einer waagerechten Schattenform. Aus dem Wechselspiel zwischen der Senkrechten des Stammes und des waagerechten Schattens leitet sich die Bodenhaftung der Bäume ab. Je tiefer die Sonne steht, desto länger ist die Schattenform. Daraus lassen sich auch Rückschlüsse auf Jahres- und Tageszeit ziehen.

Schon allein, wenn Sie die Liste der verwendeten Farben durchlesen, wird Ihnen klar, welche Stimmung in dem Aquarell vorherrscht. Es sind diese sonnigen Oktobertage, an denen das Laub der Buchen golden aufleuchtet. Dieser goldene Ton zieht sich durch den gesamten Bildaufbau. Die beiden Stämme im Vordergrund rechts, ausgearbeitet mit den Nuancen Caput mortuum und Ultramarin, erfahren durch den goldbraunen Stamm eine farbliche Variation. In der Tiefe des Bildes sind die Baumstämme nur noch diffus sichtbar oder treten nicht so stark hervor, weil sie negativ ausgespart sind. Ein Weg, dessen Verlauf die perspektivische Wirkung einer Wegführung deutlich sichtbar macht, führt ins Bild hinein.

Was den großen Bereich des goldfarbenen Laubs angeht, können Sie dort nochmals gut den Arbeitsschritt 6 auf Seite 68 nachvollziehen. Dort habe ich gezeigt, wie durch das Übereinanderlegen verschiedener Farbschichten der Eindruck von Räumlichkeit bei den Blattstrukturen entsteht.

Dunkel angelegte Bereiche und Gruppen von Büschen an den unteren Enden der Stämme binden diese am Erdboden an.

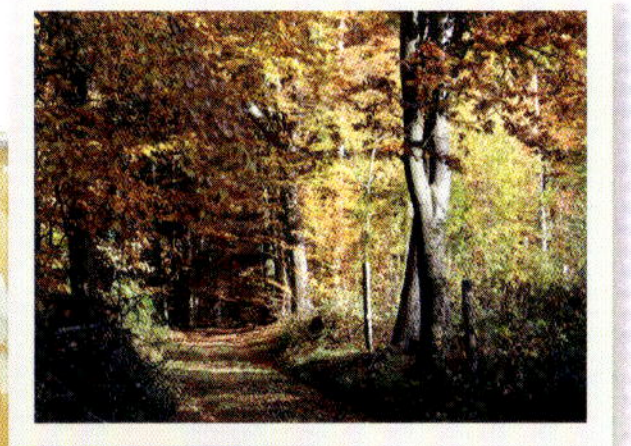

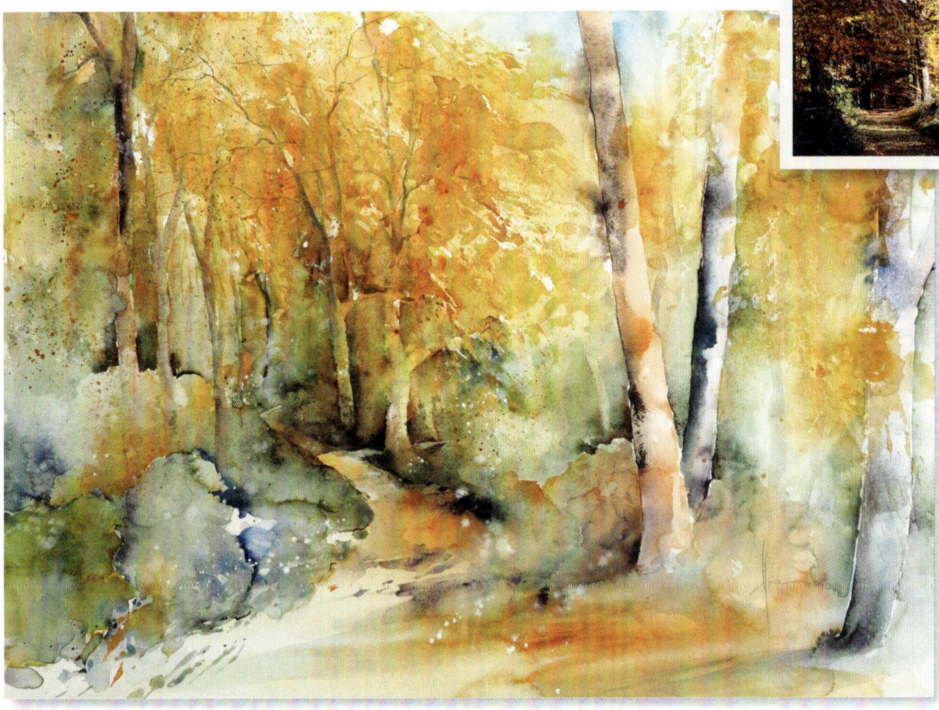

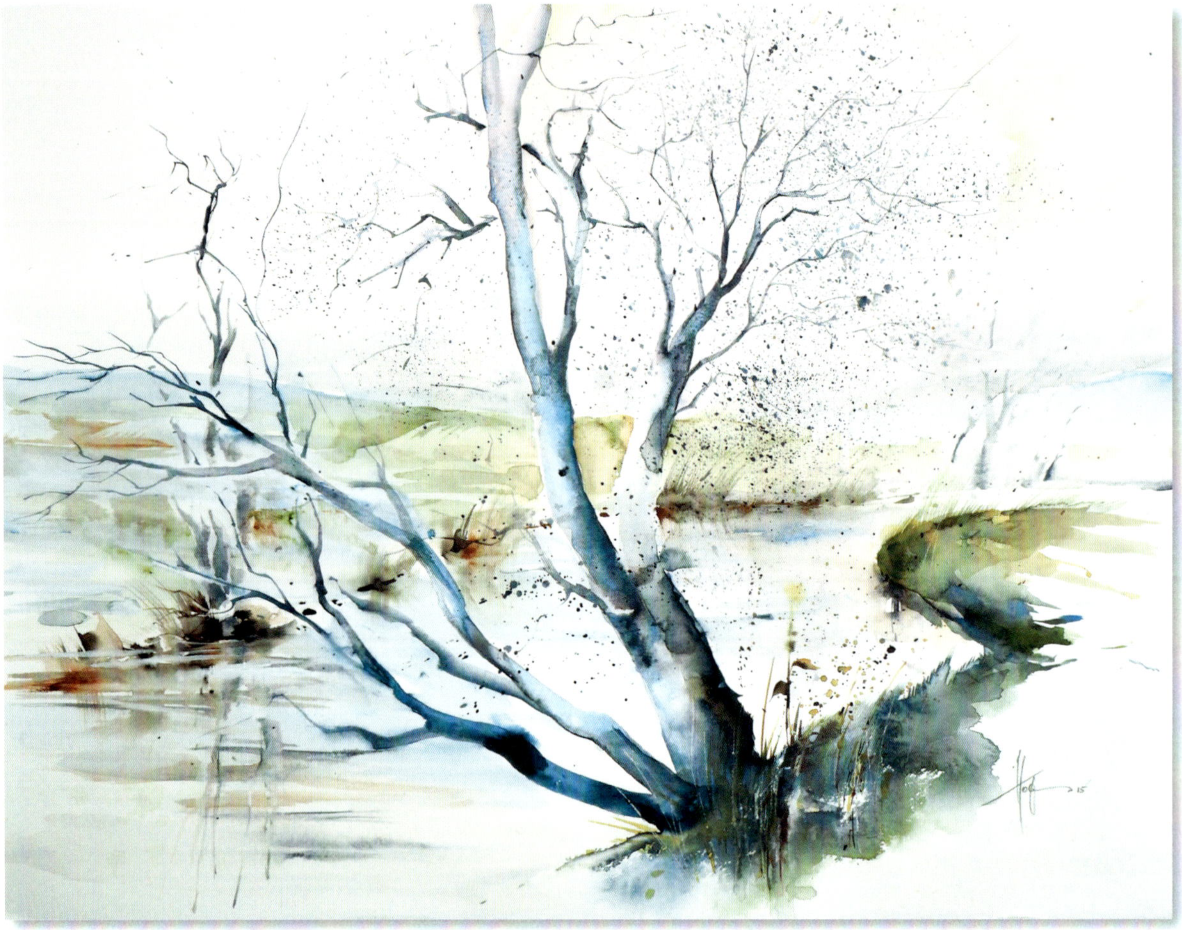

Winterbaum am Fluss

Papier: Hadern, Büttenpapier „Ekkehardt Hofmann", 640 g/m², satiniert, 50 cm x 70 cm
Farben: Bergblau, Kobaltblau hell, Ultramarin, Indigo, Caput mortuum, Vandyckbraun, Quinacridone Gold, Paynesgrau, Perylene Maroon, Gelbgrün

Um diesen Baum zu malen, muss ich mich nicht weit bewegen. In unmittelbarer Nähe zu meinem Atelier steht er an der Altmühl. Gerade im Winter, wenn das Laub abgefallen ist und die umgebende Natur kaum mehr Details zeigt, kommen seine Struktur und Ausdruckskraft deutlich zum Tragen.

Bei der Farbgestaltung überwiegen die Blaunuancen. Sie strahlen der Jahreszeit entsprechend Kühle und Zurückhaltung aus. Die Farbgebung im Hintergrund, nur leicht angedeutet, wirkt nebulös. Dadurch tritt der Baum als Hauptthema der Bildgestaltung noch stärker hervor.

Das vordere Ufer liegt nahe am Betrachter und erhält deshalb auch eine starke Farbgebung. Nur ein Hauch von Goldocker bei den Schilfhalmen steht in einem komplementären Kontrast zu dem überwiegenden Blau. Dennoch ist es gerade dieser Kontrast, der die Farben noch mehr hervorhebt und den Eindruck von Eiseskälte verstärkt.

Nachgefragt: Motiv Bäume

Wenn ich im Sommer dicht belaubte Bäume male, erscheint mein Aquarell sehr schwer. Wie kann ich dieses Problem lösen?

Selbst bei der dichtesten Belaubung kann man im Gegenlicht im Blattwerk Durchbrüche feststellen. Diese lichten Stellen gliedern die Laubbereiche und sollten beim Aquarellieren unbedingt weiß ausgespart werden. Dadurch wirkt das Ganze transparenter und das Bildergebnis wird leichter.

Kann ich meine Grüntöne nicht auch aus Gelb und Blau mischen?

In meinen Aquarellen verwende ich nur fertige Farbtöne. Mit diesen Grünnuancen erhalte ich ein ganz klar definiertes Ergebnis. Diese klaren Töne steigern sich im Farbklang mit anderen Nuancen gegenseitig und führen zu mehr Kontrast und Ausdruck. Bei der Mischung verschiedener Farben entstehen immer subtraktive Ergebnisse, die nicht mehr ganz so klar erscheinen.

Bäume, die im vollen Laub stehen, wirken gemalt oft flach. Wie kann ich Abhilfe schaffen?

Ein Wechselspiel von hellen und dunklen Farbbezirken schafft Räumlichkeit. Speziell bei der Gestaltung belaubter Bäume beachte ich diese Vorgehensweise. Nach dem Trocknen des ersten flächenbestimmenden Farbauftrages lege ich eine zweite Schicht darüber. Diese zweite Schicht darf nicht deckungsgleich mit dem ersten Auftrag sein, sondern muss Durchblicke auf diesen frei lassen. Damit entsteht schon eine erste dritte Dimension – unten und oben. Dieser Vorgang lässt sich öfter wiederholen. Wichtig dabei ist, die Lichtteile hell stehen zu lassen und im Zentrum der Laubflächen die absoluten Dunkelheiten zu setzen.

Wie vermeide ich es, dass nebeneinandergesetzte Baumstämme langweilig wirken?

Nicht nur bei der Gestaltung von Baumstämmen trägt eine abwechselnde Farb- und Formgestaltung zur Ausdruckssteigerung bei. Mächtige Stämme neben nachwachsenden, dünnen Stämmen, kräftige Farbgebung bei den Stammriesen, abgeschwächte Farben bei den jüngeren Bäumen – schon ergibt sich ein abwechslungsreicher Bildaufbau.

Eine wichtige Funktion für mehr Abwechslung übernehmen querverlaufende Seitenäste. Liegen sie über Stämmen, so werden diese zurückgedrängt, verlaufen sie hinter Stämmen, rücken diese nach vorne.

Das Wechselspiel bei der Bildgestaltung unter Einsatz aller Möglichkeiten führt zu einem spannenden Aquarell.

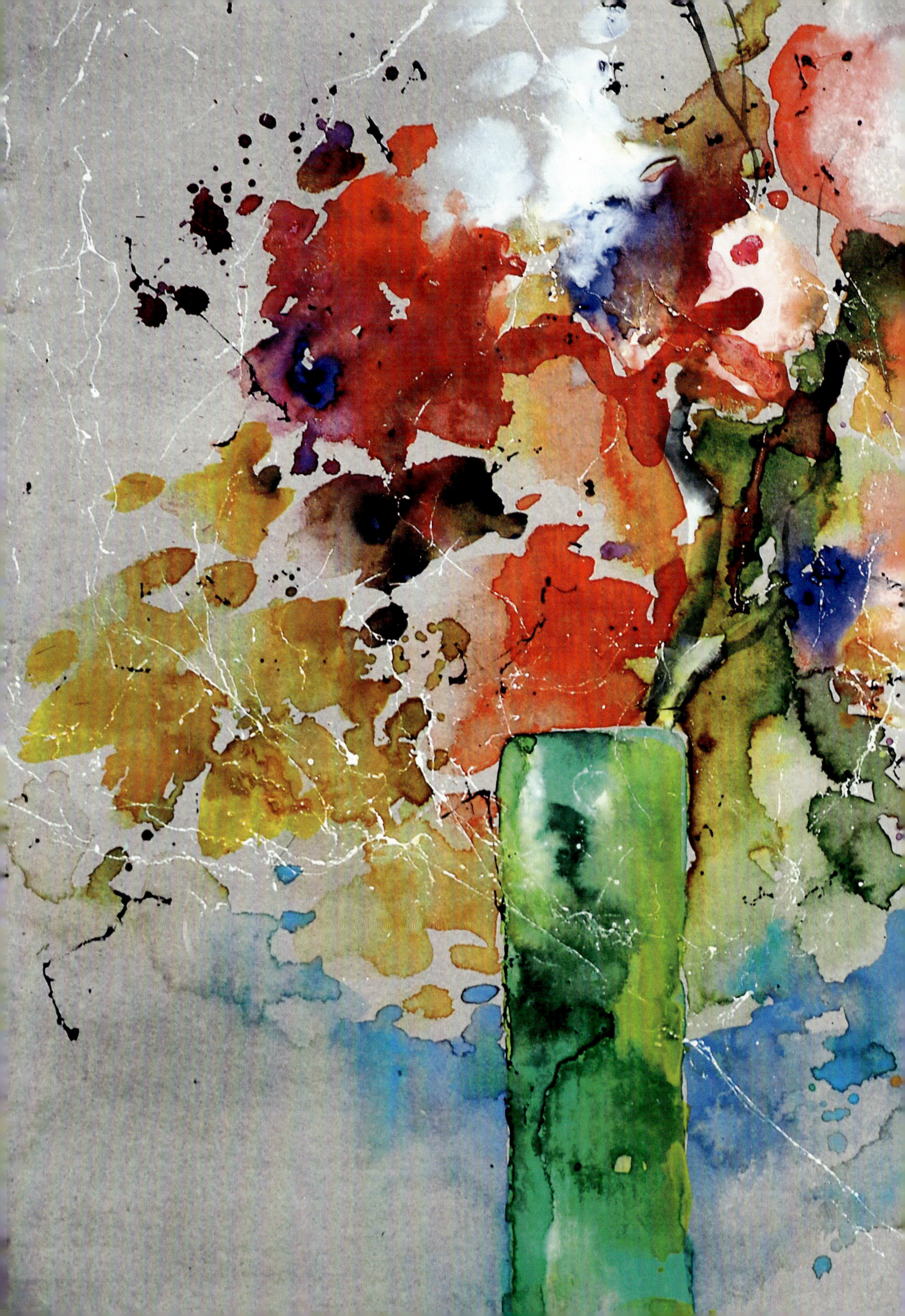

Techniken und Effekte

Über den Bereich der klassischen Aquarellmalerei hinaus gibt es eine Vielzahl von Techniken, mit denen spezielle Effekte bei der Bildgestaltung erzielt werden können. Auf den nachfolgenden Seiten möchte ich Ihnen einige davon vorstellen und die Vorgehensweise näher erklären. Wie immer gilt dabei: Seien Sie kreativ! Lassen Sie sich mit Lust und Neugier auf das Experiment ein. Nicht alles muss von Erfolg gekrönt sein, aber Sie werden Techniken für sich entdecken, die Sie Ihrem Ziel, ein gelungenes Aquarell zu schaffen, einen großen Schritt näherbringen.

Viele Techniken für ein gelungenes Aquarell

Die Absprengtechnik

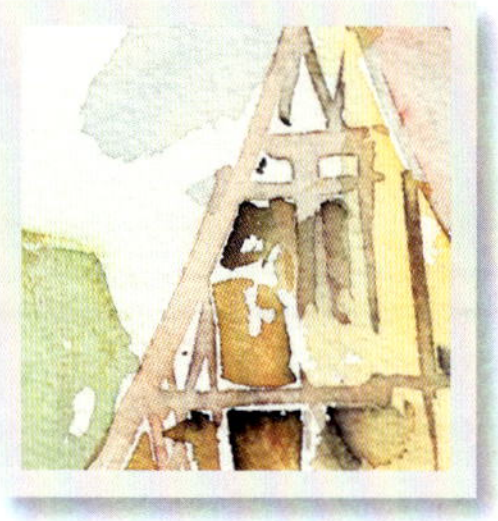

Wie der Name schon vermuten lässt, werden bei dieser Technik Teile des Bildes wieder „abgesprengt", genauer gesagt, es wird Farbe unter fließendem Wasser abgespült. Dazu muss das Bild schon einen leichten Trocknungsgrad erreicht haben, aber auch noch feuchte Farbflächen aufweisen. Beim Abspülen unter dem Wasserhahn oder der Dusche werden diese feuchten Anteile ausgespült, während die bereits stärker angetrockneten Farbpartien erhalten bleiben und zu einem ganz speziellen Bildeindruck führen. Nachdem die Farbe immer vom Rand her trocknet, sind es besonders diese stehengebliebenen Ränder, die das Ergebnis der Absprengtechnik so reizvoll machen.

Die Abklatschtechnik

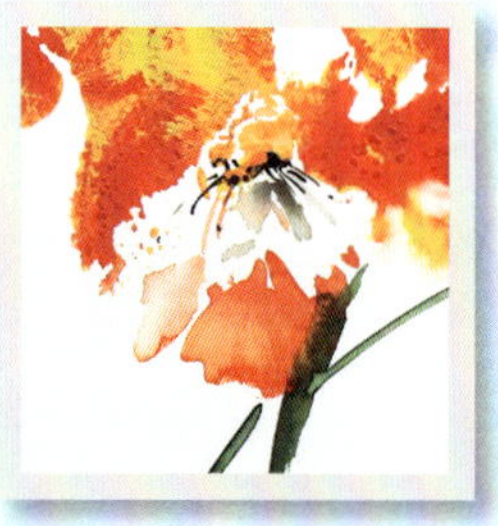

Wie das Absprengen ist auch das Abklatschen eine Technik, die ihren Reiz aus dem Zufall bezieht. Auf eine Glasplatte wird Aquarellfarbe aus der Tube aufgetragen. Man kann sich auf zwei Farbtöne beschränken, es dürfen aber auch mehrere Farben sein. Anschließend wird ein Blatt Aquarellpapier aufgelegt, angedrückt und vorsichtig wieder abgezogen. Für ein gutes Ergebnis ist es wichtig, dass kein allzu saugendes Papier verwendet wird.

Motive vor farbiger Kulisse – Zwei-Phasen-Malerei

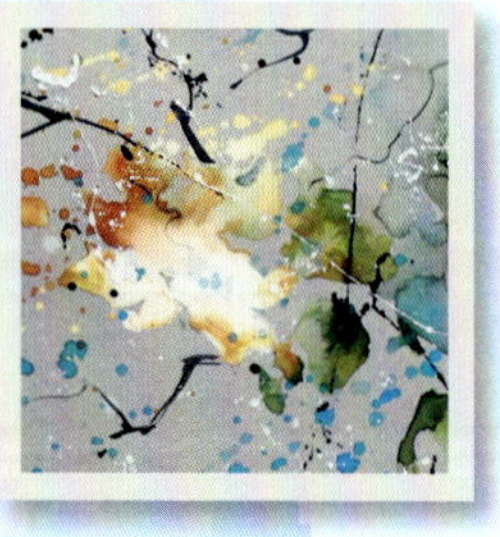

Im Zuge meiner langjährigen Beschäftigung mit der Aquarellmalerei kam mir irgendwann die Idee, bei der Bildgestaltung zunächst einen flächendeckenden Hintergrund anzulegen und darauf anschließend meine Motive zu malen. Eine Reihe von Experimenten und Versuchen ergab, dass sich eine Grundierung mit verdünnter Airbrushfarbe bestens als Malgrund für Aquarellfarben eignet. Airbrushfarben gehören aufgrund des darin enthaltenen Lösungsmittels zu den Acrylfarben, was bedeutet, dass sie wasserfest auftrocknen und bei weiteren Malgängen nicht mehr verwischen.

Aquarellfarbe spachteln

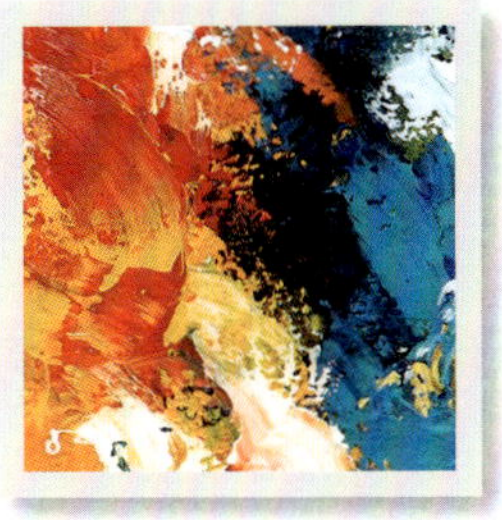

Die Spachteltechnik ist eher aus der Acrylmalerei bekannt, aber es spricht nichts dagegen, ihre Gestaltungsprinzipien auch mit Aquarellfarben umzusetzen. Dabei eignen sich am besten Tubenfarben, da man sie pastos verarbeiten kann. Das wichtigste Werkzeug dabei ist ein Malmesser, mit dem die Farbe aufgetragen und anschließend verzogen wird. Durch die konzentrierte Tubenfarbe entstehen sehr intensivfarbige Ergebnisse mit einem Struktureffekt.

Aquarelle auf Leinwand

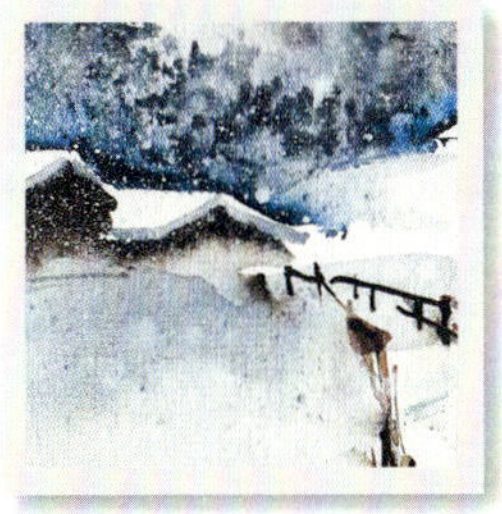

Das Malen von Aquarellen auf Leinwand kann eine sehr interessante und anregende Erfahrung sein. Bevor es losgeht, müssen allerdings ein paar grundsätzliche Dinge geklärt werden: Die Aquarellfarbe kann – anders als auf Aquarellpapier – nicht in die Leinwand eindringen, da diese nur extrem schwach saugt. Es ist aber möglich, die Leinwand mit einem flüssigen Grundiermittel, beispielsweise Aqua-Grund der Firma Schmincke, vorzubehandeln.

Verwendet man keine Grundierung, sollte man bedenken, dass es schwieriger ist, den Farbauftrag zu kontrollieren. Andererseits steht die Farbe durch den nicht saugenden Untergrund länger auf der Oberfläche und kann dadurch weich verzogen werden. Um die Wasserfestigkeit meiner Farben zu erhöhen, mische ich beim Malprozess den Malzusatz Aquafix bei. Aquafix, eine Art Acrylbinder, der chemisch auf die Verbindung mit Aquarellfarben eingestellt ist, lässt diese wasserfest auftrocknen.

Effekte mit Sprühlack und Alkohol

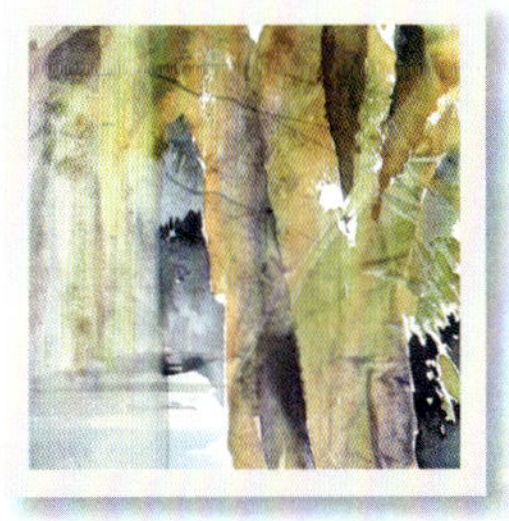

Auf der Suche nach interessanten Techniken, mit denen man die Maloberfläche strukturieren kann, bin ich auf den Einsatz von Sprühlack auf Kunstharzbasis gestoßen. Hier kommen zunächst zwei Medien zusammen, die sich nicht vertragen: die wasserlösliche Aquarellfarbe und der lösemittelhaltige Lack. Bringt man beide Materialien zusammen, stoßen sie sich gegenseitig ab, was auf dem Malgrund reizvolle Schlieren hervorbringt. Verstärken lässt sich dieser Effekt noch, wenn man in den schwimmenden Lackfilm Spiritus oder Effektspray einsprüht. Der dort enthaltene Alkohol reißt den Lackfilm auf und lässt unregelmäßige, bizarre Texturen entstehen.

Die Absprengtechnik

Damit Sie ein zufriedenstellendes Ergebnis erhalten, sollten Sie folgende Regeln beherzigen:

- Die Technik funktioniert am besten mit einem Hadernpapier. Die Hadernzellulose bindet die Farbpigmente besser als Holzzellulose. Bei einem hadernlosen Papier kann es passieren, dass der gesamte Farbauftrag abgesprengt wird.
- Fertigen Sie zuerst ein paar Muster an, damit Sie ein Gespür für diese Technik bekommen. Wie nass muss mein Farbauftrag sein? Wie lange muss ich den Farbauftrag trocknen lassen? Genügt der normale Strahl des Wasserhahns oder empfiehlt sich der Einsatz einer Wasserspritze, um zielgerichtet ausgewählte Bildpassagen abzusprengen?
- Nach dem Absprengen muss das Papier, bevor es weiterverarbeitet werden kann, gut durchtrocknen.

Fachwerkhaus

Der besondere Reiz dieser Technik liegt in ihrem experimentellen Zufallscharakter. Sind Sie mit dem Ergebnis der Absprengung zufrieden, überlegen Sie deshalb ganz genau, wie Sie weiter vorgehen. Mit der malerischen Nachbearbeitung sollten auf keinen Fall die erzielten Effekte überdeckt werden. Sie können diese Technik im weiteren Verlauf Ihres Malprozesses erneut anwenden.

Auf dieser Seite sehen Sie zunächst das Motiv nach dem Absprengen und anschließend den weiterbearbeiteten Zustand.

Auf diesem kleinen Übungsblatt sind die Ergebnisse der Technik gut zu erkennen. Die linearen Bereiche beim Fachwerk und am Gartenzaun erhalten durch das Absprengen eine unregelmäßige Farbgebung. Durch die Hell-Dunkel-Zonen im Bereich der Laubbäume deuten sich bereits unterschiedliche Blätterbereiche an.

Mit wenigen farblichen Vertiefungen und Ergänzungen erhält diese Skizze Lebendigkeit. Für mich stellen diese Übungsblätter, vergleichbar den Fingerübungen der Musiker, Schritte und Vorstufen für spätere Aquarelle dar.

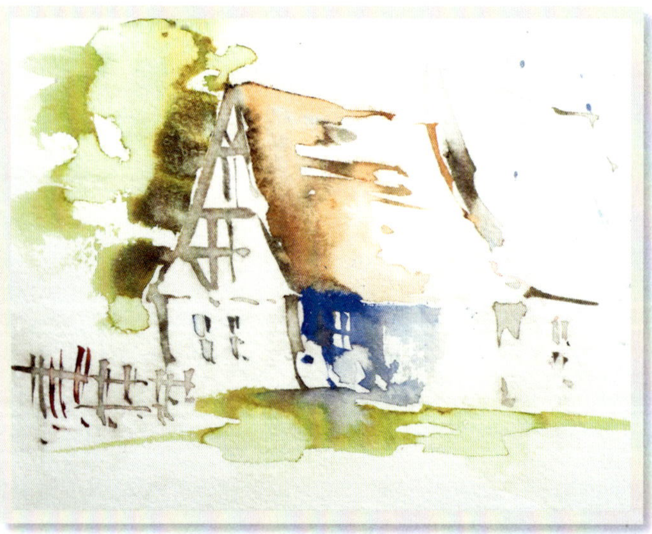

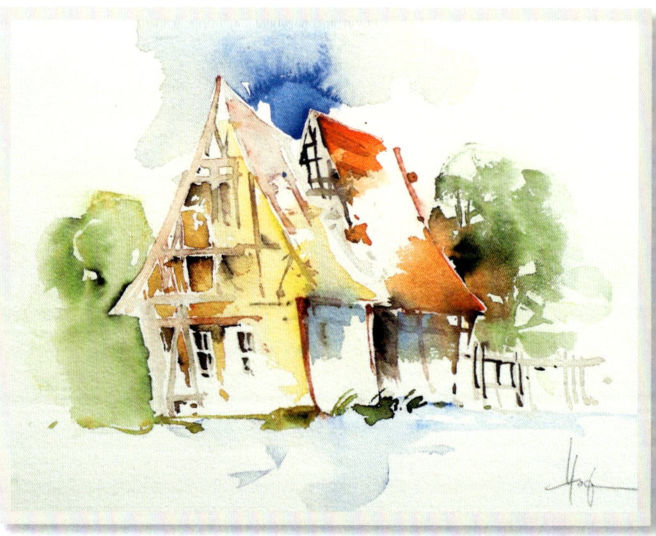

Baumstudien

Für meine ersten Versuche und Bilder mit der Absprengtechnik habe ich Baummotive gewählt. Durch die Linienstruktur der Stämme und Äste eignen sie sich für diese Technik wunderbar.

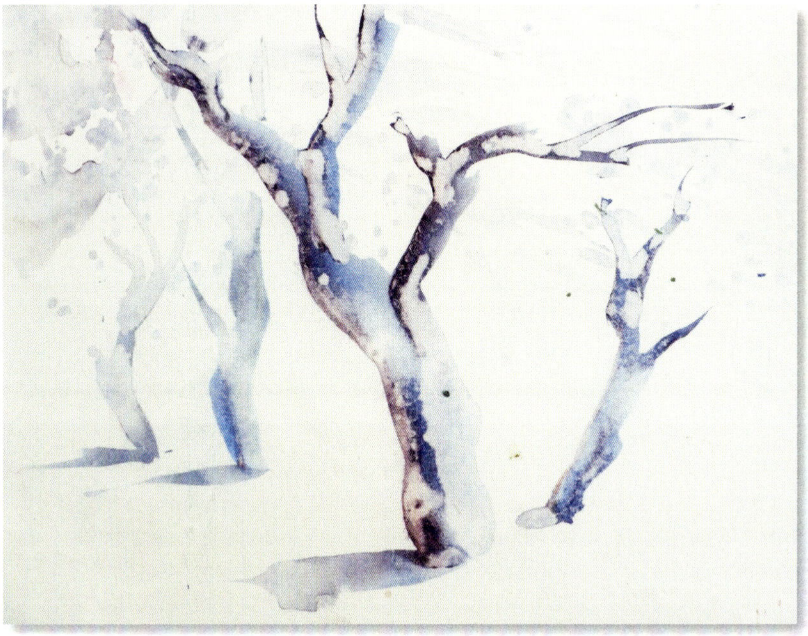

Bei diesem Beispiel habe ich für die Farbgebung der Stämme Ultramarinblau mit Caput mortuum gemischt. Damit erreiche ich eine sehr naturalistisch wirkende Stammfarbe. Das Ergebnis der Absprengung mit ihren unterschiedlich fleckigen Flächen entspricht sehr der stark gegliederten Borkenstruktur eines alten Baumstammes.

Wenn die Motivfläche, die abgesprengt werden soll, größer ist, gibt es zwei Möglichkeiten: Entweder ich male relativ schnell, damit der Trocknungsprozess auf der gesamten Fläche gleichmäßig ablaufen kann oder ich trage meine Farben wässriger auf und der Trocknungsvorgang braucht damit länger.

Sowohl der Stamm als auch die Laubflächen haben bei diesem Übungsblatt unterschiedlich strukturierte Zonen erhalten. Für den weiteren Malprozess ergeben sich gute Vorgaben und Ansatzpunkte.

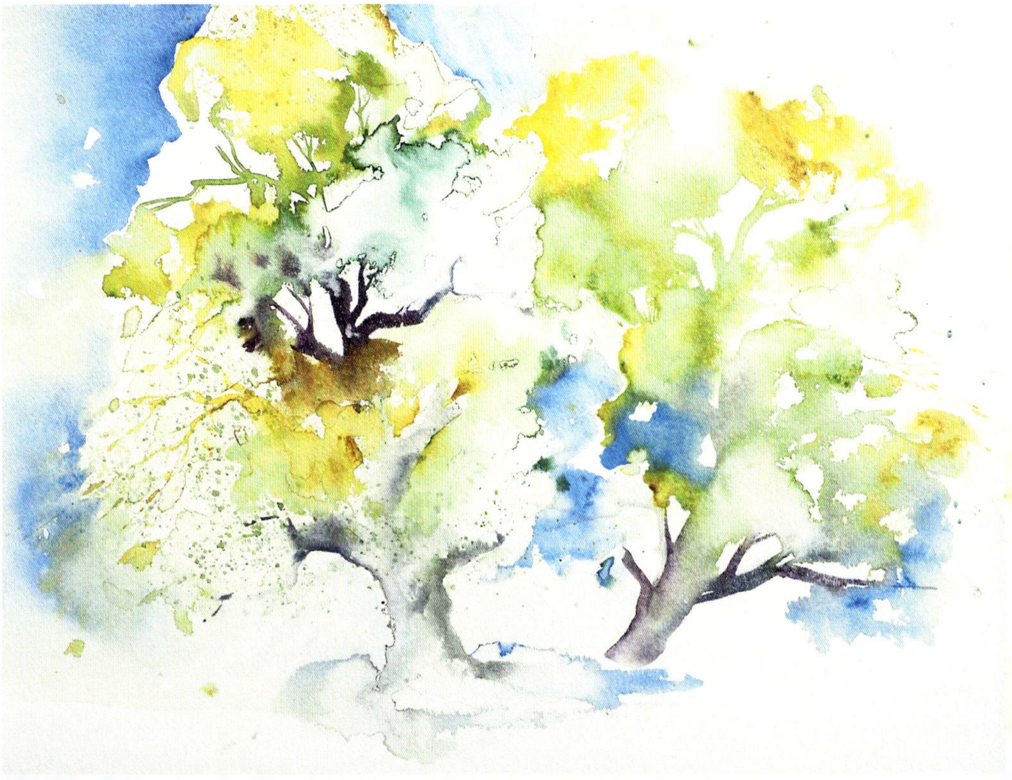

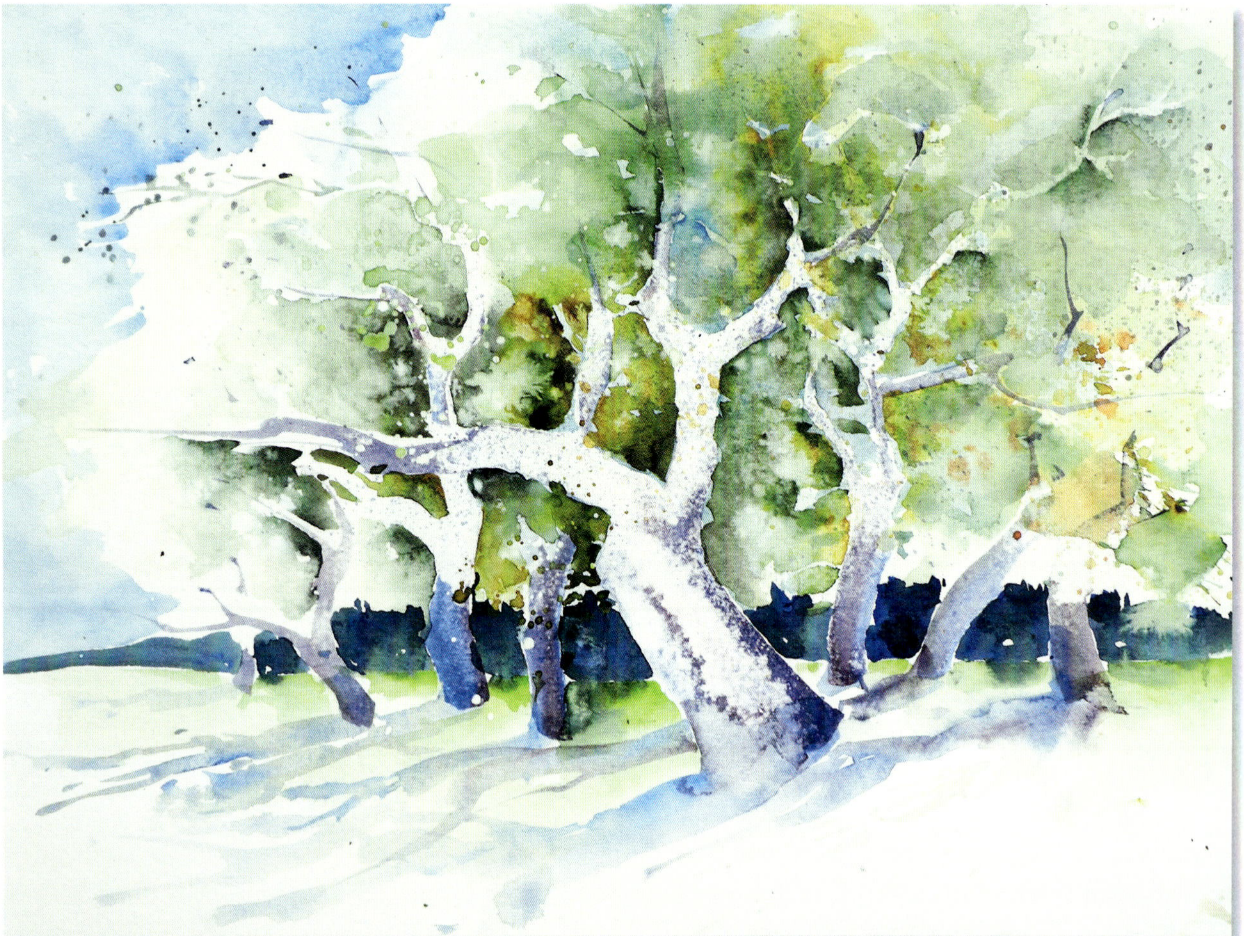

Baumgruppe

Ausgangspunkt war eine Gruppe von Bäumen. Anhand der Färbung können Sie hier sehr gut den unterschiedlichen Trocknungsprozess vor dem Absprengen erkennen.

Dieses teils flächige, teils sehr fleckige Farbergebnis nach dem Absprengen verleiht den Baumstämmen einen sehr abwechslungsreichen Ausdruck. Speziell die fleckenhafte Farbentwicklung bei dem kräftigen Baumstamm im Vordergrund erweckt den Eindruck einer rissigen Borkenstruktur auf der Rindenoberfläche. Jetzt beginnt die Gestaltung der Belaubung.

Das Blattwerk erhält seine Lebendigkeit durch die Verwendung verschiedener Grünnuancen. Beginnend bei Gelbgrün über Kobalt- und Olivgrün bis hin zu Grünoliv bilden sich unterschiedlich gefärbte Laubgruppen heraus.

Das Bergblau des Himmels bildet eine Abgrenzung zur Belaubung hin. Die sehr helle Auflösung ergibt einen weichen Übergang.

Die Wiesenfläche und der Waldgürtel im Hintergrund dienen der Räumlichkeit. Die verhältnismäßig waagerecht verlaufenden Schatten der Baumstämme geben diesen Bodenhaftung.

Windflüchter an der Ostsee

Papier: Hadern, Büttenpapier „Ekkehardt Hofmann“ 640 g/m², satiniert, 38 cm x 56 cm
Farben: Paynesgrau, Caput mortuum, Gelbgrün, Kobaltgrün rein, Kobaltblau hell

Bei der Realisierung dieses Motivs hat der Wettergott kräftig mitgemischt. Begonnen habe ich am Weststrand auf der Halbinsel Darß. Nachdem ich die Stämme gemalt hatte, ist ein Gewitter aufgezogen und die Regentropfen haben die Farbe punktuell abgesprengt.

Bei dem weiteren Malprozess, in der Zwischenzeit im Trockenen, habe ich mich von dem Farbergebnis der Stämme leiten lassen und die Belaubung ebenfalls abgesprengt. Entstanden ist für mich ein Aquarell mit einem ganz besonderen Bildausdruck.

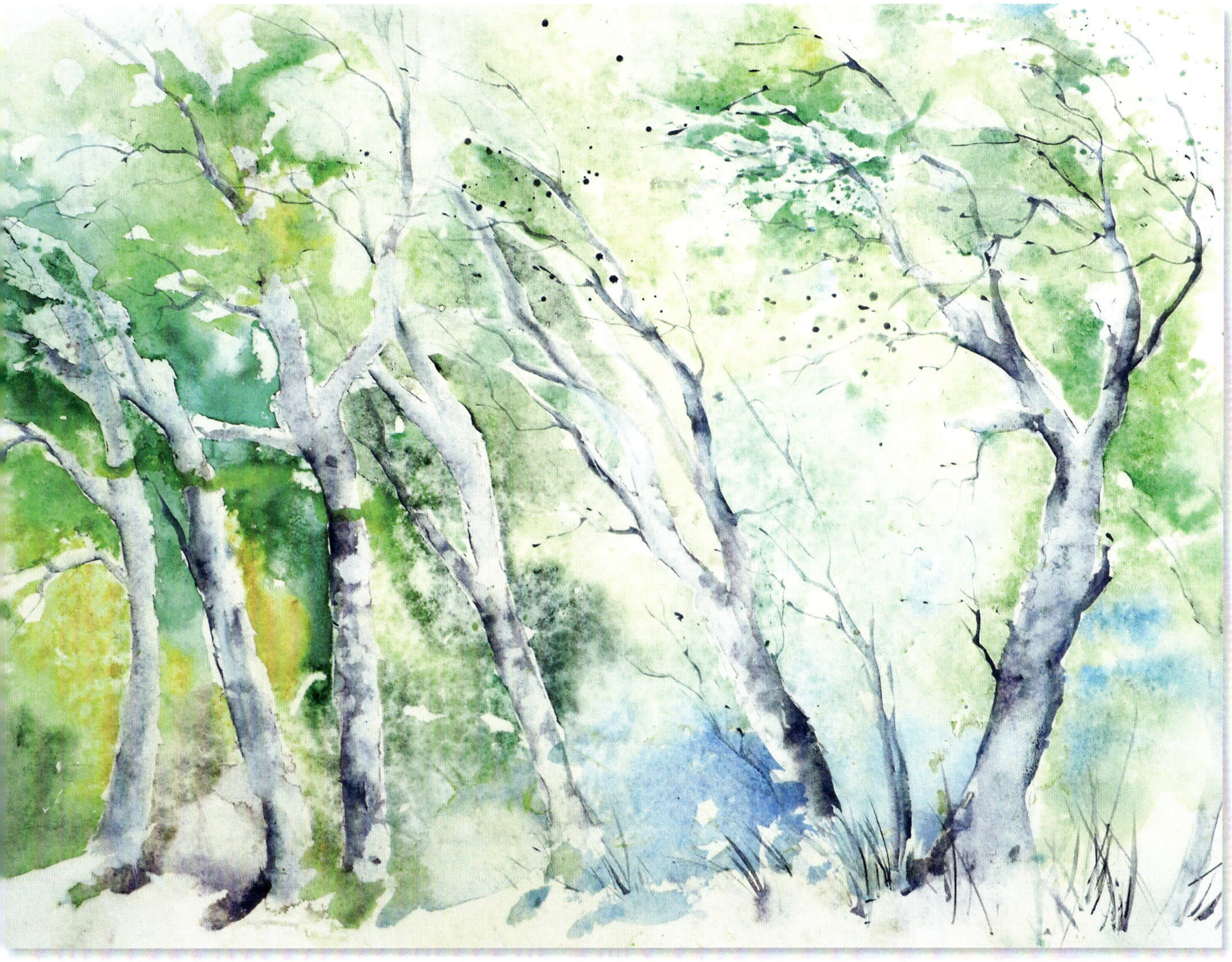

Rote Blüten

Papier: Waterford Feinkorn 640 g/m², 38 cm x 56 cm
Farben: Krapplack, Zinnoberrot, Perylene Maroon, Indischgelb, Kobaltblau hell, Gelbgrün, Grünoliv, Perylene Grün, Indigo
Mal- und Effektmittel: Airbrushfarbe schwarz, Kunstharzlack weiß, Spiritus

Damit bei Blütendarstellungen durch das Absprengen ein spezieller Bildausdruck entsteht, ging meine Überlegung dahin, dass ich sowohl Flächen- als auch Linienanteile benötige. Weiterhin muss der Farbauftrag relativ zügig erfolgen.

Um mich meiner Vorstellung malerisch zu nähern, gestaltete ich zunächst ein „Testbild". Nachdem ich damit zufrieden war, ging ich an eine Gesamtkomposition heran.

Die roten Blüten bilden den Schwerpunkt dieser Bildgestaltung. Ich habe sie flächig verteilt und dabei die gesamte Blattgröße in Anspruch genommen. Der Farbauftrag erfolgte sehr zügig.

Schon nach dem ersten Absprengen zeigte sich eine sehr dynamische Darstellung. Viele helle und dunkle Nuancen sorgen für eine belebende Wirkung. Komplementär zu der Rotfärbung werden die Blumen mit sattgrünen Stängeln an den unteren Blattrand gebunden.

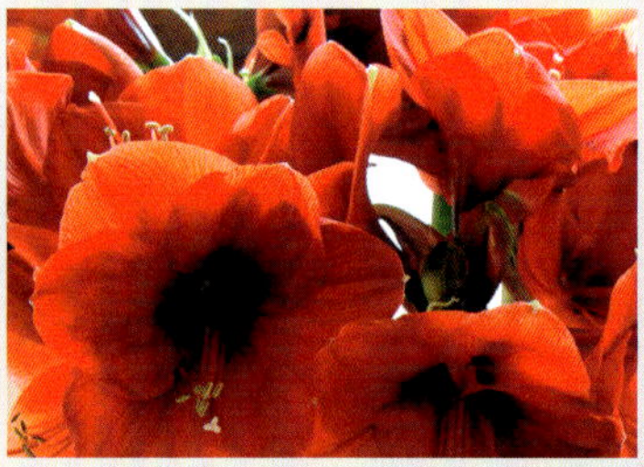

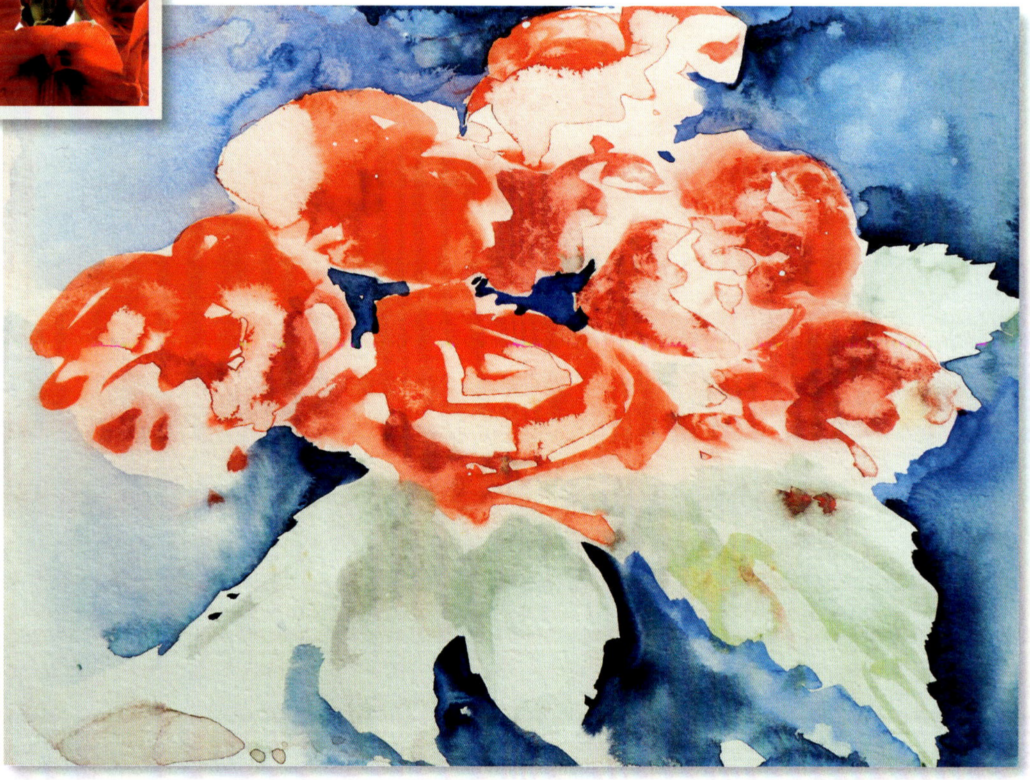

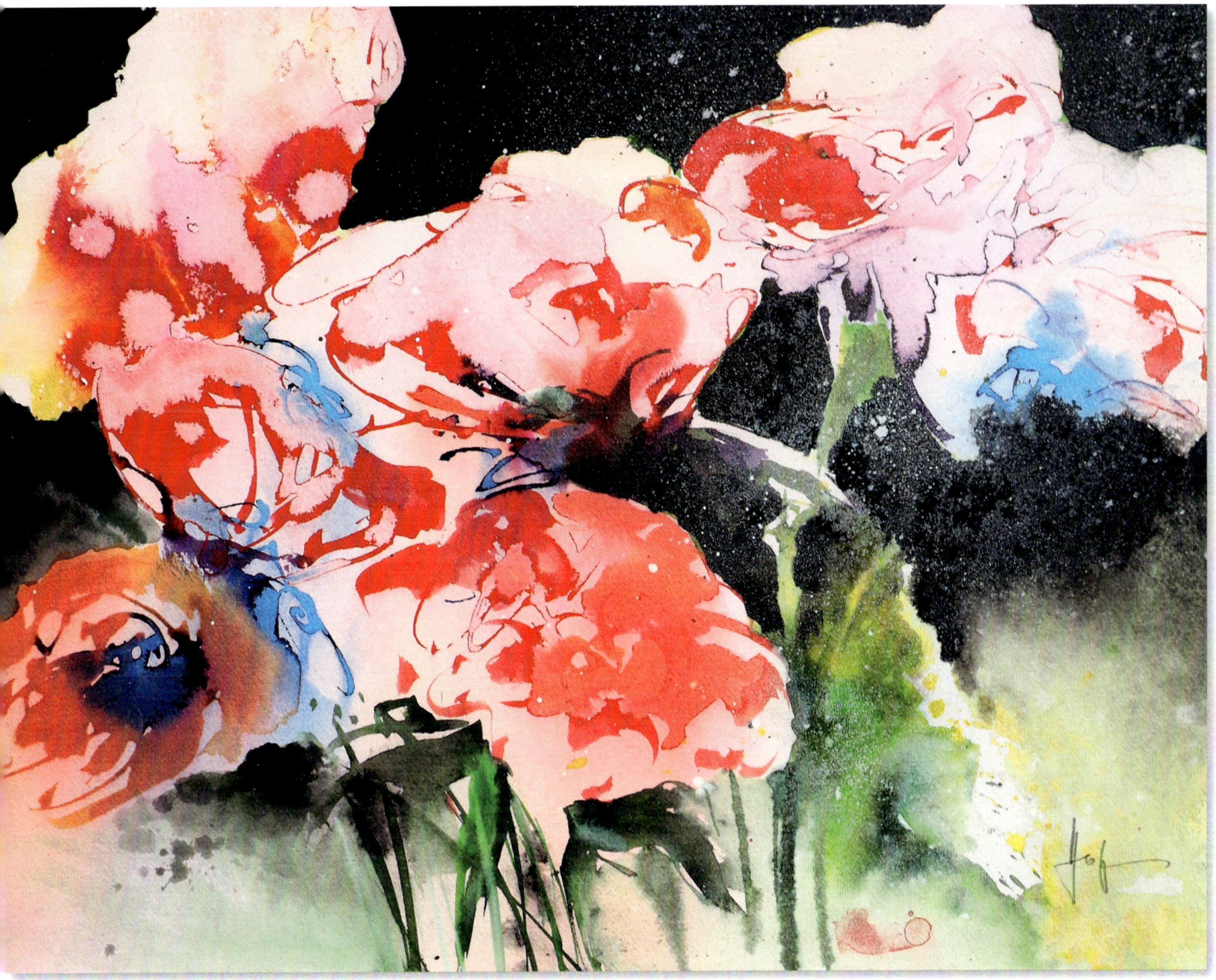

Trotzdem fehlte mir noch der letzte Pfiff: Erst die dunkle Farbgebung im oberen Bildbereich verleiht dieser Komposition eine spezielle Note. Der schöne, satte Farbton kommt durch die Verwendung von Airbrushfarbe zustande, deren Farbkraft intensiver als die von Aquarellfarbe ist.

Als Tüpfelchen auf dem i erweist sich der Einsatz von weißem Kunstharzlack im rechten Bildbereich. Die Bestandteile des Lacks sind nicht wasserlöslich, weswegen er auf dem wässrigen Farbauftrag schwimmt. Sprüht man zusätzlich Alkohol auf, zerteilt sich der Farbauftrag – es entsteht eine spezielle Oberflächenstruktur (s. auch Seite 104).

Die Abklatschtechnik

Im Rahmen meiner Seminare konnte ich immer wieder feststellen, dass es für viele Teilnehmer überaus wichtig war, ein gutes, vorzeigbares Bild zu malen. Auch wenn dieser Wunsch vollkommen verständlich ist, kann er sich doch negativ auf die Bildgestaltung auswirken, indem er den Malprozess mehr behindert als beflügelt.

Immer wieder habe ich überlegt, wie ich hier helfend eingreifen kann. Mit der Idee, eine Bildgestaltung mit einem Abklatsch zu beginnen, stellt sich eine neue Situation dar. Diese Technik nimmt sozusagen die Angst vor dem leeren Blatt. Jetzt bestimmt der erzeugte Farbverlauf das weitere Vorgehen und nicht mehr der verkrampfte Wille des Malenden. Nun sind Kreativität und Fantasie gefragt.

Von abstrakt zu konkret

1 Der Arbeitsprozess beginnt damit, dass die Aquarellfarbe aus der Tube heraus mit einer Malspachtel auf eine Plexiglasplatte aufgetragen wird. Ich trage die Farbe ganz frei, ohne Formgebung auf und beginne mit helleren Tönen. Bevor ich die Platte auf das Aquarellpapier drücke, sprühe ich den Farbauftrag leicht mit Wasser an.

2 Den Abdruck platziere ich frei nach meiner Vorstellung auf dem Papier. Bei Bedarf kann ich mit demselben Farbauftrag einen zweiten Abdruck durchführen.

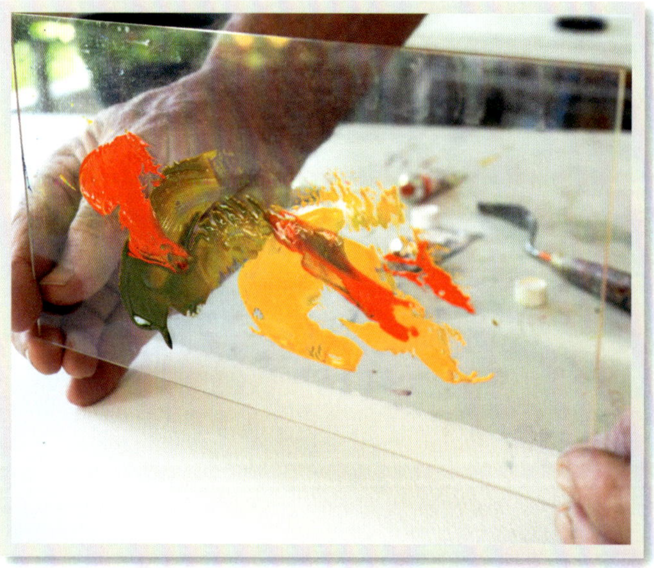

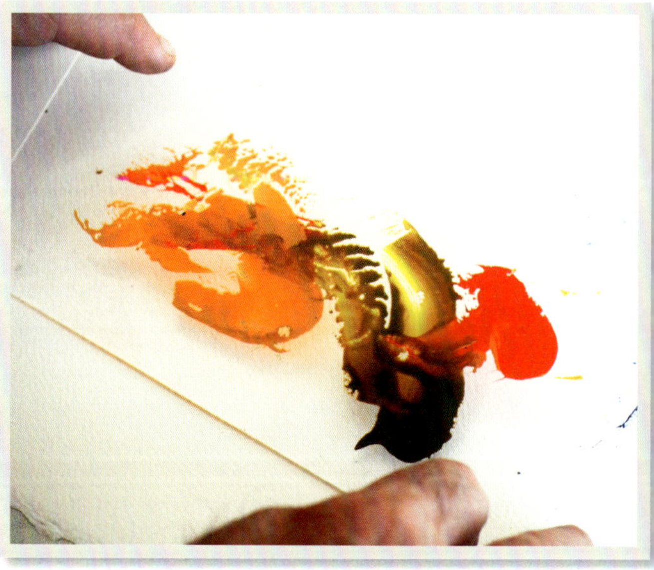

3 Nach dem Abdruck beginnt der eigentliche Kreativprozess: Was erkenne ich, wie könnte meine weitere Gestaltung aussehen? Bei diesem Beispiel gingen meine Gedanken in Richtung Blumen. Durch den dunkleren Fleck in der Mitte und den Farbverläufen im Außenbereich bietet sich dies geradezu an.

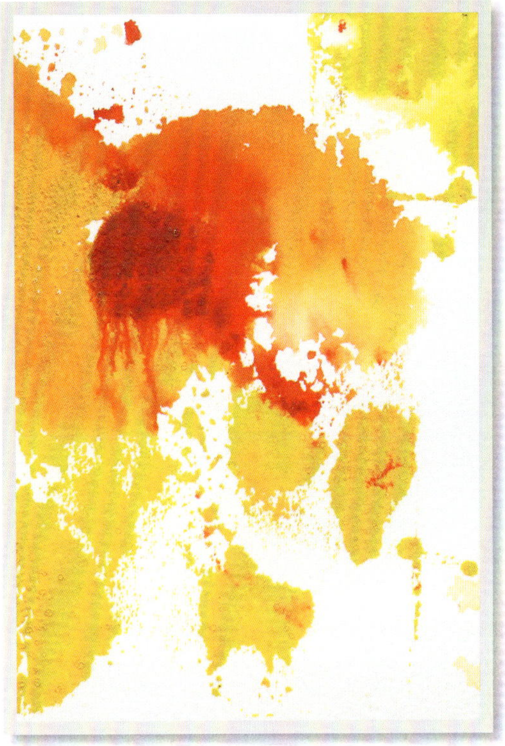

Nachdem sich meine Überlegungen in Richtung Blumen konkretisiert hatten, ging ich an die weitere Ausarbeitung. Die hellen Flecken entwickeln sich durch Hinterlegung zu konkreten Blüten. Die dunklen Blütenstempel im Mittelpunkt verstärken diesen Eindruck. Ein paar angedeutete Halme oder Stängel spannen die Komposition in das Blatt ein. Zusätzlich beleben sie durch den Komplementärkontrast von Rot und Grün den Farbeindruck.

Besonders reizvoll erscheinen mir die durch den Abklatsch entstandenen, geraden Kanten bei den Blütendarstellungen. In der Natur gibt es so etwas nicht, in der Malerei stellt es für mich einen Weg in die Abstraktion dar.

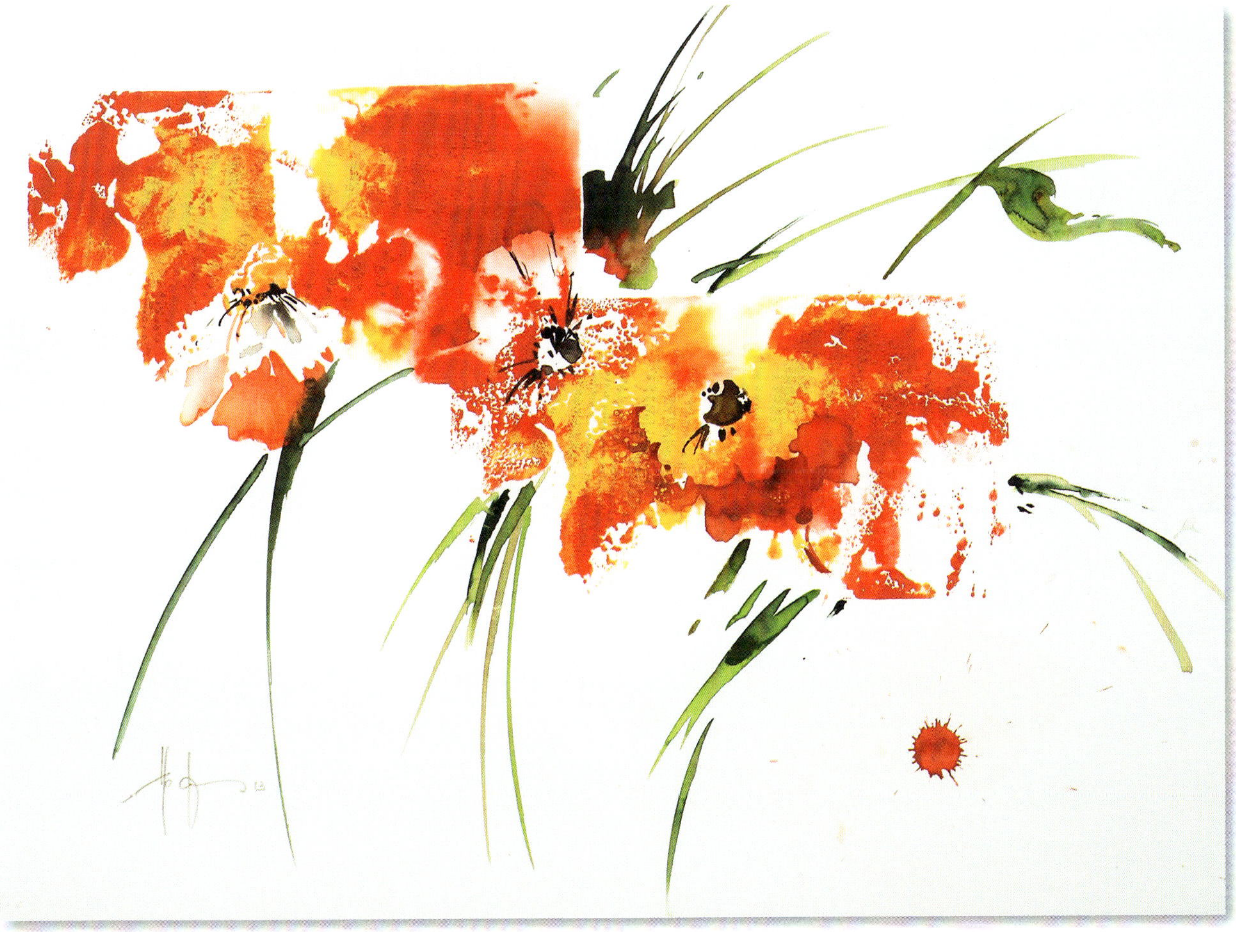

Motive vor farbiger Kulisse – Zwei-Phasen-Malerei

Wenn man sich so lange mit der Aquarellmalerei beschäftigt wie ich es tue, gelangt man irgendwann unweigerlich an den Punkt, an dem man sich fragt, wie es weitergehen kann. Wie lassen sich mit den vorhandenen Malmaterialien neue Ausdrucksformen erzielen? Wie kann ich meine Möglichkeiten noch besser ausschöpfen?

In diesem Zusammenhang ist mir die Idee gekommen, zunächst einen flächendeckenden Hintergrund anzulegen und anschließend Blumen oder andere Motive darauf zu malen. Bei meinen Versuchen mit dieser Zwei-Phasen-Malerei habe ich festgestellt, dass sich auf einer getrockneten Grundierung mit verdünnter Airbrushfarbe gut mit Aquarellfarbe weitermalen lässt. Es versteht sich von selbst, dass die weiteren Farbaufträge wegen des farbigen Untergrundes etwas gedämpft wirken.

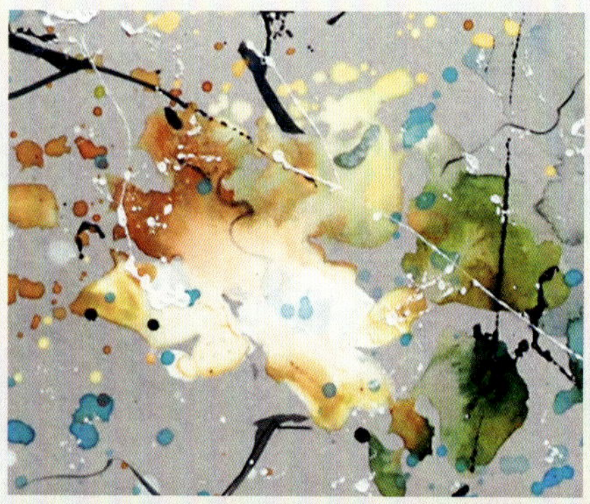

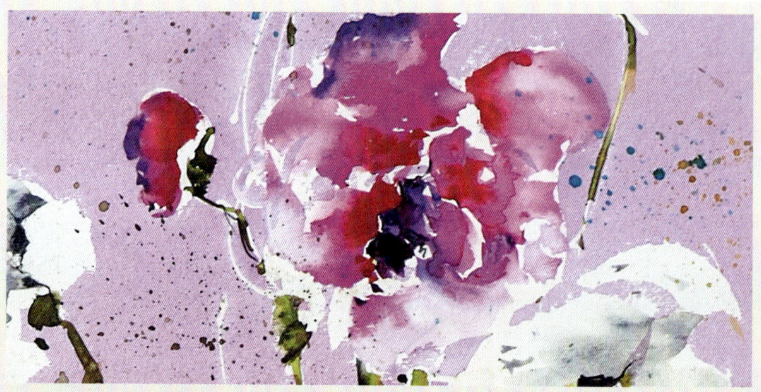

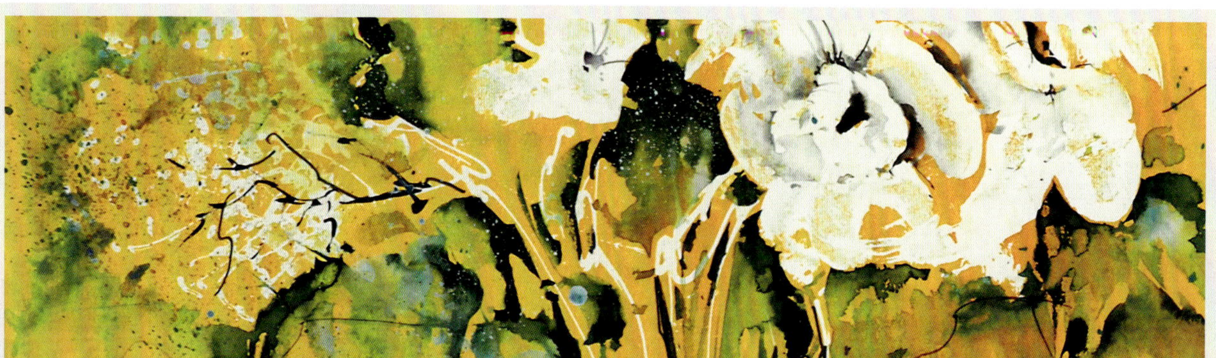

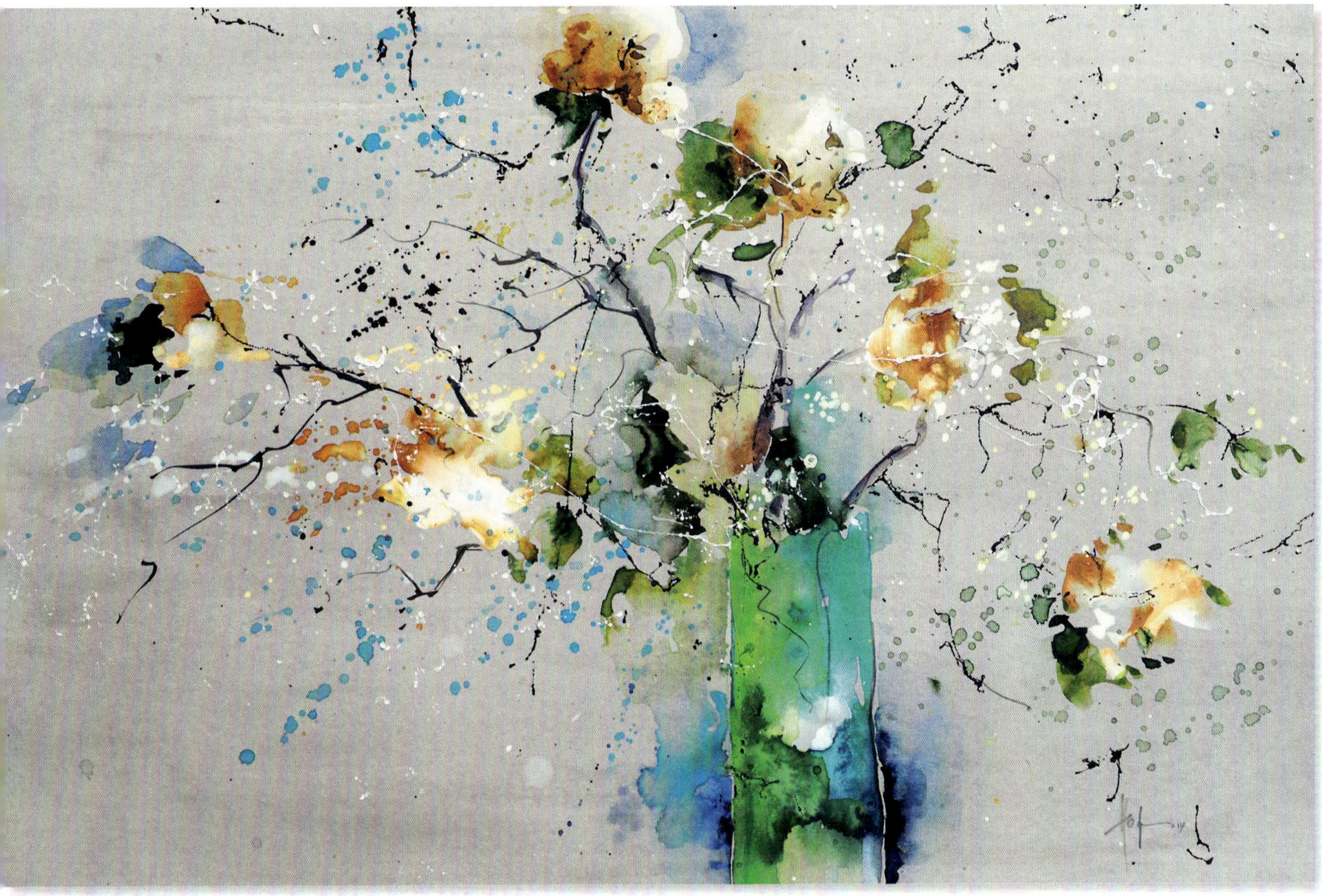

Strauß vor grauem Hintergrund I

Papier: Hadern, Büttenpapier, 640 g/m², satiniert, 38 cm x 56 cm
Farben: Quinacridone Gold, Gelbgrün, Maigrün, Grünoliv, Perylene grün, Reingelb, Coelinblau, Kobaltblau hell, Indigo
Airbrushfarben: Lichtgrau (verdünnt) für den Hintergrund, Weiß deckend für die Lichter

Bei meinen ersten Versuchen habe ich mit einem grauen Hintergrund begonnen. Damit dessen Farbton relativ gleichmäßig wird und das Auftragen streifenfrei verläuft, habe ich das Aquarellpapier zuerst angefeuchtet und dann mit verdünnter Airbrushfarbe in Lichtgrau bestrichen. Die ruhige Flächenwirkung des Farbauftrags gelingt am besten, wenn Sie einen breiten Lasurpinsel verwenden.

Nach dem Trocknen konnte ich auf diesem Malgrund mit meinen Aquarellfarben ganz normal weitermalen. Problematisch wird es nur, wenn der Auftrag mit Airbrushfarbe zu dick geraten ist. Dann stößt das Grundiermittel der Farbe die Aquarellfarben ab.

Bei diesem grafisch anmutenden Strauß habe ich mich von Baumwollblüten leiten lassen. Bis auf die weißen Lichter, für die weiße Airbrushfarbe zum Einsatz kam, ist das gesamte Bild mit Aquarellfarben gemalt.

Strauß vor grauem Hintergrund II

Papier: Hadern, Büttenpapier, 640 g/m², satiniert, 38 cm x 56 cm
Farben: Indischgelb, Quinacridone Gold, Reingelb, Lasurorange, Zinnoberrot, Perylene Maroon, Coelinblau, Ultramarin Violett, Kobaltviolett, Grünoliv, Gelbgrün, Phthalogrün
Airbrushfarben: Lichtgrau (verdünnt) für den Hintergrund, Weiß deckend für die Lichter
Effektspray: in Schwarz und Weiß

Grundgedanke dieser Bildgestaltung war: weg von der detaillierten Blütenform, hin zur flächigen Farbwirkung eines Blumenstraußes. Unschwer zu erkennen ist der wässrige Verlauf des Farbauftrages. Entscheidend für die Komposition ist die Verteilung der Farbflächen, die Ausgewogenheit im Rhythmus und bei der Platzierung – und dies alles trotz eines wässrigen Verlaufs. Gerade aber dieser wässrige Verlauf bringt Dynamik in die Bildaussage.

Im Handel angebotene Effektsprays in den Farben Schwarz und Weiß verstärken diesen dynamischen Ausdruck des Aquarells. Mit diesen Effektsprays entstehen feine Linien und spinnennetzartige Gebilde, die so nicht mit Aquarellfarbe herstellbar sind. Das Ergebnis trägt zur Lebendigkeit der Bildaussage bei.

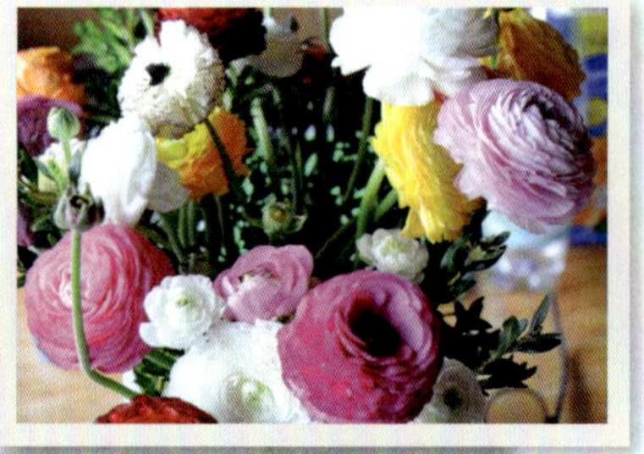

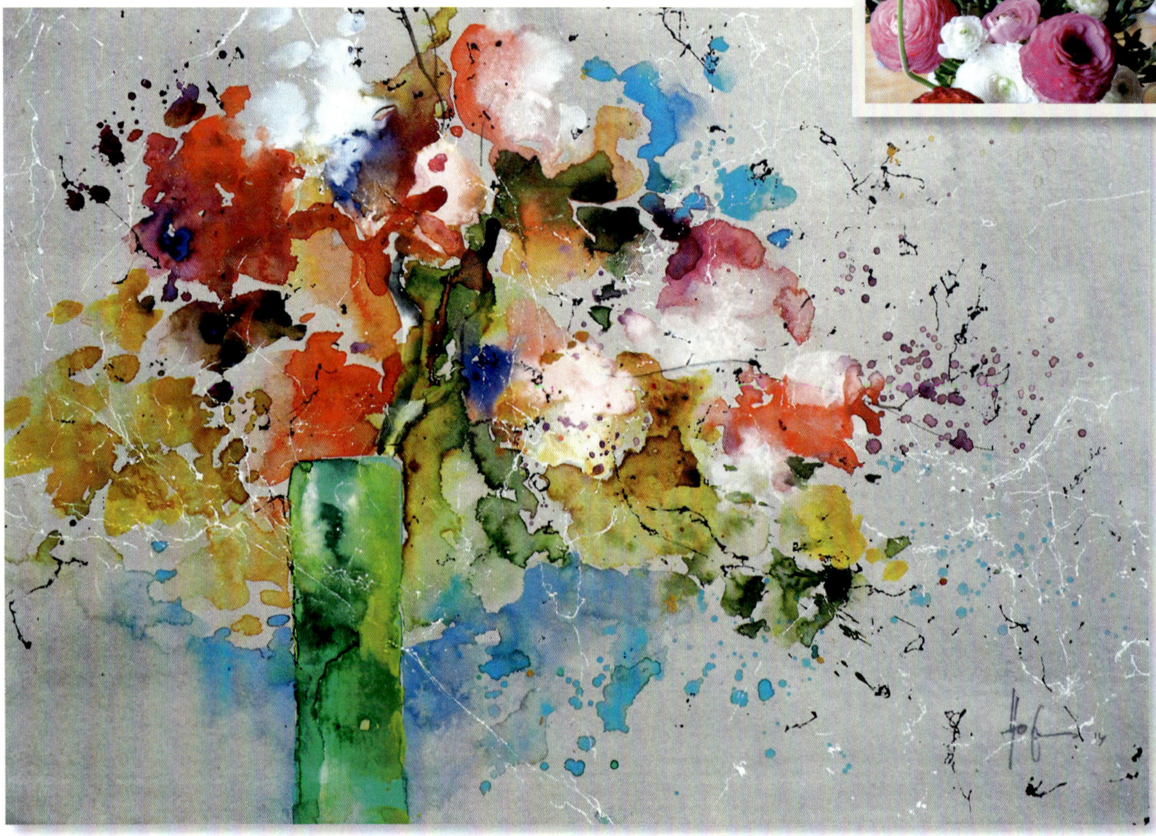

Weiße Blüten vor rosa Hintergrund

Recht schnell habe ich mich gefragt, wie es gelingen kann, weiße oder helle Blüten zu gestalten, ohne auf den farbigen Hintergrund zu verzichten. Ich kam zu dem Schluss, die Reihenfolge meiner Arbeitsschritte zu verändern.

Malgrund: Malpappe, 35 cm x 70 cm
Farben: Paynesgrau, Jaune brillant, Gelbgrün, Purpurmagenta, Caput mortuum, Vandyckbraun, Maigrün, Reingelb, Grünoliv, Indigo
Airbrushfarbe: Basis Magenta, stark verdünnt

Um die Formen der weißen Blüten zu erhalten, mussten diese ausgespart werden. Dabei kommt nun Maskiermittel zum Einsatz (s. Seite 113 ff.). Zuerst werden die Umrissform und die Blattabgrenzungen mit dem Maskierstift fixiert. Damit die Blattflächen weiß stehen bleiben, habe ich das Maskiermittel mit einem Malerspachtel flächig verzogen.

Nachdem das Maskiermittel gut getrocknet war, habe ich den Hintergrund flächig mit einem stark wässrigen Auftrag von Basis Magenta eingefärbt. Nach einem weiteren Trocknungsprozess konnte ich das Maskiermittel abrubbeln und die ausgesparten Blütenformen waren für die weitere Farbgebung bereit.

Die Blütenformen entstanden sowohl mit Gelbgrün als auch mit Paynesgrau und Purpurmagenta. Damit ein Blütenstrauß lebendig wirkt, ist es ganz wichtig, die Blüten in unterschiedlichen Wachstumsphasen und in wechselnden Ansichten darzustellen. Der nicht durchgehende Farbauftrag bei den Stängeln verleiht auch diesen schmalen Linien Räumlichkeit.

Die leuchtend gelbgrüne Vase steht im komplementären Kontrast zum Hintergrund und belebt den Eindruck des gesamten Bilds. Abschließend verstärken noch einige Farbspritzer diese Wirkung.

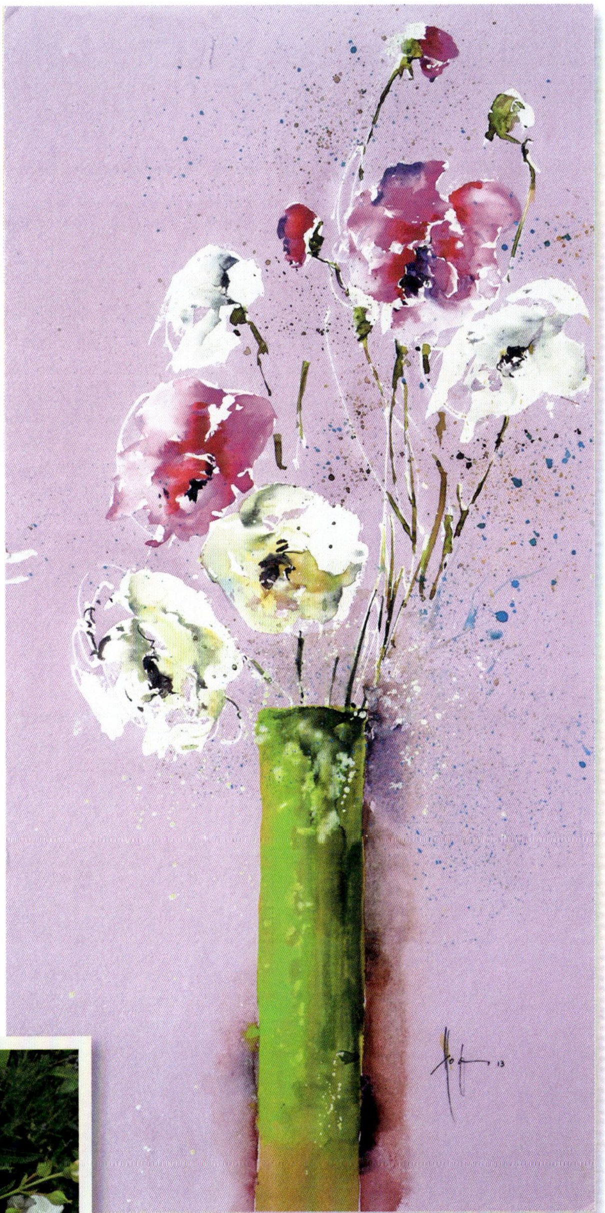

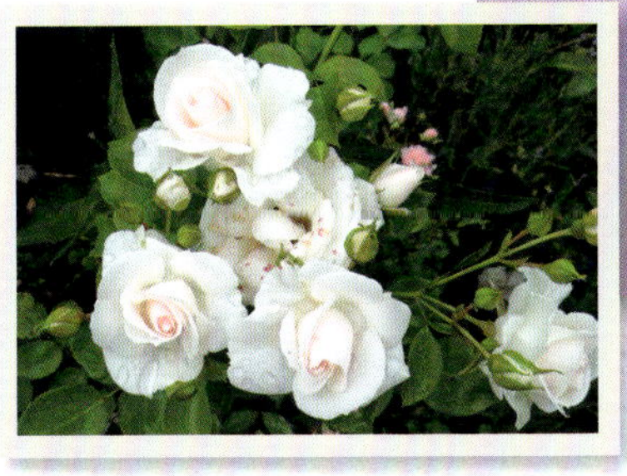

Strauß vor gelbem Hintergrund

Papier: Hadern, Büttenpapier „Ekkehardt Hofmann“, 640 g/m², satiniert, 56 cm x 76 cm
Farben: Paynesgrau, Caput mortuum, Lasurorange, Zinnoberrot, Gelbgrün, Grünoliv, Vandyckbraun, Coelinblau, Kobaltblau hell
Airbrushfarben: Basis Gelb

Die ersten Arbeitsschritte – Anlegen der Blütenformen mittels Maskiermittel und farbige Gestaltung des Malgrunds, hier mit Basis Gelb – geschehen analog zum Blumenmotiv auf der vorhergehenden Seite.

Nach dem Abrubbeln des Maskiermittels werden zuerst die weiß ausgesparten Blüten und die hoch aufstrebenden Blütenrispen gestaltet. Einige graue Ränder begrenzen die Blütenblätter und erzeugen auf diese Weise Räumlichkeit. Bei den Blütenrispen bestimmen die dunklen Stempel im Blüteninneren die Form.

Eine einzelne, rote Blume belebt den Strauß. Plastizität und Räumlichkeit erhält die Komposition durch die Hinterlegung der Blüten mit verschieden intensiven Grüntönen. Durch diese Hinterlegung entsteht erst die angedeutete Blütendolde auf der linken Seite.

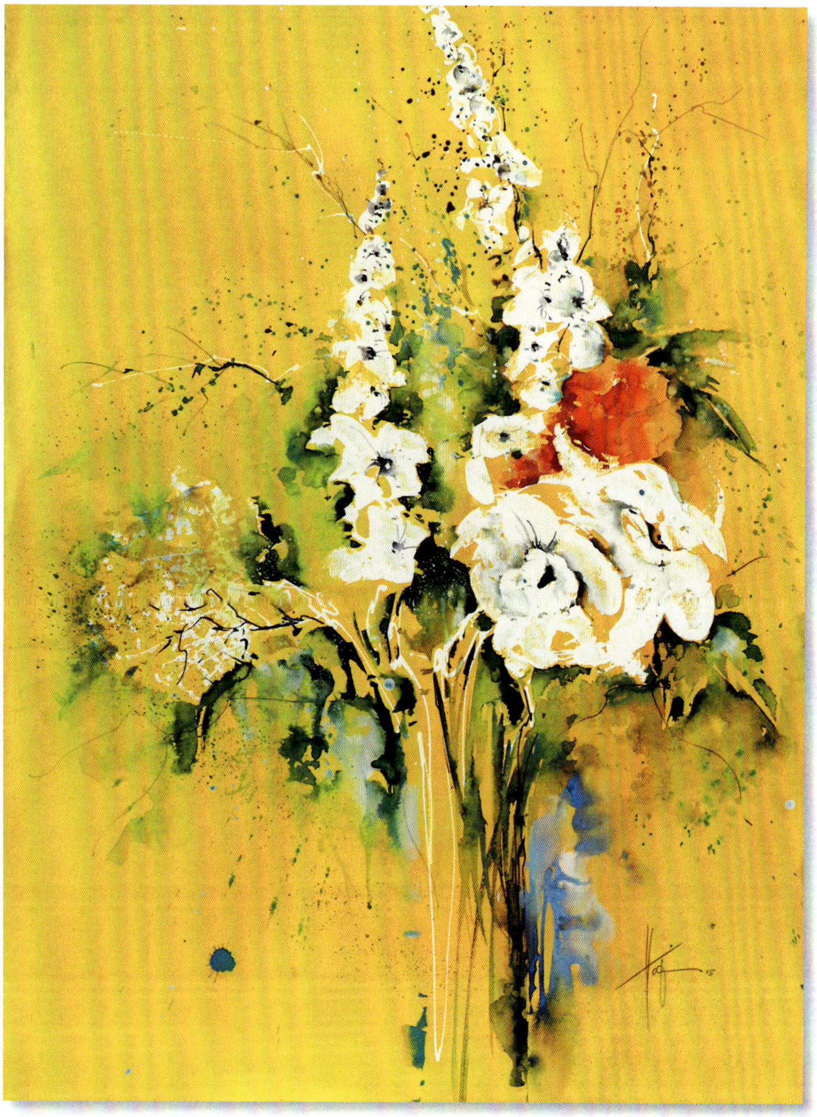

Die Stängel, die am unteren Bildrand als Bündel zusammengefasst werden, ziehen sich durch die gesamte Bildhöhe, bis sie am oberen Rand filigran enden. Bodenhaftung und Halt erhält die Komposition durch den Blauton, der den Stängeln im unteren Teil des Bildes beigestellt ist.

Blüten vor gesprühtem Hintergrund

Die malerische Vorgehensweise ist Ihnen bereits von den vorhergehenden Bildern bekannt. Was sich nun ändert, ist die Gestaltung des Hintergrunds nach dem Auftragen des Maskiermittels. Statt mit Aquarellfarben wird diesmal mit Airbrushfarbe im Farbton Basis Magenta gesprüht. Da die Farbe sehr flüssig ist, kann sie mit einem Fixativsprüher aufgetragen werden.

Papier: Hadern, Büttenpapier „Ekkehardt Hofmann", 640 g/m², satiniert, 56 cm x 76 cm
Farben: Gelbgrün, Grünoliv, Perylene Grün, Kobaltblau hell, Ultramarin feinst, Indigo, Indischgelb
Airbrushfarbe: Basis Magenta

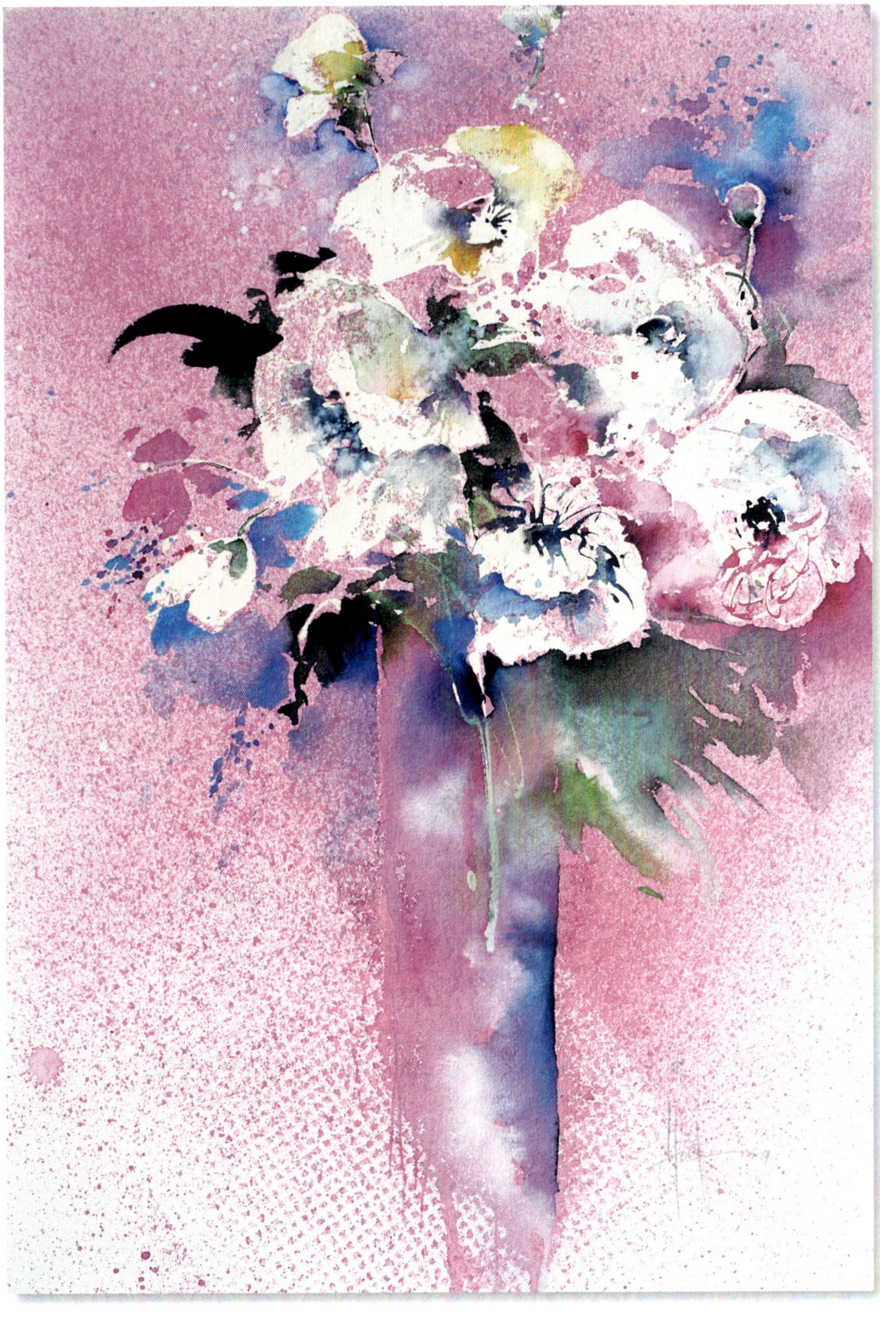

Wie Sie auf der Abbildung gut erkennen können, verteilen sich die Farbpigmente wie ein feiner Film. Durch einen gezielteren Farbauftrag am oberen Bildrand und weniger Sprühaktivität zum unteren Bildrand hin erreicht man hier bereits im Hintergrund eine Differenzierung. Nach unten hin gelingt mir eine fast vollständige Auflösung, indem ich eine Lochschablone am unteren Bildrand platziere und deren Struktur in meine Komposition einbeziehe.

Herbstblätter

Papier: Hadern, Büttenpapier „Ekkehardt Hofmann“, 640 g/m², satiniert, 38 cm x 56 cm
Farben: Indischgelb, Goldocker, Brasilbraun, Siena gebrannt, Perylene Maroon, Vandyckbraun, Quinacridone Gold
Airbrushfarben: Basis Gelb, Indischgelb, Siena, Brasil Braun für den Hintergrund, Weiß deckend für die Lichter
Effektspray: in Schwarz und Weiß

Parallel zu den Blumenbildern vor farbiger Kulisse habe ich immer wieder mit dem Thema Herbstlaub und Herbstwälder in dieser Technik experimentiert.

Auf dem angefeuchteten Blatt ist durch Verläufe mit den Airbrushfarben Basis Gelb, Indischgelb, Siena und Brasil Braun eine changierende Farbfläche entstanden. Die Strukturen, die dabei zutage treten, lasse ich bewusst auftrocknen. Nach dem Trockenvorgang unterziehe ich das Ergebnis einer eingehenden Betrachtung und beginne dann an der Stelle mit dem Malvorgang, an der ich zuerst eine Form erkenne, die in meine Bildidee passt. Bei diesem Bild waren es die Blattformen, die ich durch Hinterlegung betont herausarbeite.

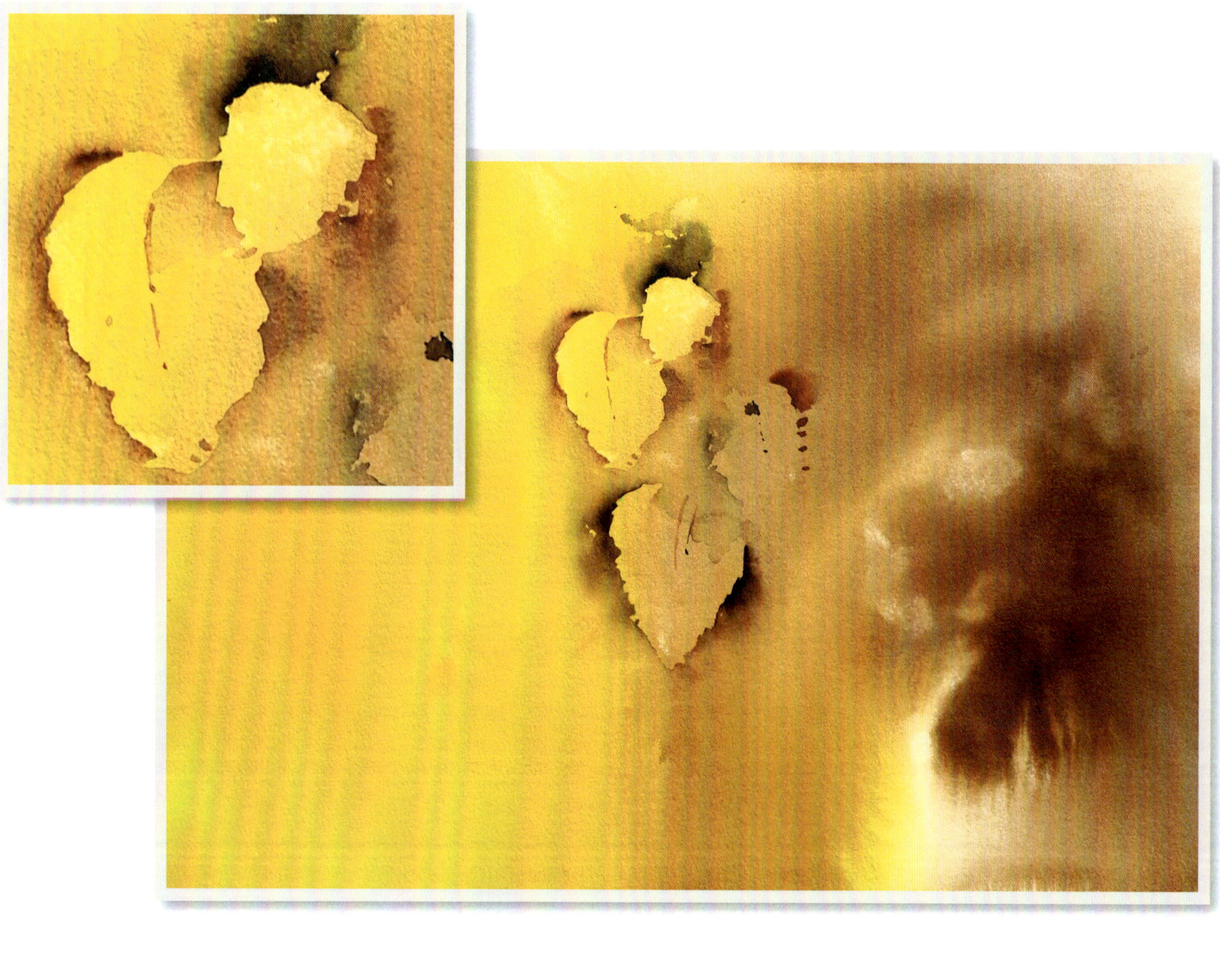

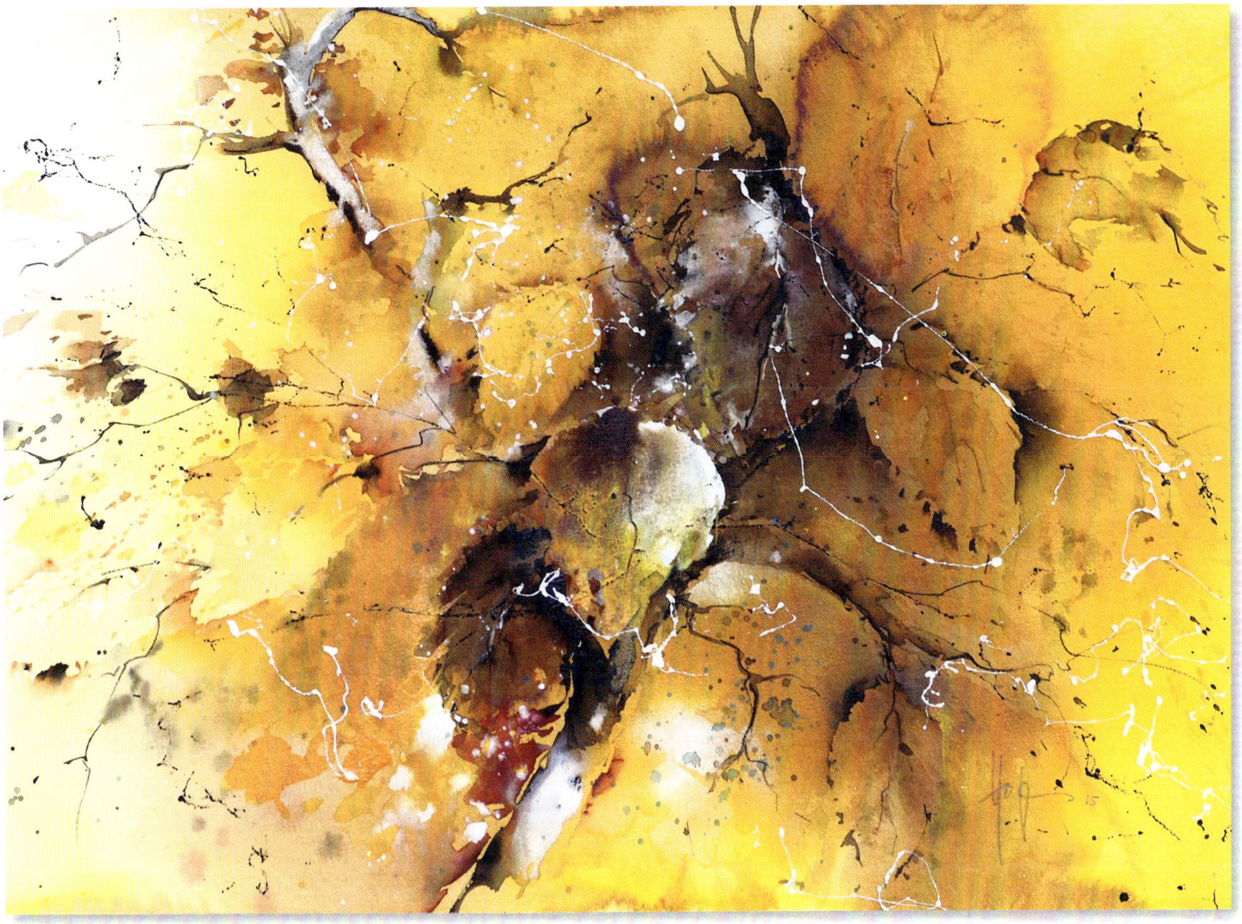

Nachdem die Grundierung getrocknet ist, entsteht aus den Rändern heraus das erste Blatt im zentralen Bildbereich. Es erstaunt mich immer wieder, wie das Auge nach der Anlage des ersten Bildelements dauernd weitere Motivteile entdeckt.

Im Laufe des Arbeitens verdichtet sich die Laubmenge zusehends. Damit diese Verdichtung nicht langweilig wird, sorge ich für Abwechslung, indem ich bei der Gestaltung der Blätter zwischen negativen und positiven Formen abwechsle.

Damit die Komposition einen Halt erhält, wird ein durchgehender, verzweigter Ast einbezogen. In die noch nasse Astfarbe lasse ich einen Tropfen weißer Airbrushfarbe hineinlaufen. Das in der Farbe enthaltene Netzmittel verdrängt teilweise den Grundauftrag und führt zu einem strukturierten Oberflächeneindruck.

Aus dem farblich konzentrierten Mittelteil heraus lösen sich die Blätter zum Außenrand hin auf. Einige dünne Linien entsprechen den feinen Verästelungen der Blattadern. Weißes und schwarzes Effektspray gibt dem Gesamtbild zum Schluss einen speziellen Touch.

Herbstwald

Papier: Hadern, Büttenpapier „Ekkehardt Hofmann“, 640 g/m², Feinkorn, 38 cm x 56 cm
Farben: Lasurorange, Goldbraun, Siena gebrannt, Vandyckbraun, Quinacridone Gold, Kobaltblau hell
Airbrushfarben: Basis Gelb, Indischgelb, Goldocker

Der weiche Verlauf der Grundierungsfarben von einem hellen Gelb am Himmel zu einem dunkleren Ton in Bodennähe entspricht der Abendstimmung eines sonnigen Tages und verleiht dem Hintergrund eine ruhige Ausstrahlung.

Davor stehen im Gegenlicht die Baumstämme eines lichten Waldrandes. Mit den verschiedenen Gold- und Brauntönen ziehen sich die Baumstämme bis zum oberen Bildrand hin. Sie enden in unterschiedlicher Höhe auf dem Boden, woraus sich die perspektivische Räumlichkeit ergibt.

Nur der noch kleine Baum in der Bildmitte zeigt sein komplette Laubwerk. Der Eindruck der Belaubung entsteht durch das Übereinanderlegen von Farbflecken und Farbtupfern. Am Verlauf des Schattenwurfes kann man den Sonnenstand erkennen. Im Gesamteindruck entsteht durch die Ton-in-Ton-Farbgebung eine harmonische, meditative Stimmung.

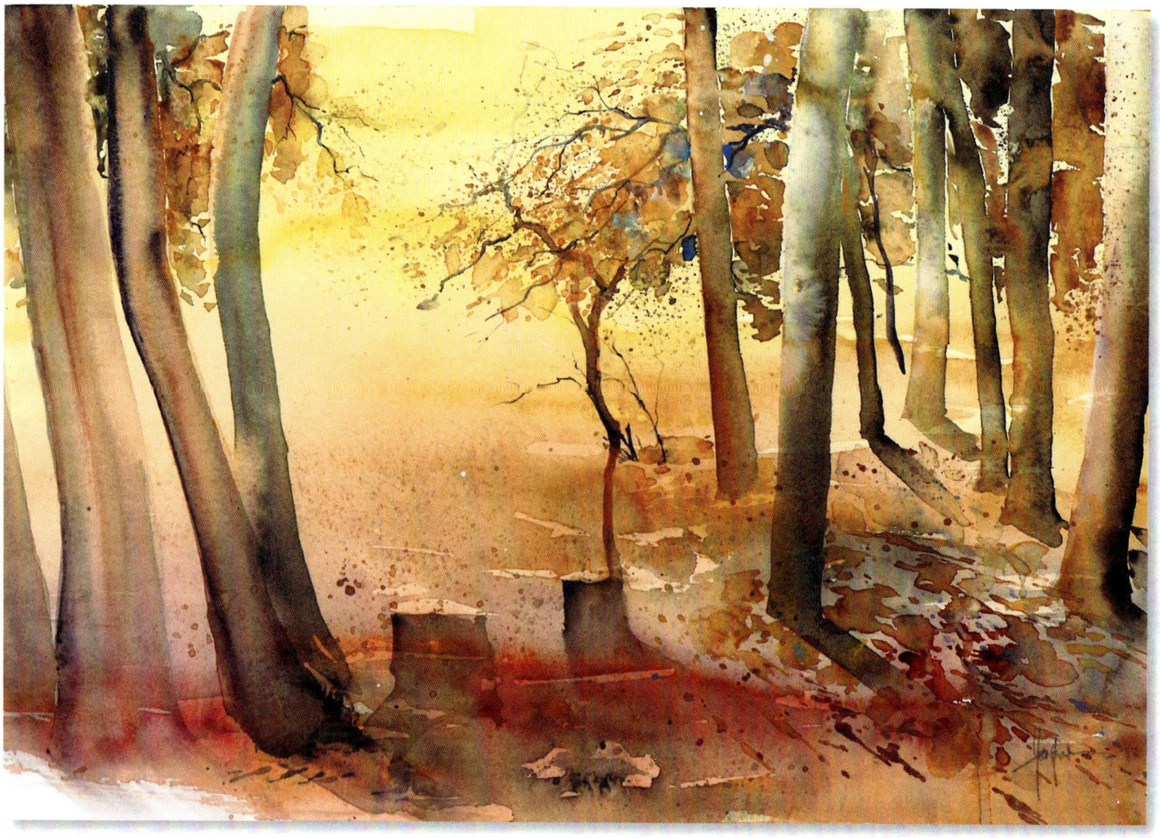

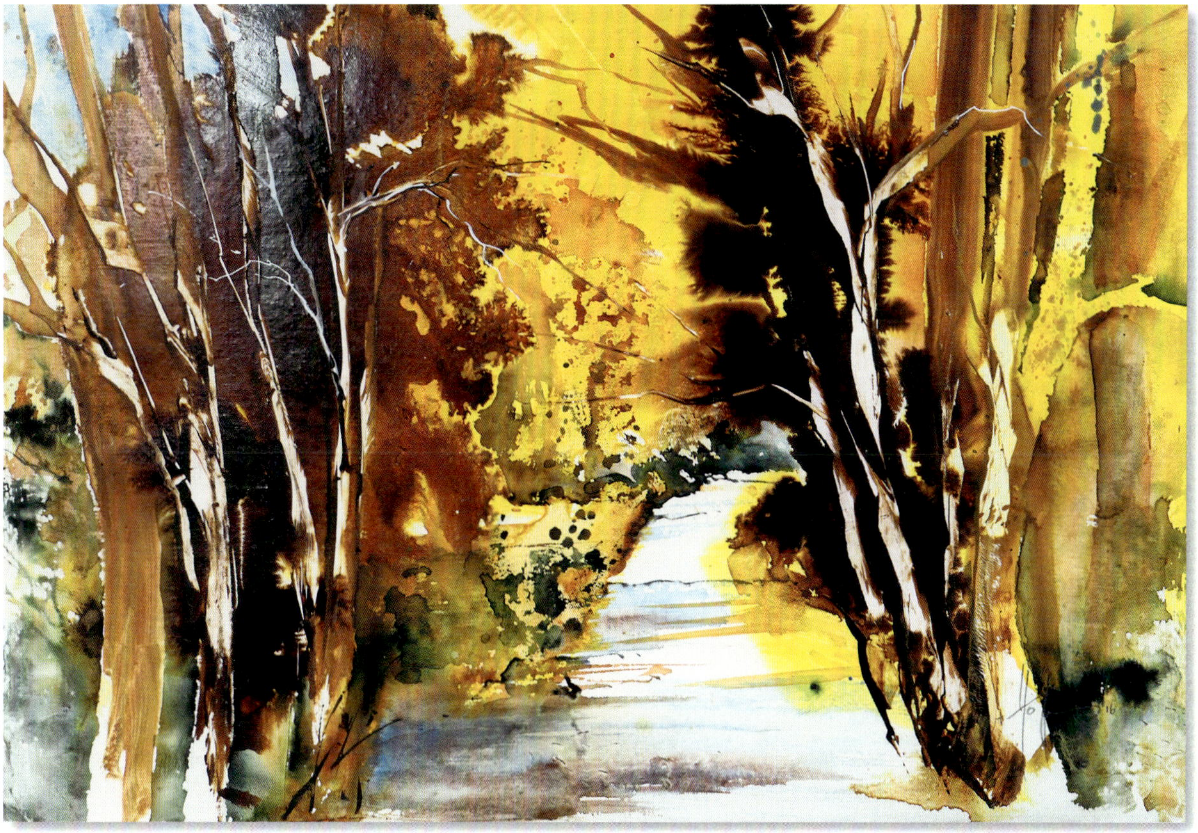

Waldweg im Herbst

Bei dieser Bildgestaltung hat der Zufall eine große Rolle gespielt. In die Grundierung mit den Gelbtönen habe ich etwas zu viel Brasilbraun hineinlaufen lassen. Diese intensive Braunzugabe hat sich sehr dominant ausgebreitet. Bei genauerer Betrachtung haben mir eigentlich nur die ausgefransten Ränder gefallen, die den Astspitzen in der Natur ähnlich waren. Was aber sollte mit dem flächigen, unstrukturierten Mittelteil geschehen?

Bei einem Schabeversuch mit einem Spachtel stellte ich fest, dass sich die Farbe teilweise verschieben lässt. So sind die Stämme entstanden – die Voraussetzung für eine weitere Bearbeitung war gegeben.

Den Wegverlauf habe ich von Anfang an ausgespart und damit eine Führungsachse in die Komposition hinein geschaffen. Ein paar Stämme sind durch die Hinterlegung mit den Grüntönen entstanden. Die wechselweise Anordnung von positiv gemalten und negativ ausgesparten Baumstämmen gestaltet das Bild lebendig und verleiht ihm einen besonderen Charakter.

Papier: Hadern, Büttenpapier „Ekkehardt Hofmann“, 640 g/m², satiniert, 38 cm x 56 cm
Farben: Bergblau, Olivgrün, Perylene Grün
Airbrushfarben: Basis Gelb, Indischgelb, Brasilbraun

Aquarellfarbe spachteln

Aquarellfarben aus der Tube sind sehr gut geeignet, um freie Bildgestaltungen zu schaffen. Beim Farbauftrag mit dem Spachtel oder Malmesser entsteht am Ansatzpunkt eine gerade Farbfläche, die beim Verziehen unregelmäßig ausläuft.

Ich experimentiere gerne mit solchen Bildlösungen. Sie entsprechen meiner Vorstellung, dass man sich selbst und die Möglichkeiten der Aquarellmalerei stetig weiterentwickeln sollte.

Blumenstrauß

Für dieses Motiv in Spachteltechnik habe ich den Malgrund zunächst angefeuchtet und anschließend mit Airbrushfarbe im Ton Basis Gelb einen unregelmäßigen Farbverlauf angelegt. Als dieser getrocknet war, konnte ich den Blumenstrauß gestalten. Die Rottöne harmonisieren dabei gut mit dem gelben Hintergrund, während die verschiedenen Blauuancen für den Kontrast und die Räumlichkeit zuständig sind.

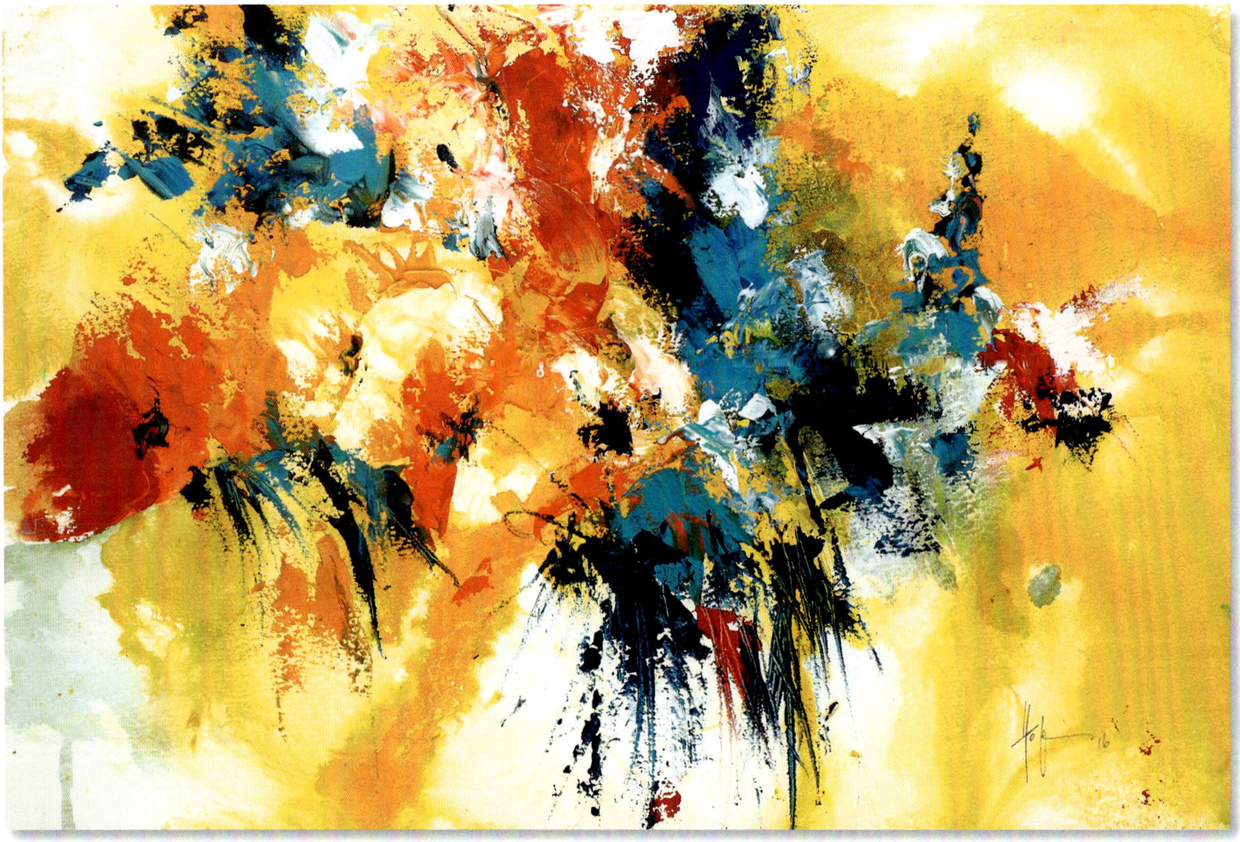

Freie Formen

Bei dieser abstrahierten Weiterentwicklung kommen zwei ungewöhnlichere Vorgehensweisen für die Aquarellmalerei zusammen: das Aufspachteln von Farbe und die Verwendung von Leinwand als Malgrund.

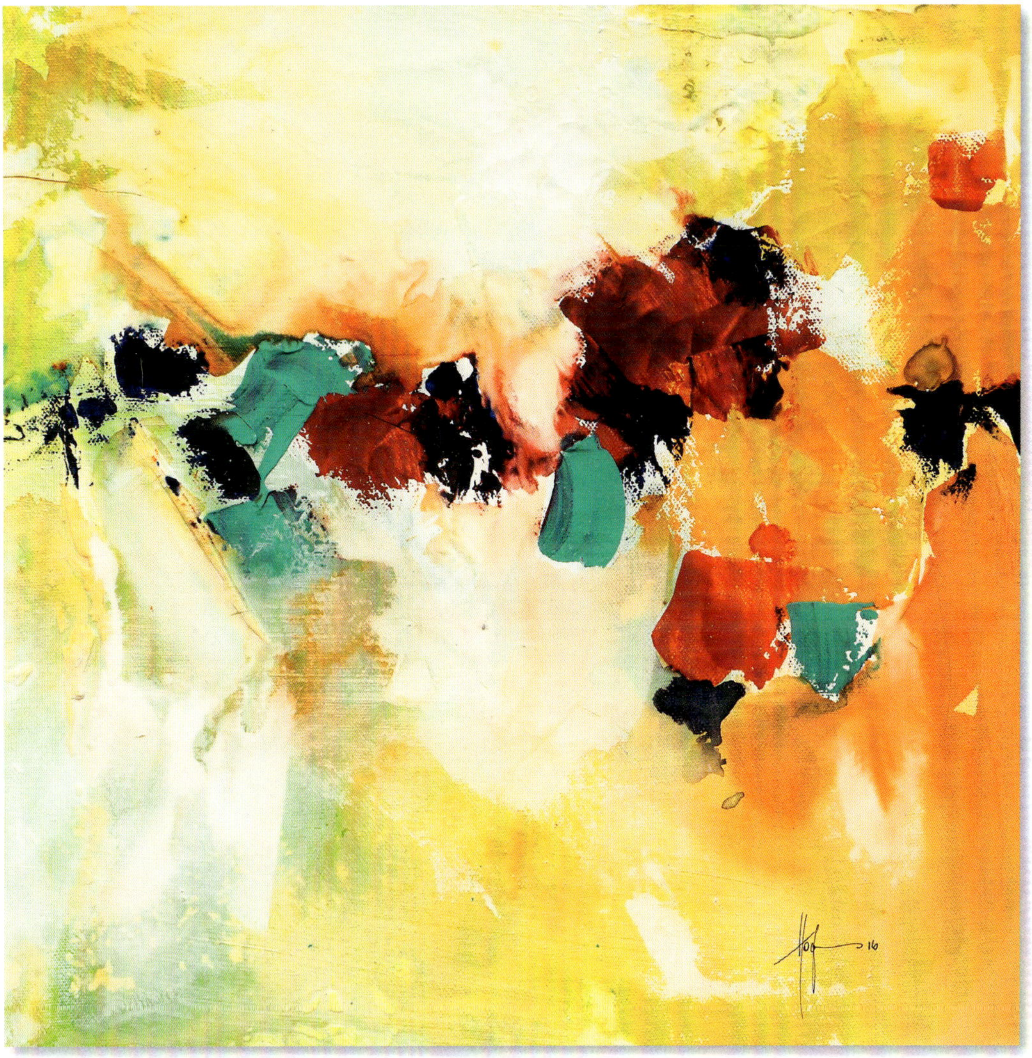

Bei diesem Bild bestimmen Farbrhythmen und unterschiedliche Flächengrößen die Komposition. Die Farbflächen entwickeln sich größenmäßig von links nach rechts und spannen den Hauptteil in die Leinwand ein.

Im Hintergrund werden die Flächen immer größer und diffuser. Diese Zurückhaltung sorgt dafür, dass sich das Farbband im Mittelfeld hervorhebt.

Aquarelle auf Leinwand

Aquarelle auf Leinwand zu malen mag Ihnen im ersten Moment ziemlich ungewöhnlich erscheinen. Meine Meinung dazu lautet: Warum denn nicht? Probieren Sie es doch einfach einmal aus!

Es ist möglich, die Leinwand vorab zu grundieren (s. Seite 79), um ihre Eigenschaften denen des Aquarellpapiers anzugleichen, es muss aber nicht sein. Während des Malprozesses mische ich meinen Farben den Malzusatz Aquafix bei, damit die Farbe wasserfest auftrocknet. Meine Malschritte laufen also folgendermaßen ab: zuerst mit dem Pinsel Wasser aufnehmen, dann die Farbe und im Anschluss daran den Pinsel in Aquafix tauchen. Um eine schöne Leuchtkraft zu erreichen, verwende ich die Aquarellfarben direkt aus der Tube.

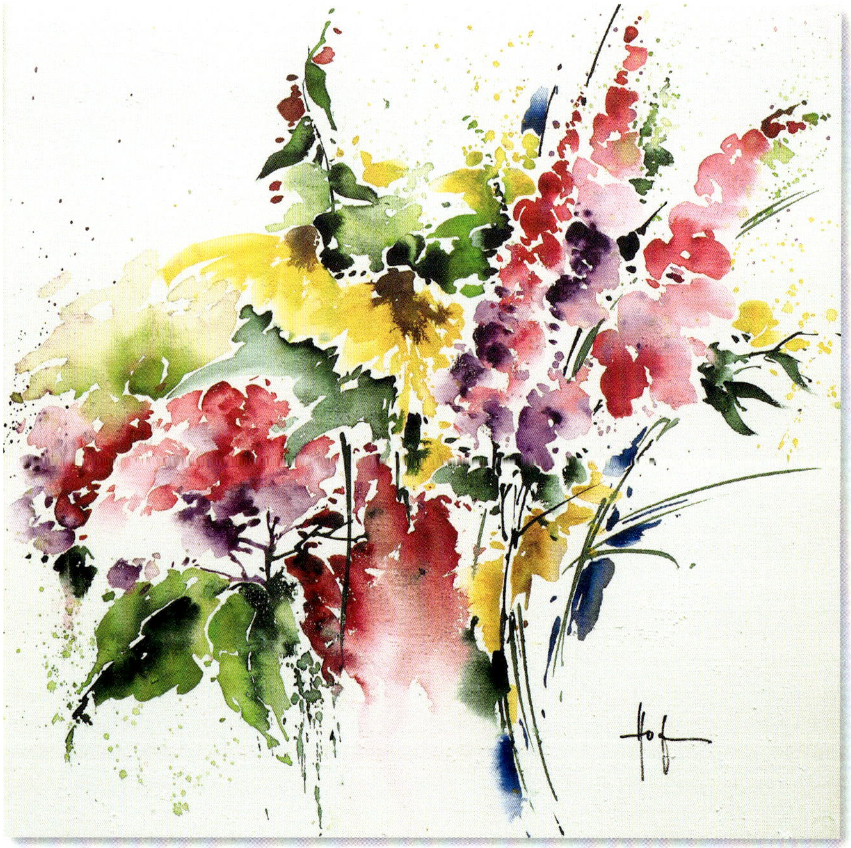

Blumenstrauß

Meine Vorgehensweise beim Malen auf Leinwand unterscheidet sich nicht vom Arbeiten auf Papier. Die Farben, Reingelb, Purpurmagenta, Kobaltviolett, Ultramarin feinst, Grünoliv und Perylene Grün, trage ich nacheinander in der angegebenen Reihenfolge auf. Beginnend mit den hellen Gelbtönen arbeite ich zu den dunklen Tönen hin. Nachdem die Farbe nicht in die Leinwand eindringen kann, steht sie länger auf der Oberfläche und kann dadurch weich verzogen werden.

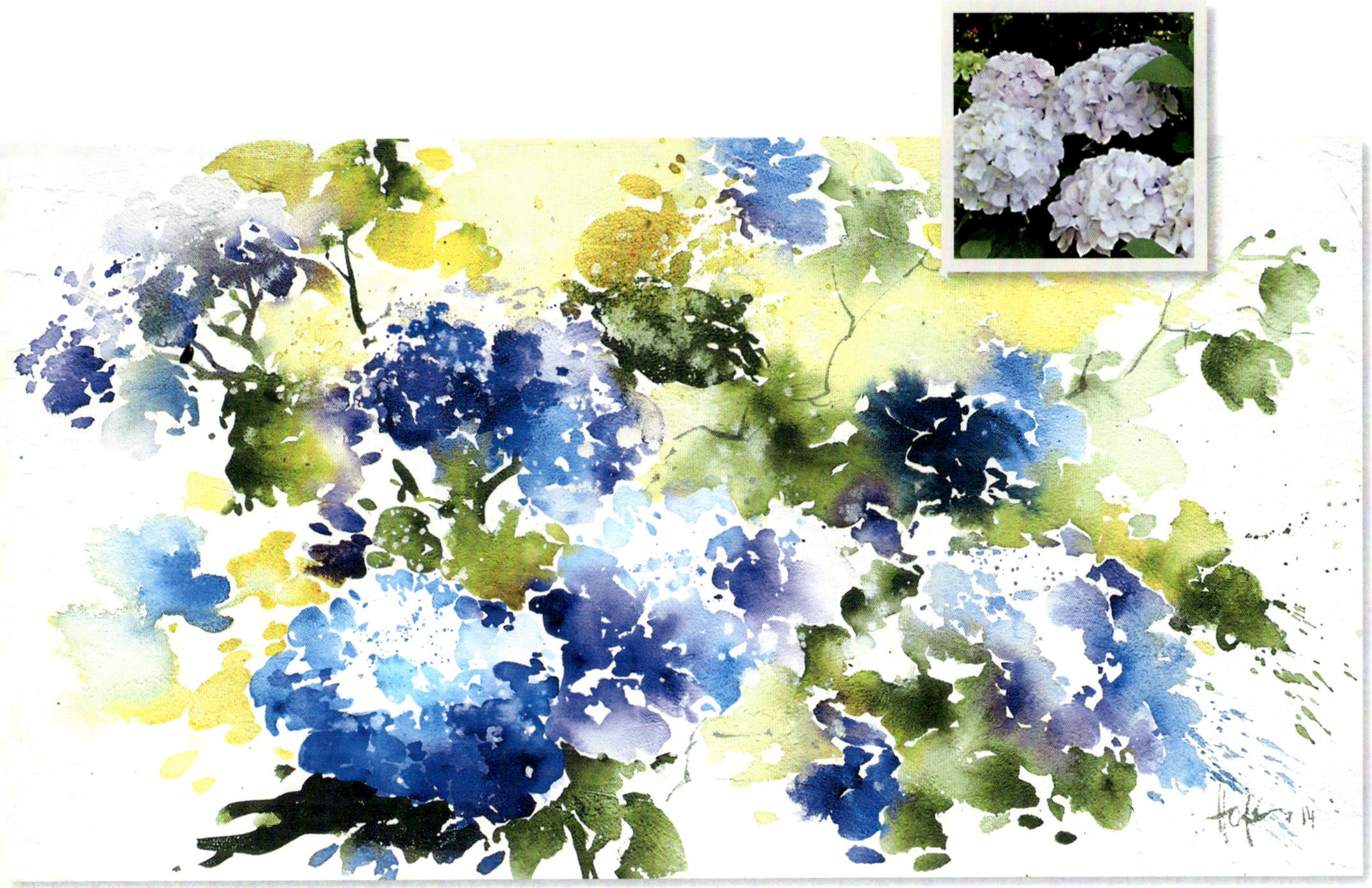

Hortensien in drei Varianten

Leinwand: 30 cm x 60 cm
Farben: Lasurorange, Tiefrot, Purpurmagenta, Kobaltviolett, Coelinblau, Kobaltblau hell, Ultramarin violett, Gelbgrün, Olivgrün, Grünoliv, Vandyckbraun

Unter Berücksichtigung von vielen Weißanteilen entstehen die kugelartigen Blütenstände der Hortensien: Im oberen Bereich der Blütenform viel Helligkeit und nach unten hin kompakte Farbaufträge. Die dazwischenliegenden Blätter grenzen zum einen die Hortensienblüten ab, zum anderen ergeben sie eine starke Kontrastwirkung.

Der Farbverlauf und die Lichtreflexion hängen sehr stark von der Oberflächenstruktur des Bildträgers ab. Ebenso wie bei den unterschiedlichen Oberflächen der Aquarellpapiere wirkt sich auch die Oberfläche der Leinwände auf den Farbverlauf aus. Jute ist ein sehr stark strukturiertes Gewebe. Die Farben verlaufen auf diesem Untergrund stärker in die Fläche. Exakte Konturen sind die Ausnahme. Der Gesamteindruck wirkt rustikaler als auf einer glatten Leinwandoberfläche.

Hortensien in drei Varianten

Leinwand: 30 cm x 60 cm
Farben: Lasurorange, Tiefrot, Purpurmagenta, Kobaltviolett, Coelinblau, Kobaltblau hell, Ultramarin violett, Gelbgrün, Olivgrün, Grünoliv, Vandyckbraun

Ich erlebe meine Hortensienpflanzen im Garten als mächtige, sich breit ausdehnende Blütenbüsche. Diesen Eindruck hatte ich vor Augen, als ich mit dem Malen auf den Leinwänden begann. Obwohl das Format nicht sehr groß ist, entsteht durch die flächige Malweise ein ausdrucksstarkes Blütenmeer. Die Gesamtkomposition, eingespannt in die Leinwandgröße und angelegt mit einer Entwicklung in die Breite, bringt meine Eingangsgedanken zum Tragen.

Die dunklen Hinterlegungen mit den Grüntönen entsprechen der Belaubung und heben die Blütenstände in den Vordergrund.

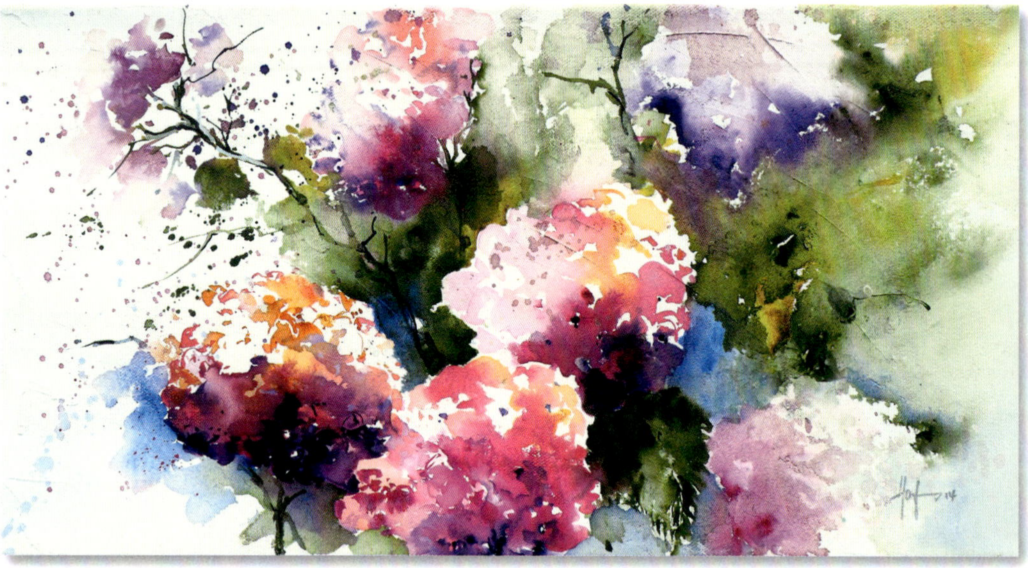

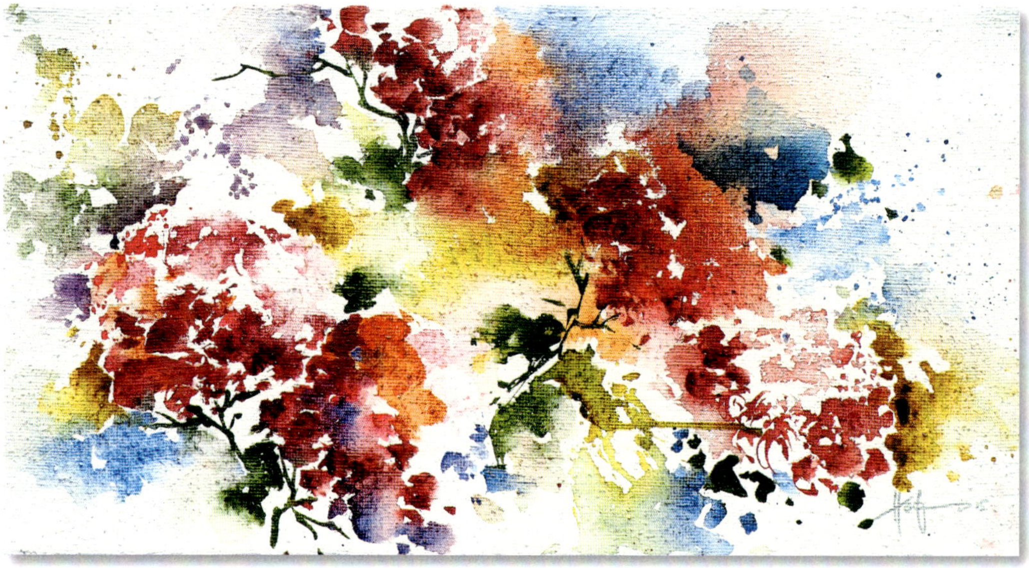

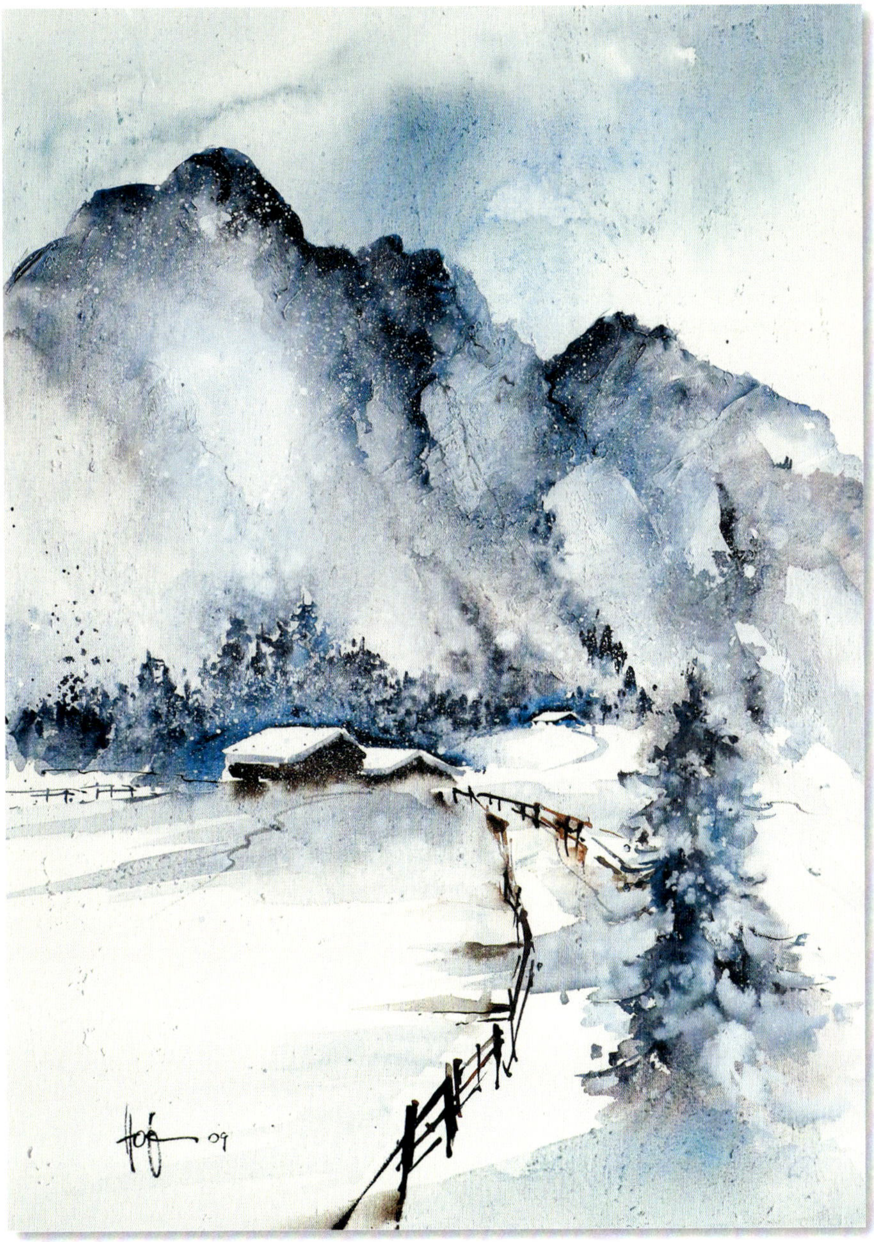

Winter im Gebirge

Eine fast monochrome Komposition, die überwiegend mit Caput mortuum entstanden ist. Gerade dann, wenn fast nur ein Farbton verwendet wird, muss beim Farbauftrag sehr differenziert vorgegangen werden.

Pigmentverdichtungen führen zu dunklen Farbflächen, die den Schattenzonen nahekommen. Verwaschenere Bildpartien entsprechen eher den vom Licht beschienenen Sonnenseiten. Der Weidezaun grenzt den Weg ab und führt zu der Berghütte hin.

Effekte mit Sprühlack und Alkohol

Ich habe bereits mehrfach betont, dass es mir auf meinem Weg zum zeitgemäßen, gelungenen Aquarell wichtig ist, meine Malerei weiterzuentwickeln – mit Maltechniken und Malmitteln, die dem aktuellen Standard entsprechen. Dazu gehört beispielsweise, auf experimentellem Wege interessante Oberflächenstrukturen und Texturen zu schaffen.

Eine Möglichkeit, dies zu erreichen, besteht darin, zwei Medien zusammenzubringen, die sich zunächst nicht miteinander vertragen: wasserlösliche Aquarellfarbe und lösemittelhaltiger Lack.

Zuerst lege ich zusätzlich einen Wasserfilm über die Stelle, auf der ich den Sprühlack auftrage, falls die Feuchtigkeit der Aquarellfarbe nicht mehr ausreicht. Auf diesen Wasserfilm sprühe ich jetzt fein verteilt die Lackfarbe. Aufgrund ihrer chemischen Zusammensetzung schwimmt diese auf der Oberfläche und bildet Schlieren. In diesen Lackfilm hinein sprühe ich nun eine ethanolhaltige Lösung wie etwa Spiritus. Der Alkoholzusatz reißt den Lackfilm auf und lässt ein unregelmäßiges, eigenwilliges Farbergebnis entstehen. Anschließend heißt es nur noch warten, bis alle Komponenten abgetrocknet sind.

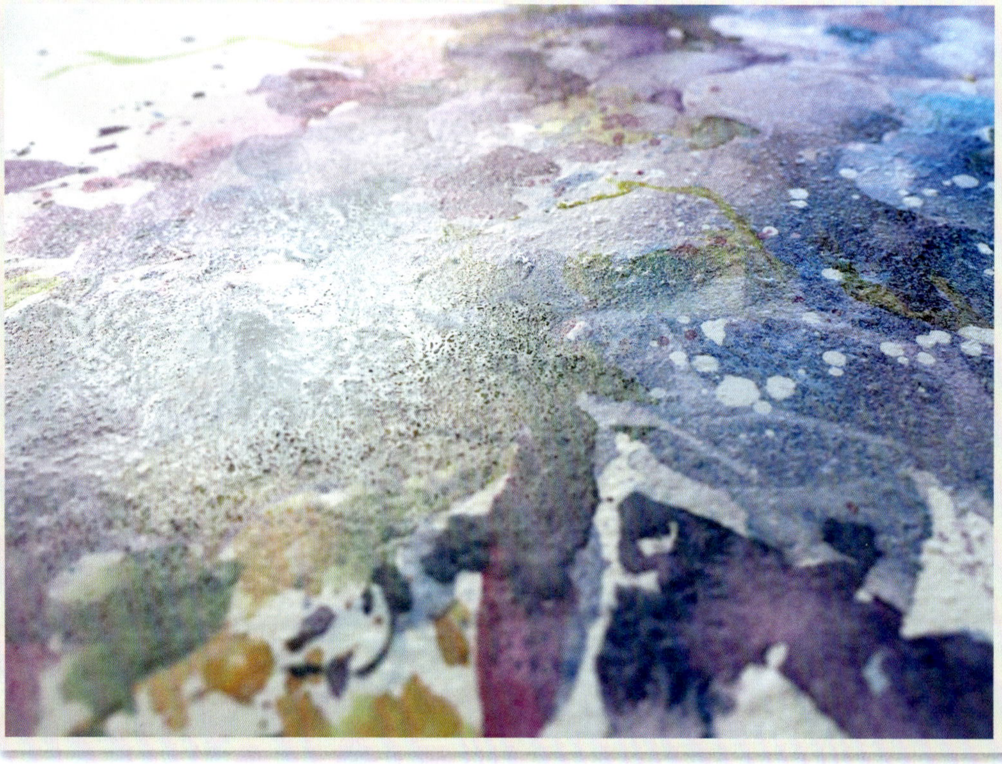

Nachgefragt: Techniken und Effekte

Wie wasche ich meine Bilder bei der Absprengtechnik am besten aus?

Je nach Trockenzustand meines Bildes differenziere ich den Wasserstrahl. Hartnäckige, schon länger angetrocknete Farbstellen bearbeite ich mit einem scharfen Strahl aus einer Sprühflasche.

Warum ist Airbrushfarbe die beste Grundierung für Zwei-Phasen-Bilder?

Verdünnte Airbrushfarbe trocknet wasserfest auf. Alle nachfolgend eingesetzten Maltechniken mit Aquarellfarbe lösen diese Grundierung nicht an und können deshalb sehr experimentell angewandt werden.

Eignen sich auch sehr grobe Maltücher wie beispielsweise Jute für Aquarelle auf Leinwand?

Das Wechselspiel der Untergrundstrukturen der Leinwände führt zu abwechslungsreichen Bildaussagen, wie beim Beispiel der Hortensien-Serie auf Seite 101 f. ersichtlich ist. Je nachdem, welchen Farbverlauf ich wünsche, setze ich auch Jute als Maltuch ein.

Welche Sprühlacke eigenen sich, um im Zusammenspiel mit Wasser besondere Farb- und Oberflächeneffekte zu erzielen?

Achten Sie in jedem Fall darauf, dass die Sprühfarbe Lösungsmittel (Kunstharz) enthält. Die Dosen müssen entsprechend gekennzeichnet sein. Reine Dekolacke, wie sie oft zum Basteln verwendet werden, erfüllen den Zweck meist nicht und führen nicht zum gewünschten Ergebnis.

Kann ich auch mehrere Techniken und Effekte in ein Bild einbringen?

Meine Devise lautet: Alles ausprobieren! Nur dann entstehen neue Effekte und Bildaussagen. Gerade das Einbringen von neuen, auf dem Markt erschienenen Materialien hat in der Vergangenheit, und wird das auch in der Zukunft tun, zu vielfältigen, interessanten Darstellungen geführt.

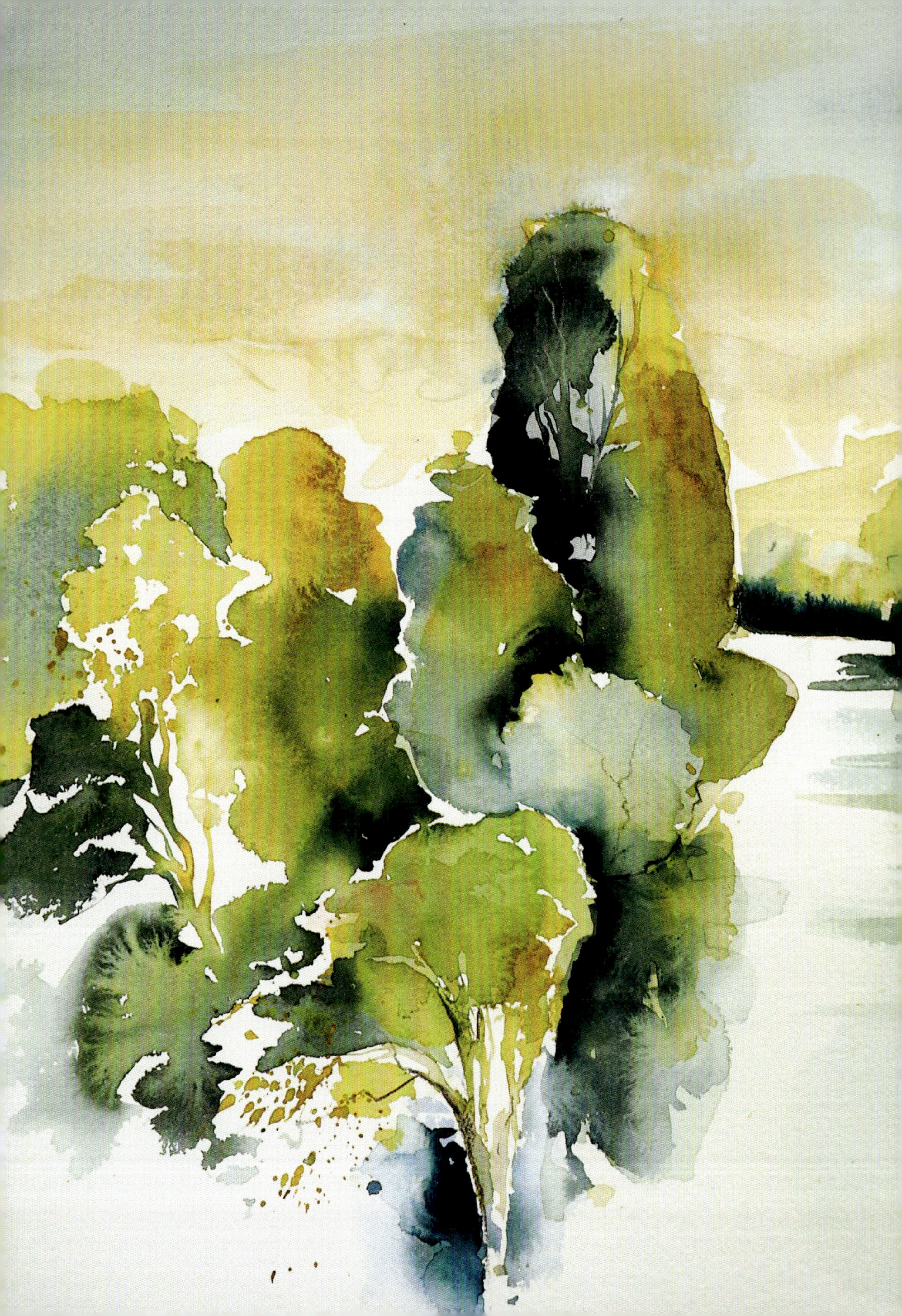

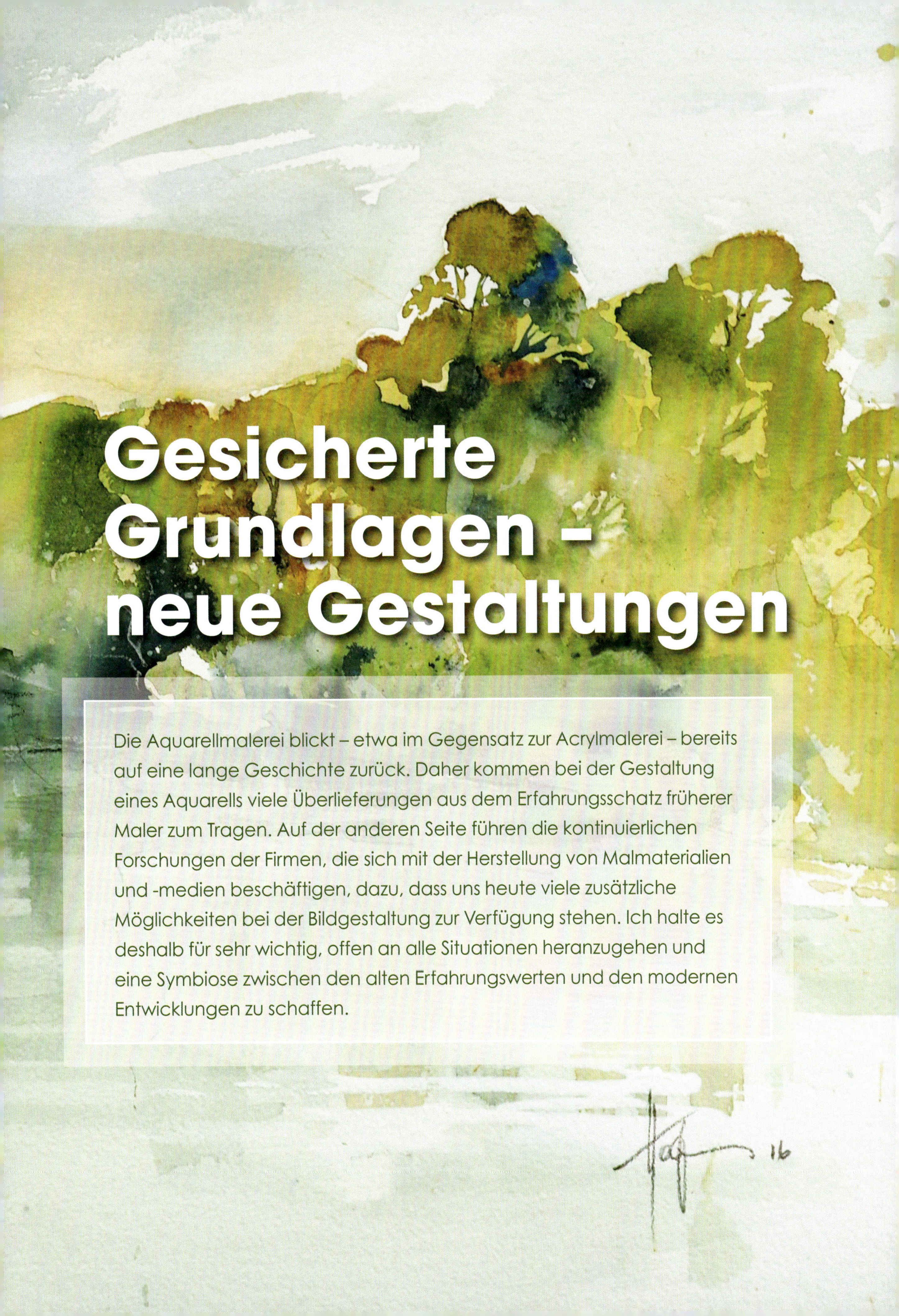

Gesicherte Grundlagen – neue Gestaltungen

Die Aquarellmalerei blickt – etwa im Gegensatz zur Acrylmalerei – bereits auf eine lange Geschichte zurück. Daher kommen bei der Gestaltung eines Aquarells viele Überlieferungen aus dem Erfahrungsschatz früherer Maler zum Tragen. Auf der anderen Seite führen die kontinuierlichen Forschungen der Firmen, die sich mit der Herstellung von Malmaterialien und -medien beschäftigen, dazu, dass uns heute viele zusätzliche Möglichkeiten bei der Bildgestaltung zur Verfügung stehen. Ich halte es deshalb für sehr wichtig, offen an alle Situationen heranzugehen und eine Symbiose zwischen den alten Erfahrungswerten und den modernen Entwicklungen zu schaffen.

Das Licht im Aquarell

In der klassischen Aquarellmalerei gibt es die Farbe Weiß nicht. Sollen Motivteile oder Details weiß abgebildet werden, macht man sich stattdessen das Papierweiß zunutze und spart die betreffenden Stellen aus. Das Weiß im Aquarell ist aber nicht nur die Gegenstandsfarbe bestimmter Objekte wie etwa Schneeflächen oder Blumen, es besteht auch ein enger Zusammenhang zum Licht. Diejenigen Motivstellen nämlich, die im Licht stehen, erscheinen sehr hell bis hin zu einem reinen Weiß.

Es empfiehlt sich, für diese Gegebenheiten einen Blick zu entwickeln. Eine genaue Betrachtung des Motivs hilft zu erkennen, wo sich Lichtseiten befinden, um diese dann beim Malen weiß stehen zu lassen. Viele Einsteiger in die Aquarellmalerei machen den Fehler, sich nicht vorab über die Weißanteile ihres Motivs Klarheit zu verschaffen. Sie möchten ein Motiv so realistisch wie möglich abbilden, erkennen zunächst keine explizit weißen Stellen und füllen das ganze Blatt. Aber sehr schnell stellt sich heraus, dass der Gesamteindruck des Aquarells zu dunkel ist und häufig zu wenig Kontrast hat. Deshalb gilt: Auch wenn vom Licht beschienene Stellen bei der Motivvorlage farbig sein sollten, werden sie beim Malvorgang weiß ausgespart! Erst bei den Abschlussarbeiten und der finalen Bildbetrachtung können dann noch nötige Farbnuancierungen erfolgen.

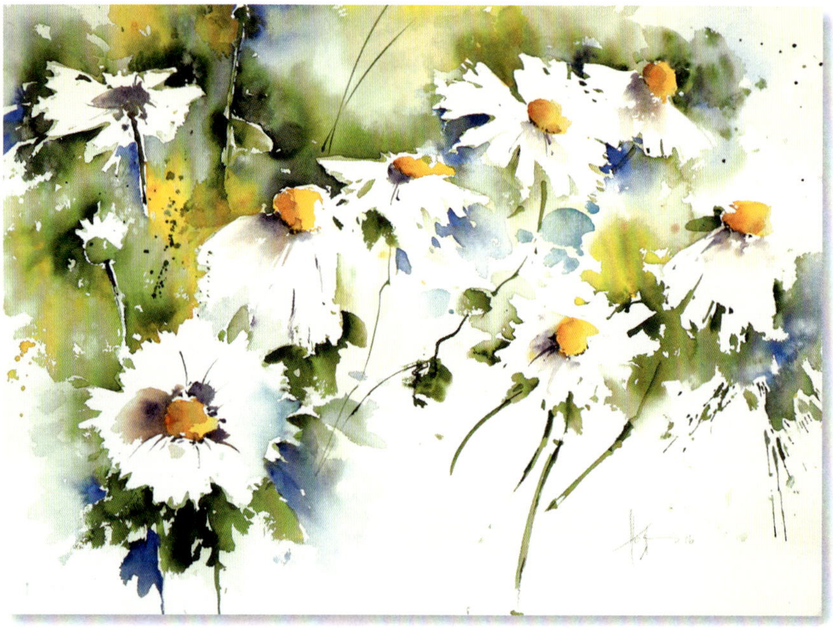

Margeritenwiese

Ein klassisches Motiv, um Weiß- bzw. Lichtanteile zu erkennen und zu berücksichtigen, ist eine Margeritenwiese. Die Blüten entstehen lediglich durch eine malerische Hinterlegung mit verschiedenen Grünnuancen. Verschiedene Ansichten und Wachstumsstadien bringen Abwechslung in der Bildkomposition. Der Blütenstempel, mit den Farben Indischgelb und Siena gebrannt angelegt, gibt dem Bild Farbe und Lebendigkeit. Wichtig ist, unterhalb des Blütenstempels eine Schattenlasur anzulegen, damit dieser perspektivisch herausgehoben wird.

Im Gebirge

Bergmotive leben zu einem großen Teil davon, dass Licht- und Schattenzonen in das Bild eingebracht werden. Der richtige Einsatz dieser Hell-Dunkel-Bereiche lässt malerisch nicht nur schneebedeckte Gipfel, sondern auch in tiefer liegenden Gebirgszonen die Berge entstehen. Wichtig dabei ist, dass sich der Farbauftrag dem Verlauf der Landschaftsstrukturen anpasst. Abfallende, schräge Linien weisen auf die Höhenunterschiede hin, fast waagerecht verlaufende Farbaufträge stellen die verschiedenen Landschaftszonen dar.

Der im Gesamtaquarell stark strukturierte Farbauftrag entspricht einer Hochgebirgsregion, deren Landschaft harte Kanten und Strukturen aufzeigt.

Genaue Motivbetrachtung

Eine genaue Motivbetrachtung ist wichtig, um sich vorab über die Weißanteile des Motivs Klarheit zu verschaffen. Resultat dieser Analyse sollte dann ein im Kopf bereits entstandenes Bild sein, in welchem man die weißen Kompositionsteile festlegt und während des gesamten Malvorgangs stehen lässt.

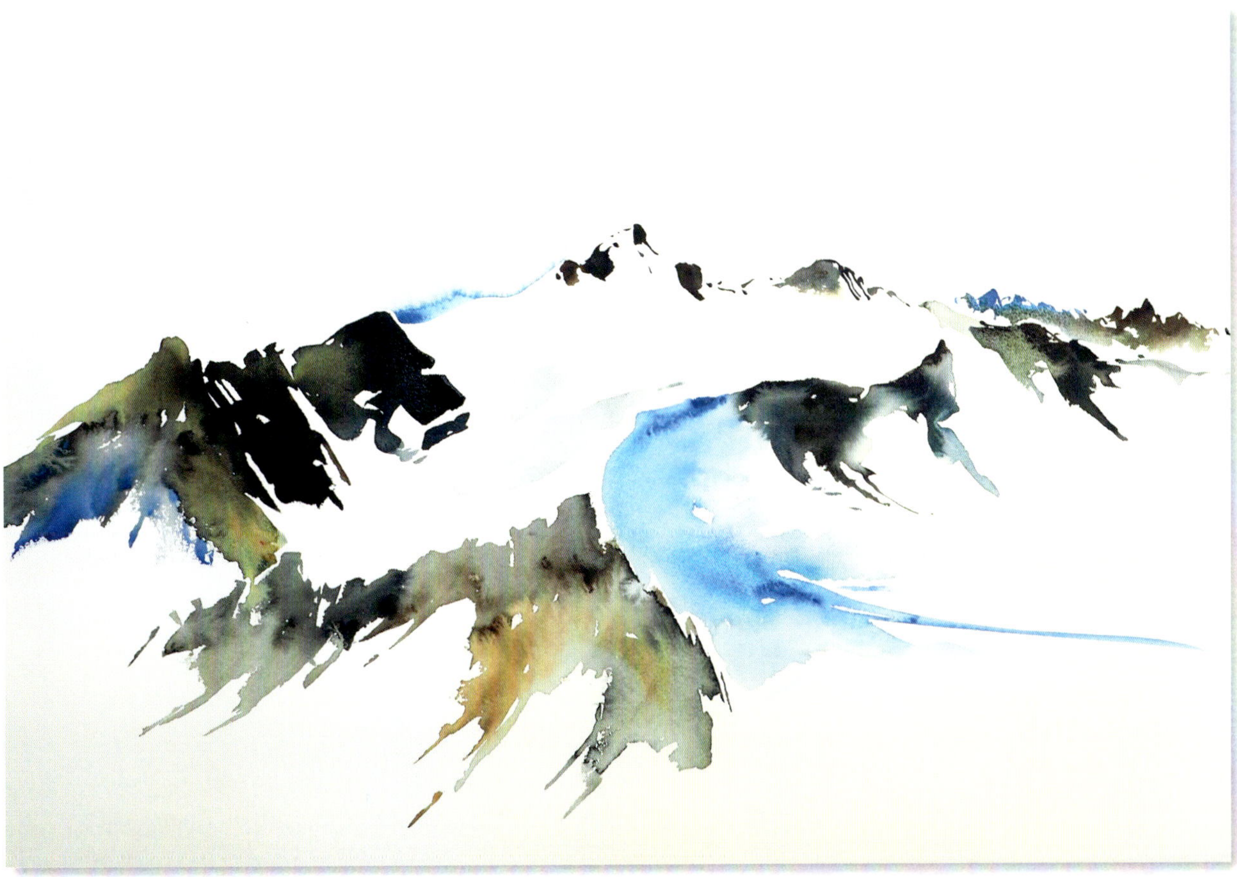

Winter im Gebirge

Die Farbskizze zu den winterlichen Gebirgshäusern ist ein Übungsblatt, anhand dessen Sie alle Grundsätze für die Berücksichtigung der Weißanteile nachvollziehen können.

Die nur leicht geneigten Dachflächen sind schneebedeckt und bleiben ganz weiß. Aber allein schon die Kanten dieser Schneeauflage sind nicht mehr dem Licht zugewandt und erscheinen – malerisch vermittelt durch eine Lasur – deshalb etwas dunkler. Mit dieser Lasur wird gleichzeitig die Dicke des Schneepakets sichtbar.

Im Hinblick auf das Baumaterial der Häuser genügen einige Andeutungen, um dessen Charakter, Stein oder Holz, nachvollziehbar zu machen. Auf der Schattenseite der Gebäude erfolgt eine Lasur in Blau, welche die Details bündelt und dazu beiträgt, dass die Lichtseite noch stärker hervortritt. Die winterlich tiefstehende Sonne erzeugt einen langen Schattenwurf. Die hinter den Häusern stehenden Baumgruppen heben mit ihrer Dunkelheit die Häuser in den Vordergrund.

Ganz locker: die Skizze vorab

Derart schnell angefertigte Farbskizzen haben den Vorteil, dass man locker und ohne Erfolgszwang an die Gestaltung herangeht. Der damit erzielte Lernerfolg trägt dazu bei, dass die spätere Aquarellmalerei von Erfolg gekrönt ist.

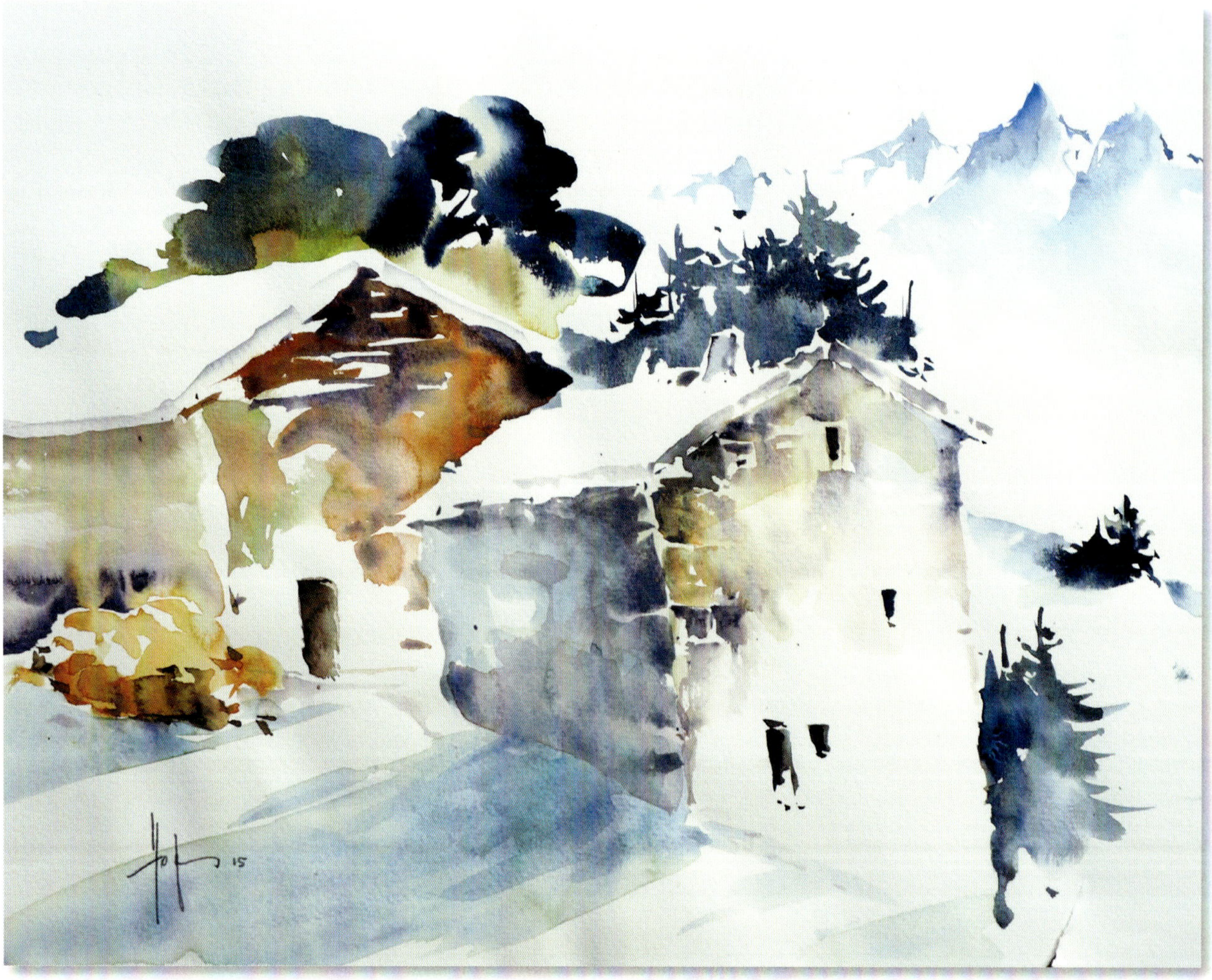

Weidenbaum

Bei diesem Übungsblatt, der Farbskizze einer ausdrucksstarken Kopfweide, habe ich die Weißfläche extrem dargestellt. Die Gesamtform der Weide entsteht erst durch die Abgrenzung mit der Himmelsfarbe. Diese Hinterlegung schafft ein gestaltetes Weiß, das der Betrachter dann als Formelement wahrnimmt.

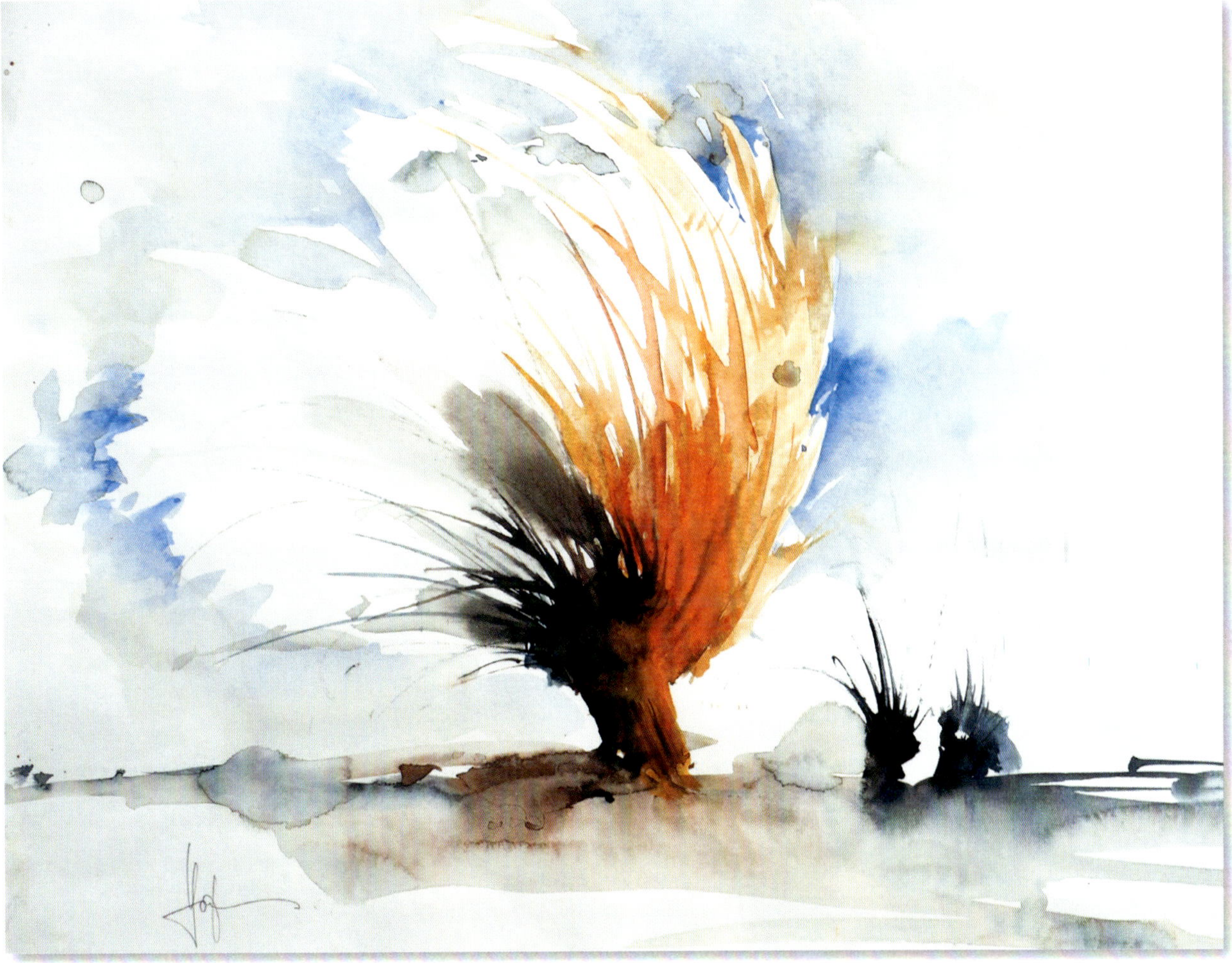

Übungsblätter anlegen

Es kann sich als sehr hilfreich erweisen, malerische Herangehensweisen in Sachen Weißaussparungen zunächst auf Übungsblättern auszuprobieren. Das macht Mut, die gefundenen Lösungen dann auch bei komplexen Motiven anzuwenden. Eventuell ist es einfacher, mit Bildern zu beginnen, die bereits einen natürlichen Weißanteil besitzen, wie Blumen oder Wintermotive.

Dünen auf Amrum

Die Dünenlandschaft auf der Insel Amrum zieht jeden Maler in ihren Bann. Riesige Sandflächen, bewachsen mit Strandhafer und gestaltet durch Windeinwirkung, türmen sich hier auf.

Der Strandhafer im nahen Vordergrundbereich lässt noch einzelne Halme erkennen. Weiter entfernt stellt er sich nur noch als grüngelbe Fläche dar. Bodenwellen, vom Wind geformt, zeigen mit einem grauvioletten Farbton Schattenbereiche an. Die vielen Weißanteile des Motivs erwecken beim Betrachter den Eindruck einer unendlichen Fläche hellen Sandes, der das Sonnenlicht reflektiert. Über allem steht ein blauer Himmel, der anhand seiner Wolkenstruktur Rückschlüsse auf die Windrichtung zulässt.

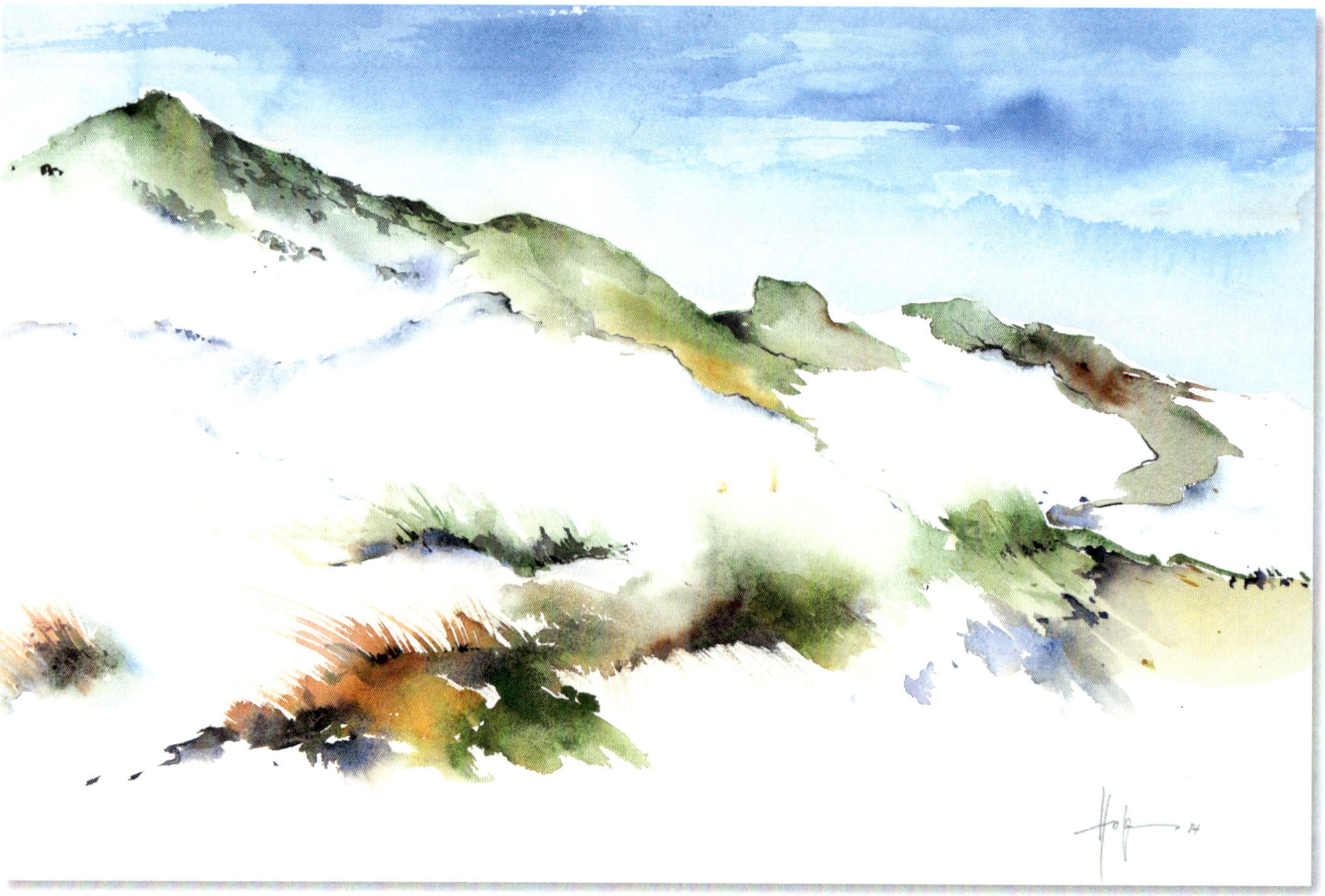

Weiß für Kontraste

Für die Bildaussage übernehmen die Weißanteile eine ganz wichtige Rolle. Die Gegenüberstellung von Hell-Dunkel-Partien führt zu einer starken Kontrastwirkung und gibt dem Bild viel Räumlichkeit und Tiefe.

Arbeiten mit Maskiermittel

Für das Aussparen feiner Details und Linien ist Maskierflüssigkeit, auch Rubbelkrepp genannt, in der Aquarellmalerei fast unentbehrlich. Im Lauf der Gestaltung eines Aquarells ergeben sich immer wieder Situationen, in denen der Einsatz von Maskierflüssigkeit sinnvoll ist, etwa für Schriftzüge, Umrisslinien, grafische Formen von schmiedeeisernen Gittern, Straßenlampen oder dergleichen.

Rubbelkrepp wird unverdünnt mit dem Pinsel, Watte- oder Holzstäbchen oder mit einer Feder aufgetragen. Da die Flüssigkeit wasserverdünnbar ist, kann man sie durch Zugabe von (wenig) Aquarellfarbe einfärben, damit die Linien deutlicher auf dem Papier zu erkennen sind. Praktisch sind im Handel erhältliche, kleine Flaschen mit integrierter Spritztülle. Damit lassen sich Linien ganz einfach anlegen. Es ist aber auch möglich, mit Maskierflüssigkeit Flächen auszusparen – auf Seite 91 ff. zeige ich es Ihnen bei den Zwei-Phasen-Blumenbildern.

Nach der Fertigstellung des Bildes kann die Maskierflüssigkeit einfach mit dem Finger wieder abgerubbelt werden.

Hier lassen sich Einsatzbereich und Wirkung des Maskiermittels deutlich erkennen. Nach dem Auftragen und Trocknen der Maskierflüssigkeit erfolgt eine Hinterlegung mit Farbe. Diese muss wiederum trocknen, bevor das Maskiermittel abgerubbelt werden kann. Die ausgesparten Elemente werden jetzt grafisch deutlich sichtbar und können malerisch weiterbearbeitet werden.

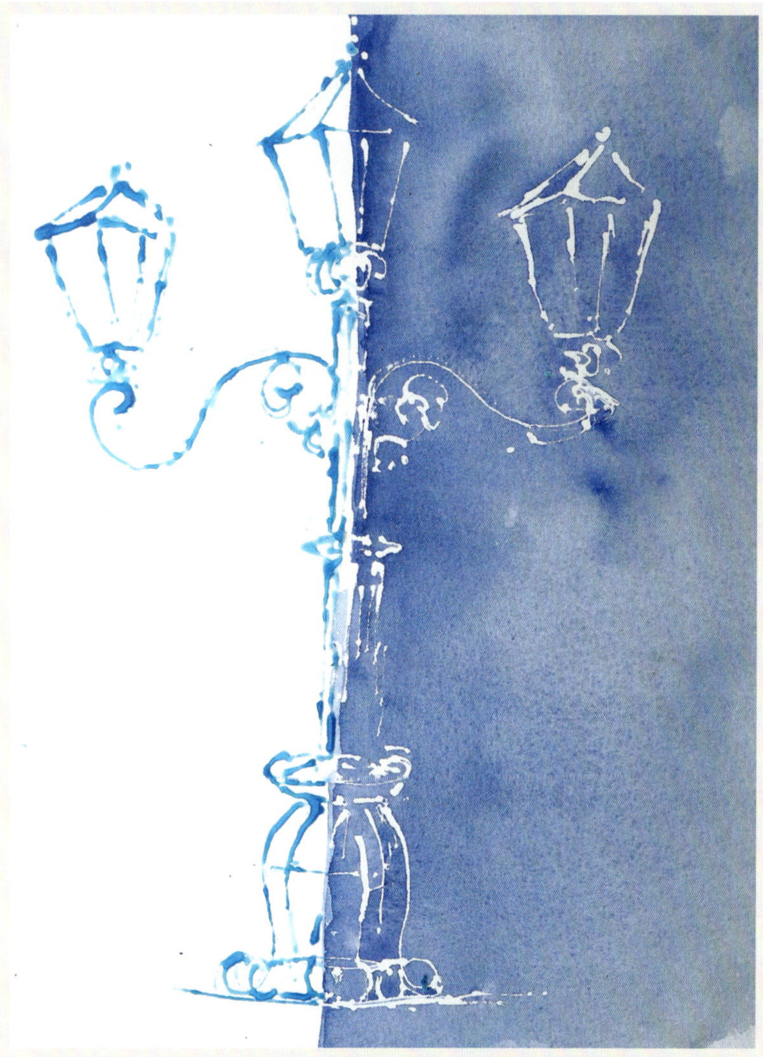

Schmiedeeisernes Tor

Im ersten Arbeitsgang habe ich mit dem Maskiermittel die kunsthandwerklichen Details des Tores gestaltet. Nach dem Trocknen entsteht Schritt für Schritt mit verschiedenen Farbaufträgen das architektonische Umfeld.

Nach dem Abrubbeln des Maskiermittels erscheinen die schmiedeeisernen Elemente des Tores negativ. Sie wirken allerdings ohne jegliche Farbgebung auch flach und ohne Struktur. Um bei so grafisch dünnen Konstruktionen eine Räumlichkeit zu erzielen, trage ich stellenweise einen dunkleren Farbton als Schattenbereich auf.

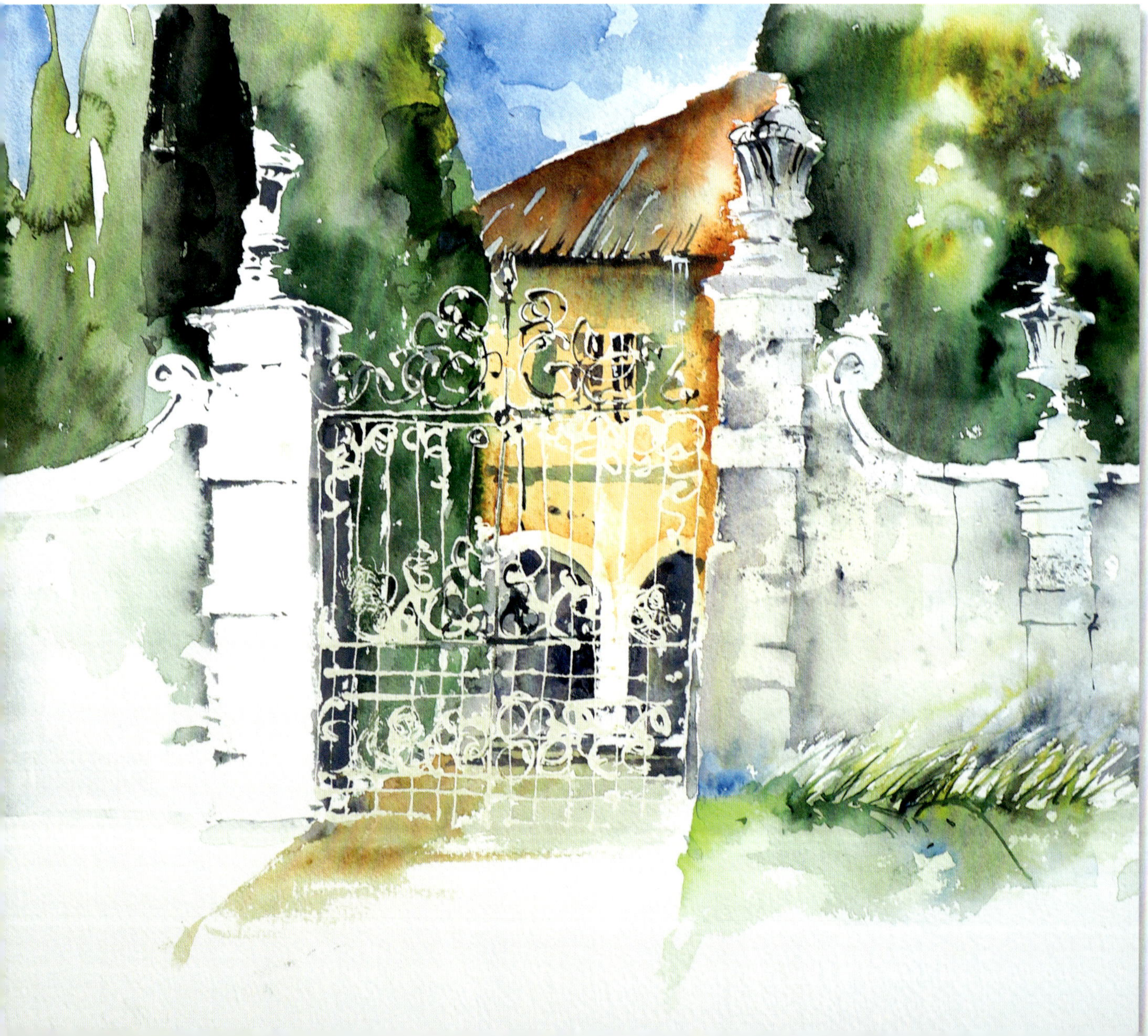

Weingut Steinmann

Bei dieser Komposition habe ich sowohl den Namen als auch das Torgitter mit dem Maskiermittel ausgespart. Dadurch werden der Schriftzug und das Torgitter hell aus der farblichen Bildgestaltung hervorgehoben. Gerade bei einer Komposition mit so vielen Farbtönen und Details ist dies ganz wichtig, um die Räumlichkeit zu betonen und dem Bild mehr Lebendigkeit zu verleihen.

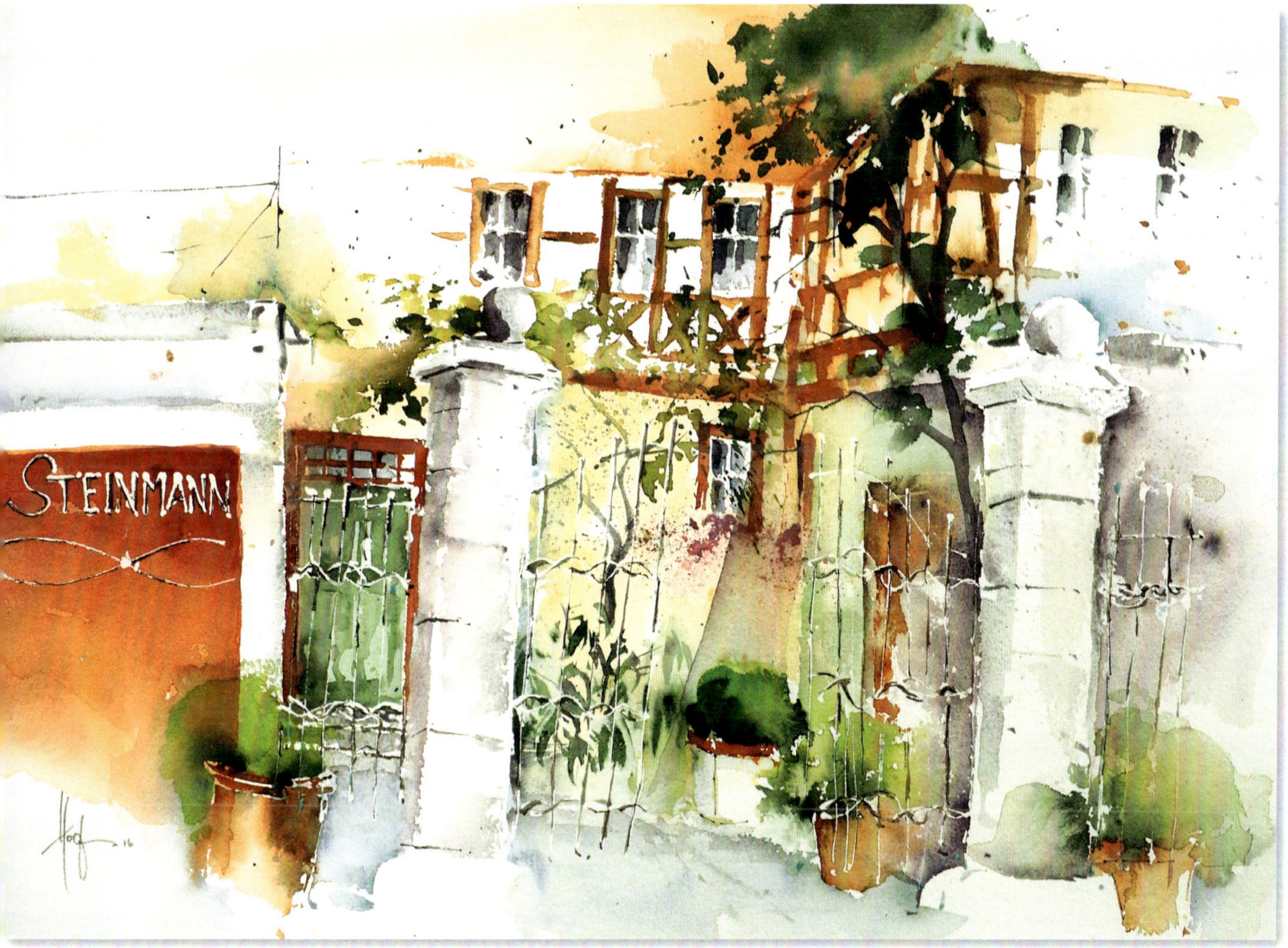

Herbstlaub

Bei diesem Herbstlaubmotiv habe ich die Maskierflüssigkeit auf etwas andere Art und Weise eingesetzt. Im ersten Schritt entstand eine Art Skizze, in der ich die Umrisse der einzelnen Blätter mit Maskiermittel festgelegt habe.

Ich verwende das Maskiermittel hier nicht zum Aussparen von Details, sondern zur Abgrenzung bei der Farbgebung. Die flüssige Aquarellfarbe läuft nicht über diese Abgrenzung hinaus und ich kann verschiedene Nuancen nebeneinander platzieren.

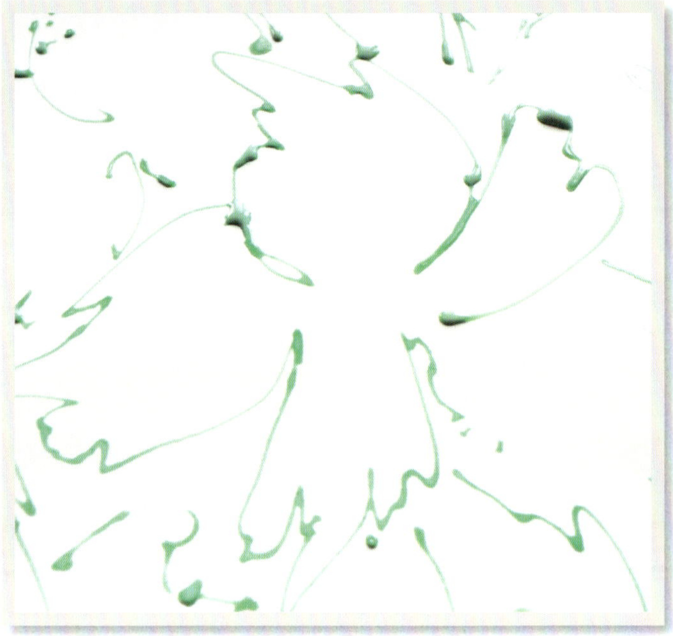

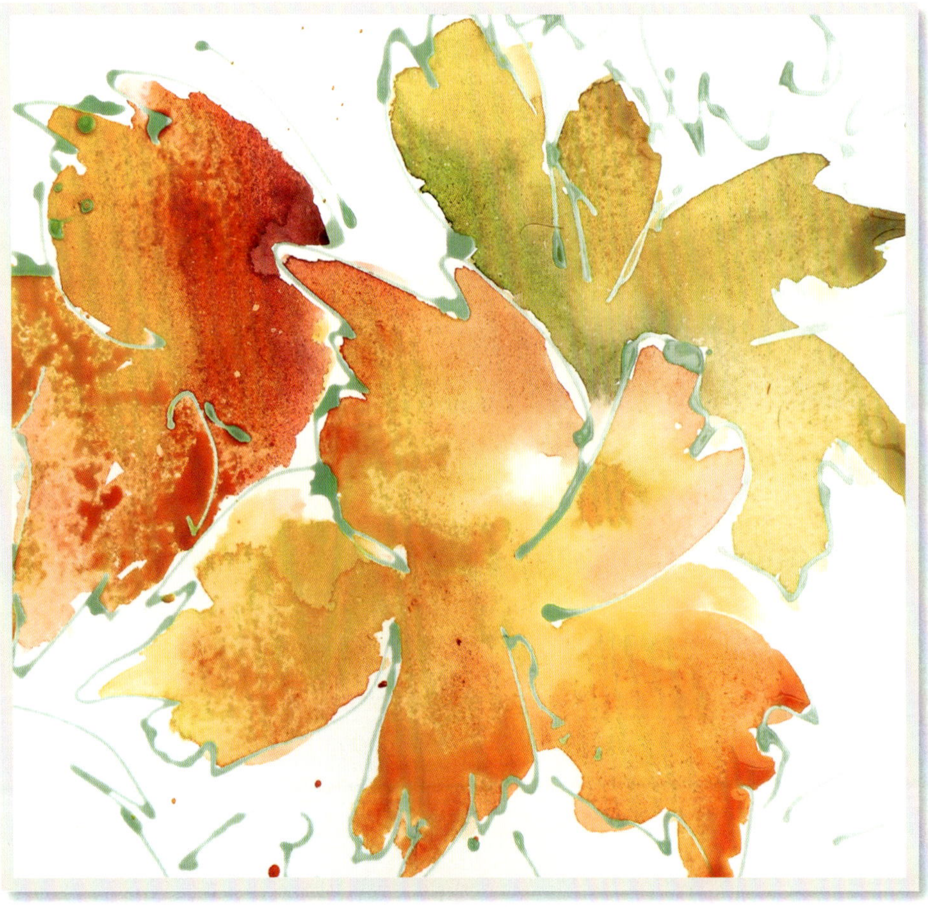

Nach dem Trocknen der Farbe kann ich das Maskiermittel abrubbeln und mit der farblichen Nachbearbeitung beginnen.

Mit den letzten Arbeitsschritten vertiefe ich bei den Blättern hier und da den flächigen Farbauftrag. Die weißen Abgrenzungslinien, die durch das Maskiermittel entstanden sind, werden teilweise überlasiert, damit sich ein flächiger Gesamteindruck einstellt. Innerhalb der Blätter entstehen noch ein paar Blattaderstrukturen. Farbspritzer dokumentieren den Verfallsprozess. Zum Abschluss verstärke ich mit einem schwarzen Aquarellstift noch einige Bildkomponenten.

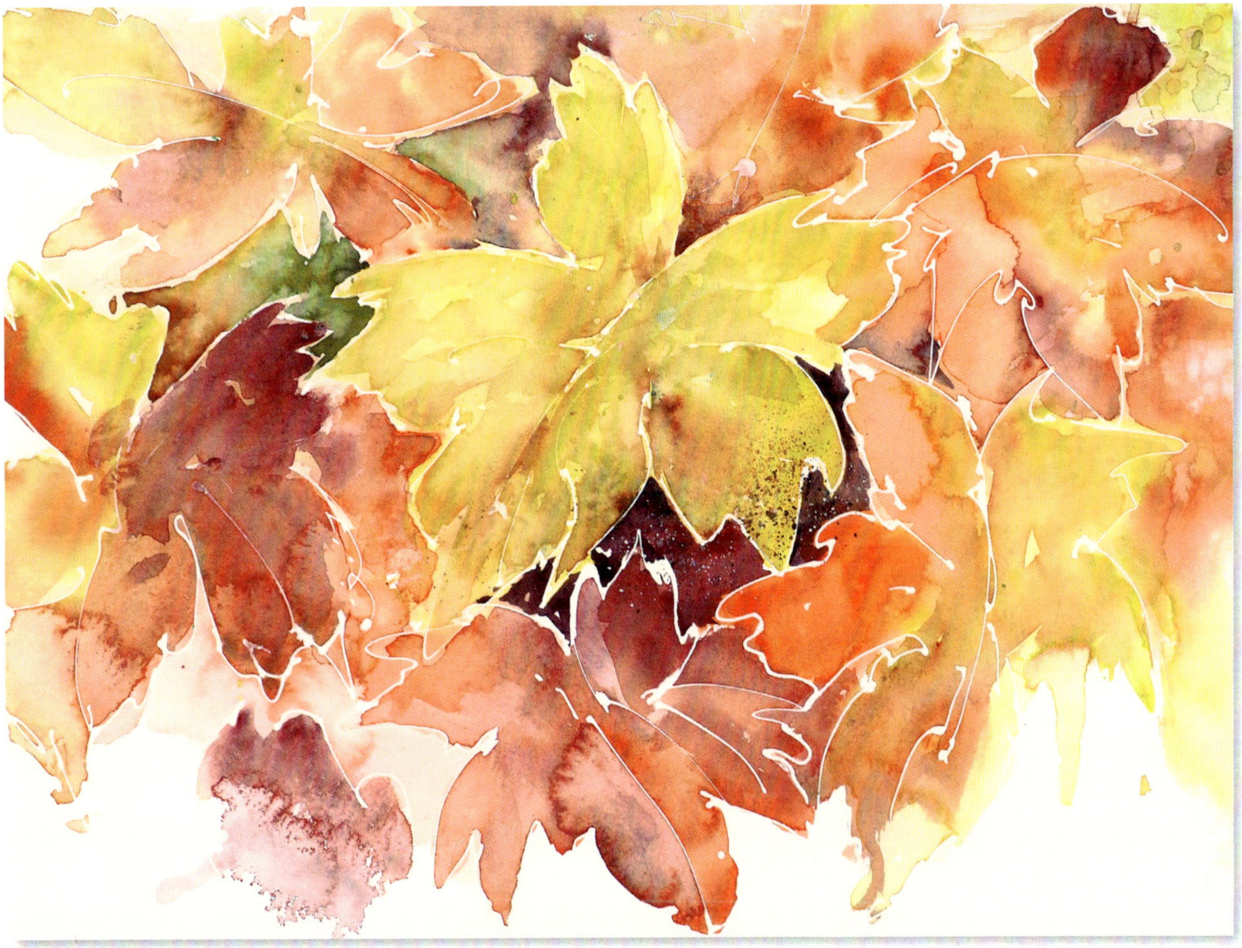

Mut zum Experiment

Die Bildbeispiele auf den vorangehenden Seiten zeigen eindrucksvoll, wie vielfältig sich das Maskiermittel einsetzen lässt. Aus diesen Einsatzbereichen heraus ergeben sich zusätzliche Ideen zum Experimentieren, die dann zu neuen Bildaussagen führen.

Perspektive

Ohne Perspektive kann kein räumliches Bild entstehen. Das fällt besonders bei der Darstellung von Landschaften ins Gewicht. Sie brauchen aber nicht zu befürchten, dass Sie sich in die Feinheiten der Zentral- oder Mehrpunktperspektive einarbeiten müssen. Es genügt, einige elementare Grundsätze der Perspektive zu kennen und anzuwenden.

San Marco, Venedig

Vorne groß, hinten klein – dieses einfache Prinzip versteht bereits jeder Einsteiger in die Malerei. Dabei spielt die eigene Seherfahrung eine große Rolle. Die Größenperspektive sagt aus, dass Gegenstände umso kleiner erscheinen, je weiter sie sich vom Betrachter entfernen. Obwohl ein Gebirgsmassiv von Natur aus riesig ist, wirkt es in der Ferne im Vergleich mit der Hütte im Vordergrund winzig klein.

Speziell bei Menschengruppen ist das Prinzip der perspektivischen Größenordnung gut darstellbar. Die Person, die meinem Malerstandpunkt am nächsten steht, ist groß. Je weiter sich die Menschen in die Tiefe des Platzes hinein entfernen, werden sie immer kleiner. Vom Standpunkt des (stehenden) Malers aus steigen die Linien, die sich unterhalb der Augenhöhe befinden, zur Horizontlinie hin an. Daraus ergibt sich, dass sich die Köpfe der Menschenmenge weitgehend auf einer Höhe befinden, die Größe der Körper aber nach hinten hin von unten her abnimmt.

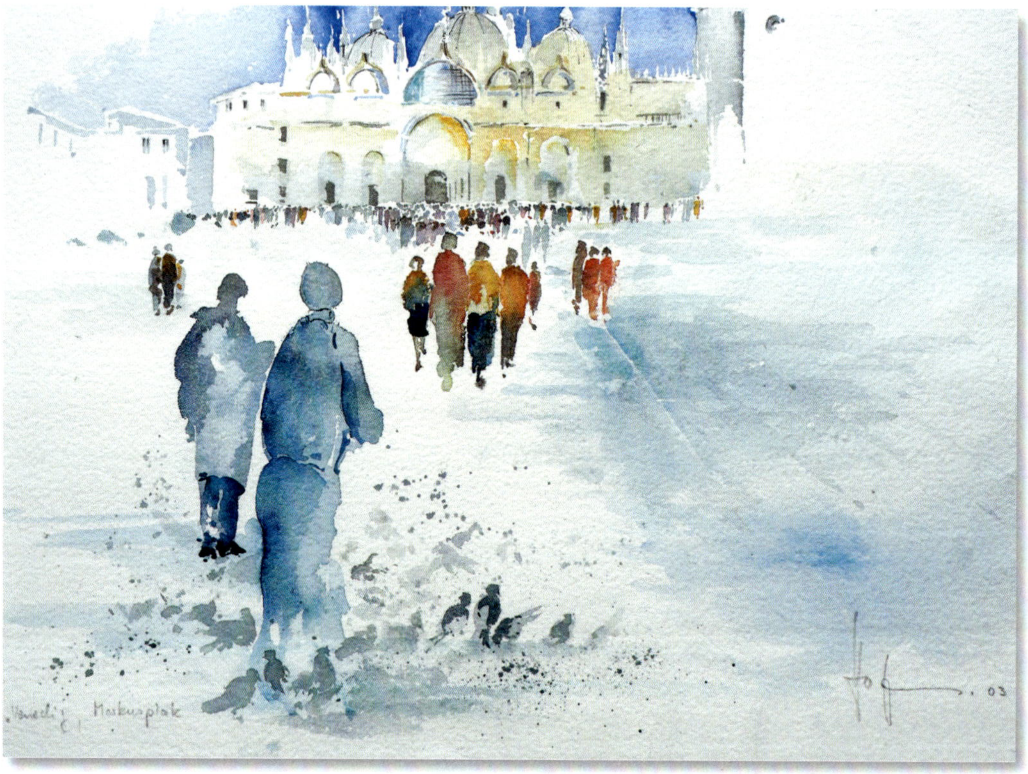

Horizontlinie und Augenhöhe

Ein wichtiger perspektivischer Grundsatz besagt, dass die Horizontlinie, also die Trennung zwischen Himmel und Erde, immer auf der Augenhöhe des Betrachters liegt. Die Augenhöhe meint dabei den Blick in genau horizontaler Richtung. Die Lage von Horizontlinie bzw. Augenhöhe wirkt sich bestimmend auf den Aufbau des gesamten Bildes aus. Steht der Betrachter erhöht, liegt auch die Horizontlinie weiter oben, der Anteil des Himmels wird kleiner und der Größenanteil der unteren Bildfläche nimmt zu.

Weiterhin ist wichtig, dass alle perspektivischen Linien über der Augenhöhe zum Horizont hin abfallen, alle Linien unter der Augenhöhe dagegen ansteigen.

Speziell beim Malen in der Natur vor dem Motiv ist es ganz wichtig, das Wissen über die Perspektive auf die realen Begebenheiten zu übertragen. Im oberen Bild liegt die Augenhöhe des Betrachters etwa mittig. Der Fluss zeigt sich im Vordergrund breit und flächig. Eine tiefenräumliche Illusion ergibt sich durch die Verjüngung des Flusslaufs nach hinten, die von den Linien des Bewuchses am Ufer hervorgerufen wird.

Verändert sich der Standpunkt in die Höhe, zieht sich der Flusslauf wie ein schmales Band durch die Landschaft. Es kommt also immer auf meinen Standpunkt und damit meine Augenhöhe an, von der aus ich das Motiv betrachte.

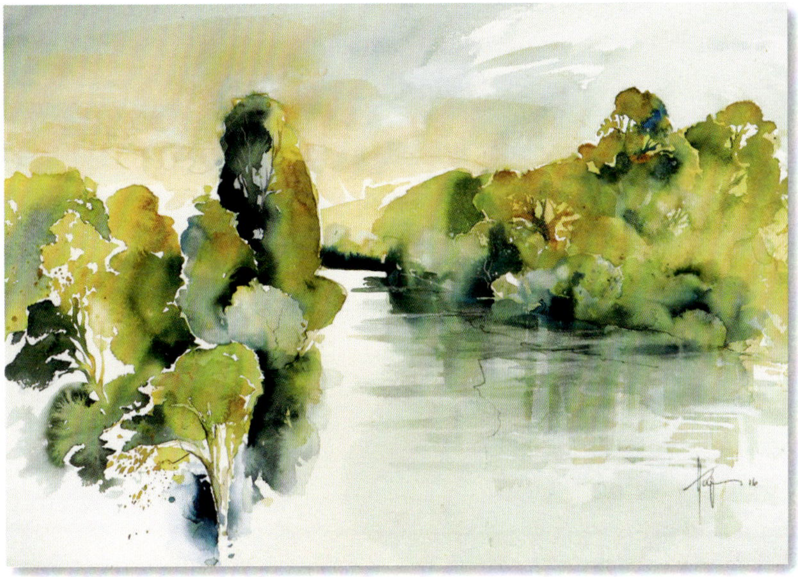

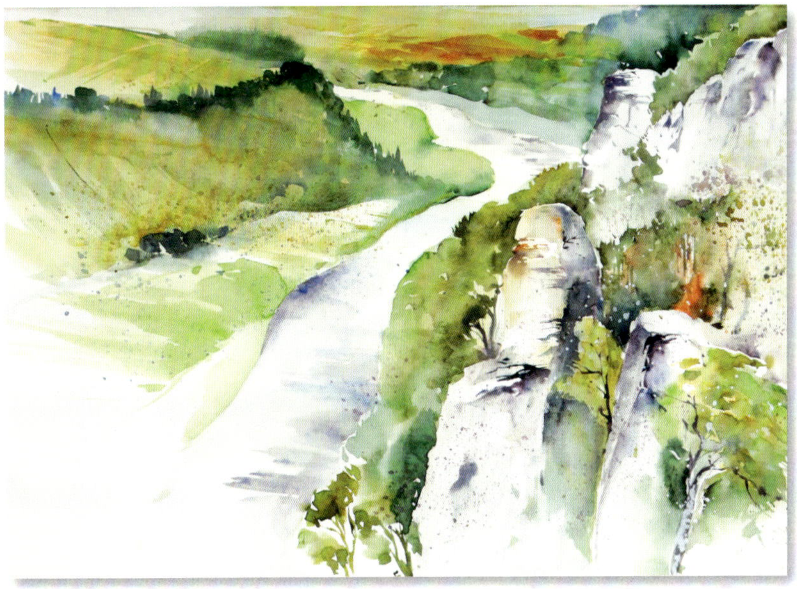

Tiefenwirkung
Sich verjüngende Wege, Wasserläufe, Baumreihen oder Zäune, die in ein Bild hineinführen, sind ein probates Mittel, um eine dreidimensionale Bildwirkung zu schaffen.

Komposition

Auch wenn sich sicherlich im Laufe der Auseinandersetzung mit der Aquarellmalerei eine gewisse Routine entwickelt, ist es mir doch sehr wichtig, jedem Bild kompositorisch eine Besonderheit zu verleihen. Deshalb mache ich mir vor dem Malbeginn immer viele Gedanken und spiele diese Erkenntnisse theoretisch durch.

Ganz allgemein und dem lateinischen Begriff „componere" = zusammenstellen entsprechend, bezeichnet Komposition das Zusammenfügen einzelner Teile zu einem einheitlichen Ganzen. Sowohl in der bildenden Kunst als auch in der Architektur, Fotografie, Bildhauerei oder Musik spricht man von Komposition.

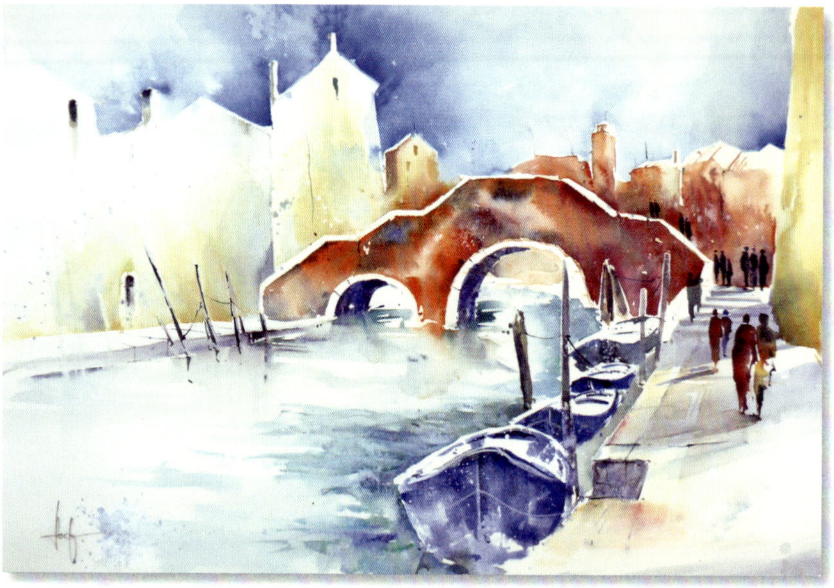

Komposition verlangt Wissen und Planung. Das bedeutet aber nicht, sich akribisch an Ordnungs- und Gestaltungsregeln halten zu müssen – ein Aquarell wird immer dann besonders interessant, wenn neue Platzierungs- und Gestaltungsideen Eingang finden. Trotzdem sollte man einige kompositorischen Mittel kennen, mit deren Hilfe Ihre Bilder Wirkung, Aussagekraft und künstlerischen Ausdruck erlangen.

Zu diesen Mitteln zählen:

- Aufbau des Bildraums im Hinblick auf Spannung und Harmonie (Goldener Schnitt, Drittelregel)
- Gliederung (etwa durch unterschiedlich breite Flächen, durch Waage- und Senkrechte)
- Einbringen von Kontrasten (Farb- und Formkontraste)
- Einbringen von Gegensätzen (Licht – Schatten, Ruhe – Dynamik, waagerecht – senkrecht, eng – weit, rund – eckig, linear – flächig, vorne – hinten ...)
- Ausrichtung der Bildelemente an vertikalen, waagerechten oder diagonalen Achsen
- Gruppierung, Ballung, Streuung von Bildelementen
- Reduzierung auf wenige, aussagekräftige Formen
- Einbringen von Farbharmonien und/oder einer tonangebenden Farbfamilie

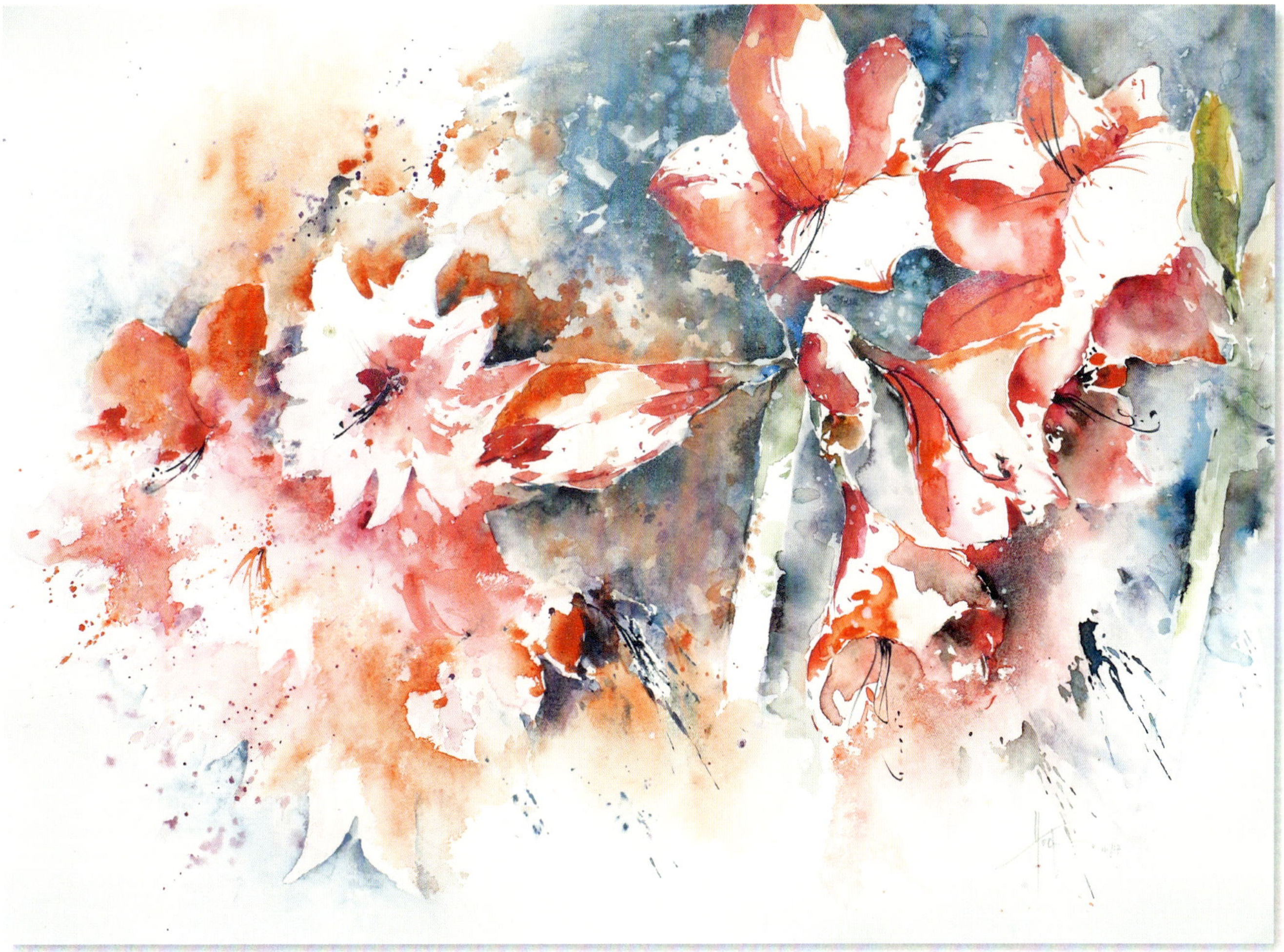

Amaryllis

Es dürfte bekannt sein, dass es nicht ratsam ist, das Hauptmotiv eines Bildes in der Mitte anzuordnen, da das Auge des Betrachters diese Platzierung als langweilig empfindet. Viel spannender ist es, den Blick in eine unerwartete Richtung zu lenken.

Dieses Aquarell einer Amaryllis lebt vom Spannungsfeld der unterschiedlich ausgearbeiteten Blüten. Der rechte Bildbereich dominiert die Komposition. Exakt gestaltete Blüten mit einem starken Kontrast in der Farbgebung lenken den Blick auf sich. Die vielen Weißflächen tragen zur Dominanz dieses Bildteiles bei. Auf der linken Blattseite ist der Großteil der Amaryllisblüten nur noch schemenhaft angelegt. Im Gesamteindruck entsteht dadurch ein Bild, das zum Hinschauen geradezu einlädt.

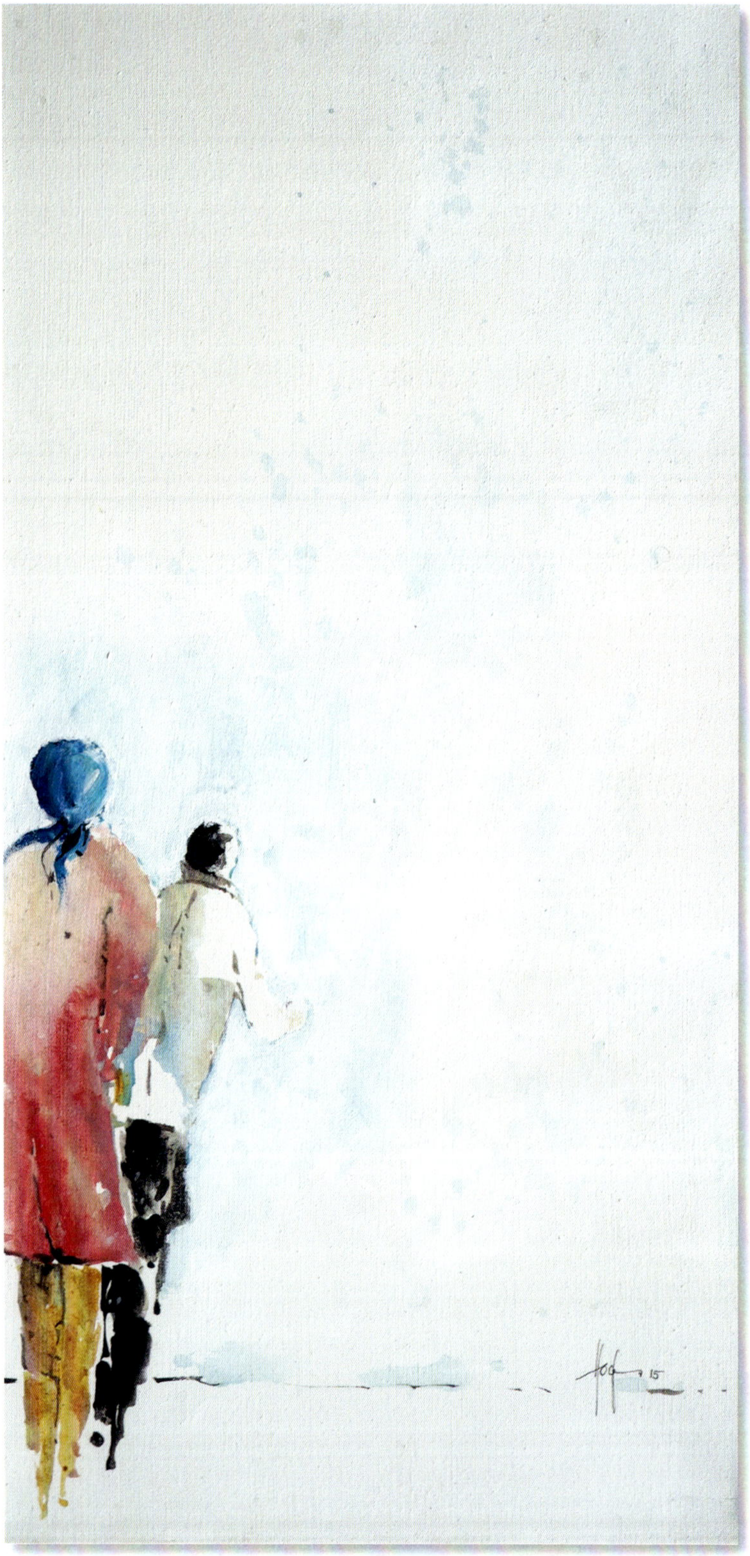

Figurengruppe

Für dieses Motiv habe ich ein betontes Hochformat gewählt und die Figurengruppe extrem an den linken Bildrand herangerückt. Woher kommen diese Personen, wohin gehen sie? Die seitliche Positionierung lenkt den Blick auf den leeren Innenraum und verleiht dieser Fläche eine besondere Bedeutung.

Hochformate eignen sich gut zur Darstellung von Pflanzen, Bäumen und Bergen, aber auch von Architekturdarstellungen oder stehenden Figuren. Hochformate werden seltener genutzt als Querformate, sie transportieren Spannung und Dynamik.

Bildbetrachtung

Es kann sehr hilfreich sein, Bilder anerkannter Malerpersönlichkeiten intensiv zu studieren, um ein Gespür für eine gelungene Komposition zu entwickeln. Schauen Sie beim nächsten Museumsbesuch genau hin und gehen Sie auf die Suche nach Bildern mit ungewöhnlichen kompositorischen Mitteln!

Sonnenblume

Was sich für mich im Laufe meiner malerischen Entwicklung bewährt hat, möchte ich als Rat an Sie weitergeben: Fertigen Sie von einem Motiv eine ganze Bilderserie an. Nehmen Sie sich dabei vor, mit der Bildkomposition zu spielen. Sie werden sehen, es entstehen Gestaltungsideen, die in der Folge zu neuen, interessanten Kompositionsaufbauten führen.

An dieser Stelle zeige ich zwei von vielen Beispielen, die im Rahmen eines dreitägigen Seminars zum Thema „Sonnenblumen“ entstanden sind.

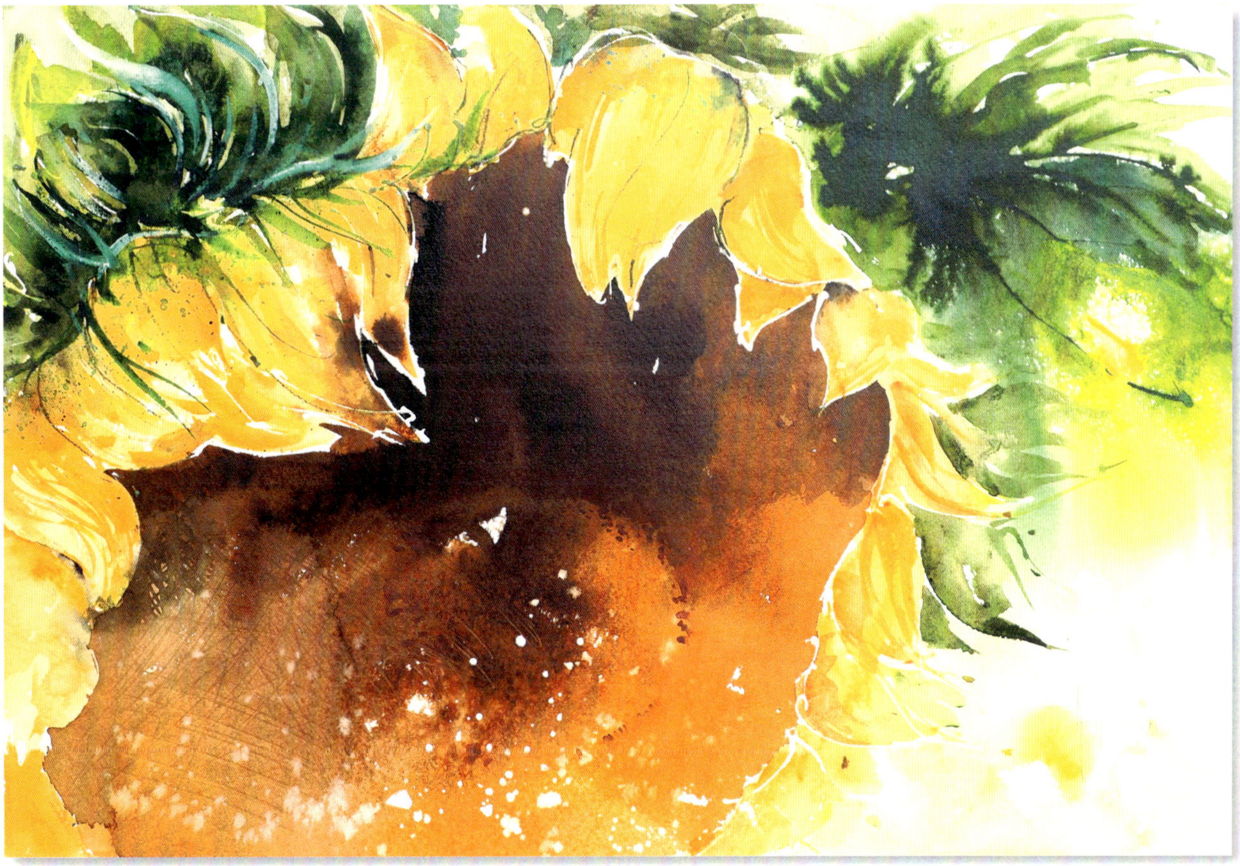

Eine ungewohnte Perspektive: Die übergroße Darstellung des Blütentellers mit den umgebenden Blütenblättern entwickelt sehr viel Kraft in ihrer Ausstrahlung.

Sonnenblumenstrauß

Sehr reduziert präsentiert sich dieser Teil aus dem großen Sonnenblumenstrauß. Eine Blüte, mit relativ vielen Details ausgestaltet, streckt tentakelartig ihren Stängel aus und lenkt den Blick des Betrachters auf die unfertige Blüte am rechten Bildrand. Die vielen Weißflächen steigern die aufs Wesentliche beschränkte Bildaussage.

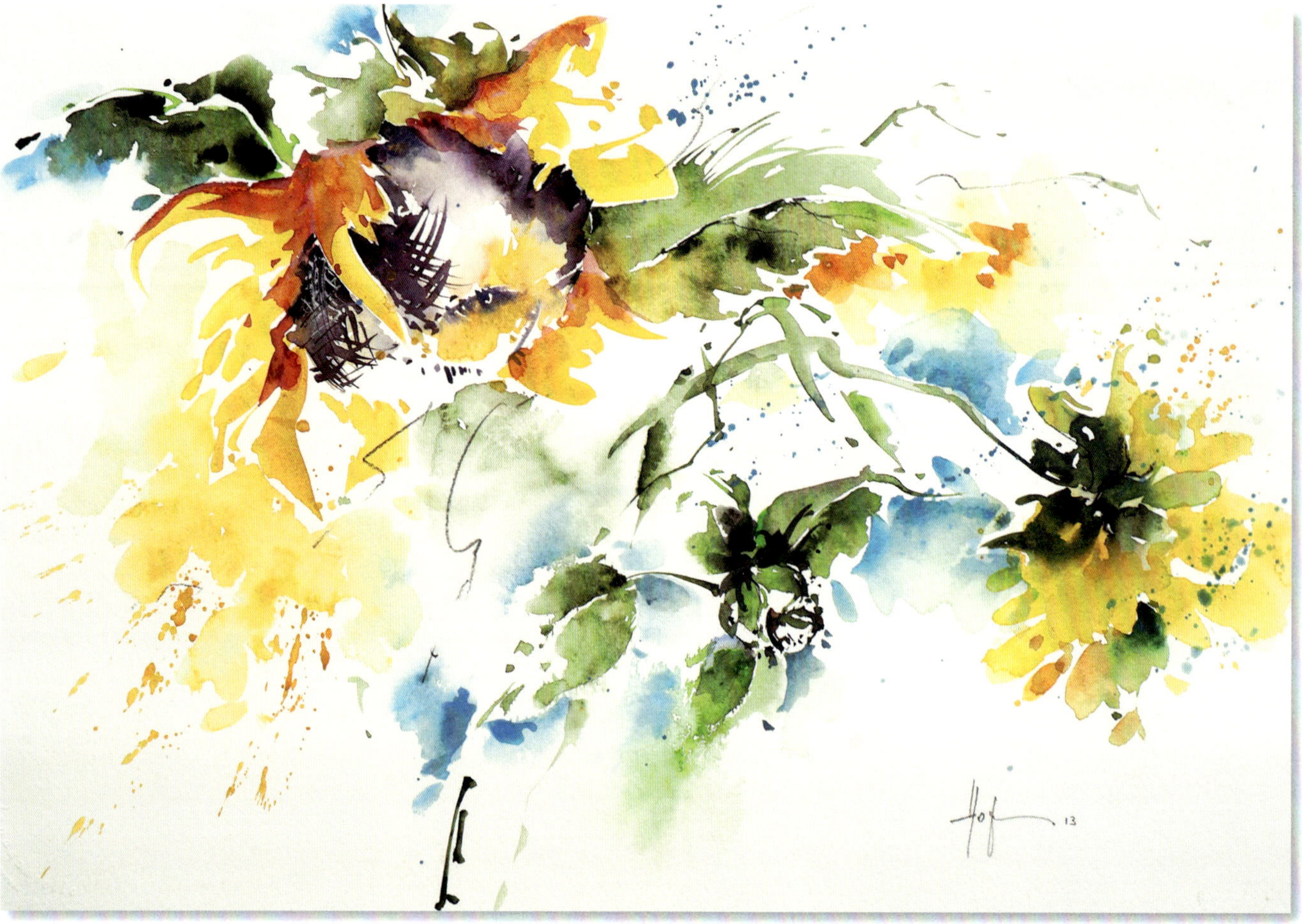

Weitere Anregungen

Probieren Sie auch einmal folgende kompositorische Mittel aus:

- *Ganz kleine Motivteile auf ein sehr großes Format malen*
- *Ausschnitte von Vorlagen stark vergrößert wiedergeben*
- *Schwerpunkte an Randbereichen platzieren*
- *Motivdetails herauspicken*

Nachgefragt: neue Gestaltungen

Was muss ich beachten, um die Weißanteile eines Motivs richtig zu beurteilen?

Dazu bedarf es einer ständigen Motivanalyse. Ganz entscheidend ist der Lichteinfall auf das jeweilige Motiv. Die Lichtseite lasse ich bei meinem ersten Farbauftrag weiß stehen, auch wenn dieser Teil farbig ist. Damit erziele ich einen starken Kontrast. Erst im weiteren Malprozess entscheide ich, ob die Weißfläche eine Farbgebung erhält.

Welche malerischen Gestaltungsmittel, die auf perspektivischen Grundsätzen beruhen, helfen dabei, Tiefenräumlichkeit zu schaffen?

Es lohnt sich durchaus, mehrere Gestaltungsmittel zu kombinieren. Das können sein: ein sich verjüngender Weg, der in das Bild hinein auf den Bildfokus zuläuft, in der Größe nach hinten abnehmende Motivteile, sich überlappende Bildelemente, warme Farben im Vordergrund und kühle Farben im Hintergrund, ein zunächst abfallender, dann wieder ansteigender Weg, dunkle Motivteile im Vordergrund im Gegensatz zu kontrastarmen, unscharfen Motivteilen im Hintergrund.

Welche Gedanken sollte ich mir zum kompositorischen Aufbau eines Bildes machen?

Hier hilft eine Checkliste weiter:

Form: Habe ich meine Bildteile auf wenige, aussagekräftige Formen reduziert? Gibt es noch überflüssige Formen, die man weglassen könnte?

Tonwerte: Sind die weißen Bildstellen ein bewusst gewähltes Kompositionselement oder ein Überbleibsel? Ist der Hell-Dunkel-Kontrast an der richtigen Stelle, nämlich nahe am Kompositionsschwerpunkt?

Farbe: Ist eine Farbharmonie zu erkennen? Gibt es eine tonangebende Farbfamilie? Wie steht es mit dem Wechselspiel von warm und kalt? Hat mein Farbauftrag „Frische“ und ist er technisch richtig aufgetragen?

Meine Aquarelle wirken manchmal überladen. Wie entscheide ich, welches Detail ich weglassen kann?

Das ist eine sehr diffizile Frage, die ich mir bei jedem Motiv neu stelle. Was will ich mit meiner Bildkomposition ausdrücken? Welche Motivteile sind dafür wichtig? Worauf liegt der Schwerpunkt meiner Komposition?

Als Beispiel sei ein Blumenaquarell genannt: Mein Hauptthema sind die Blumen. Blätter und Vase sind weniger wichtig, sie dienen lediglich zur Abrundung beziehungsweise zur Hintergrundgestaltung.

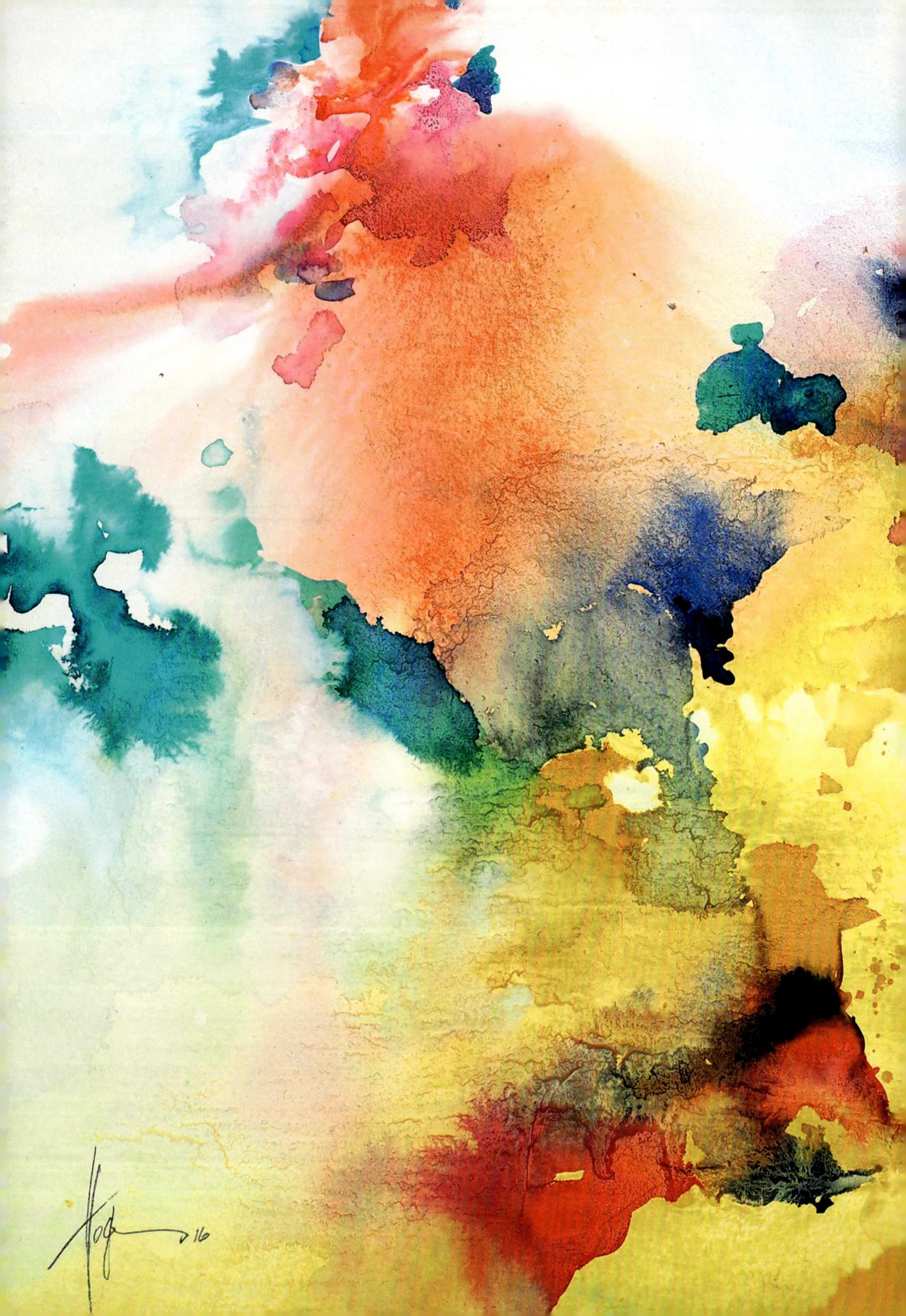

Ende gut, alles gut – das gewisse Etwas

Eine Bildgestaltung nähert sich dem Ende. Alle Motivteile sind erfasst und gut in die Komposition integriert. Eigentlich könnte man mit dem Ergebnis zufrieden sein. Und doch – es fehlt etwas! Auf den folgenden Seiten gebe ich Ihnen Einblick in einige abschließende Techniken, die aus jedem Aquarell etwas Besonderes machen.

Ein Exkurs am Ende des Kapitels führt Ihnen nochmals die Wandlungsfähigkeit eines Blumenmotivs und seine variantenreiche Darstellung vor Augen.

Dunklere Bereiche anlegen

Vielfach ist es die Räumlichkeit, die noch zu wünschen übrig lässt. Das bisherige Ergebnis überzeugt nicht ganz, es wirkt noch zu flach. Was tun? Eine Möglichkeit, die Räumlichkeit zu betonen und damit die Bildaussage zu steigern, besteht darin, das Bild mit dunklen Hinterlegungen zu akzentuieren. Dabei sind nicht nur Schwarz und dunkle Blautöne gemeint, auch mit kräftigen Rottönen kann man die nötige Tiefe erzielen. Für weiche Übergänge sorgt ein lavierender Farbauftrag.

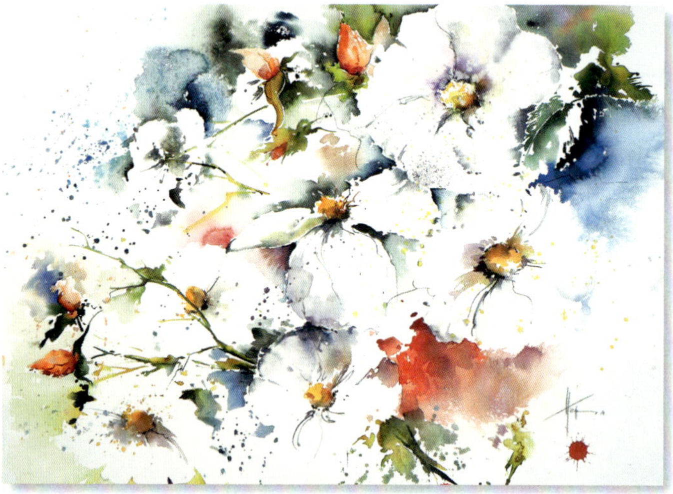

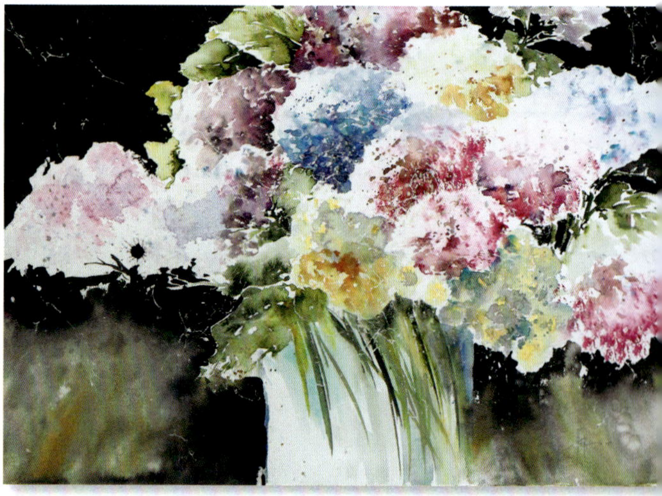

Weiße Blüten

Bei diesem Blütenmotiv wurden die weißen Blüten zunächst mit einem hellen Farbauftrag negativ ausgespart und damit in die Komposition eingebunden. Im Laufe des Malprozesses wird die farbige Hinterlegung der Blüten immer dunkler und damit der Kontrast immer deutlicher. Ob Grün, Rot oder Blau – die Intensität der aufgetragenen Nuancen trägt wesentlich zur Bildaussage bei. Zusätzlich können Sie erkennen, dass speziell beim Blau- und Rotton auf der rechten Blattseite der Farbauftrag lavierend erfolgt ist. An der Blütenkante intensiv, verläuft er nach außen immer heller werdend und erzeugt damit einen weichen Übergang. Ohne diese dunklen Hinterlegungen hätte das Aquarell wenig Aussagekraft und würde flach wirken.

Hortensienstrauß

Die kugeligen Blütenstände der Hortensie werden jeweils durch den Farbton der dahinterliegenden Blüten voneinander abgegrenzt. Innerhalb dieser kugelförmigen Dolden kristallisiert sich die Form durch einen konsequent angewandten Farbverlauf von hell nach dunkel heraus. Aber erst mit der dunklen Hinterlegung kommen die Leuchtkraft und Lebendigkeit des Straußes richtig zur Geltung. Über die Farbe Schwarz gibt es sehr unterschiedliche Ansichten. Für mich strahlt dieser Farbauftrag eine gewisse Gediegenheit und etwas Edles aus. Zum unteren Blattrand hin habe ich den Schwarzton durch eine Zugabe von Quinacridone Gold andersfarbig nuanciert, da ein durchgehend schwarzer Hintergrund zu hart wirken würde. Um noch mehr Lebendigkeit einzubringen, habe ich auf das Schwarz mit einem weißen Marmorierspray ein paar Fäden aufgesprüht.

Feuerschiff vor Elbphilharmonie

Völlig anders bin ich bei diesem Motiv vorgegangen. Zwei Bildkomponenten wetteifern hier um den Vorrang in der Bildaussage. Gewonnen hat bei meiner Komposition das Feuerschiff im Vordergrund. Die Elbphilharmonie, zu diesem Zeitpunkt noch im Bau, muss zurückstehen.

Durch die dunklen Farbbereiche in den Schattenzonen leuchtet das Rot des Feuerschiffs noch intensiver. Die Masten der dahinterliegenden Segelboote erhielten in Teilbereichen eine dunklere Lasur und wirken dadurch körperhaft und lebendig. Auch die Dalben im Vordergrund, an denen die Schiffe befestigt werden, benötigen diese dunklen Farbaufträge, um rund zu wirken.

Letzte dunkle Akzentuierungen in der Wasserfläche gestalten diese bewegter und heben den Bootssteg hervor. Für ganz feine, dunkle Linien kommt ein Aquarellstift zum Einsatz.

Der feinkörnig gesprenkelte Farbeindruck auf der Wasseroberfläche ist durch ein Farbspray entstanden. Mehr zu dieser Vorgehensweise können Sie auf Seite 142 nachlesen.

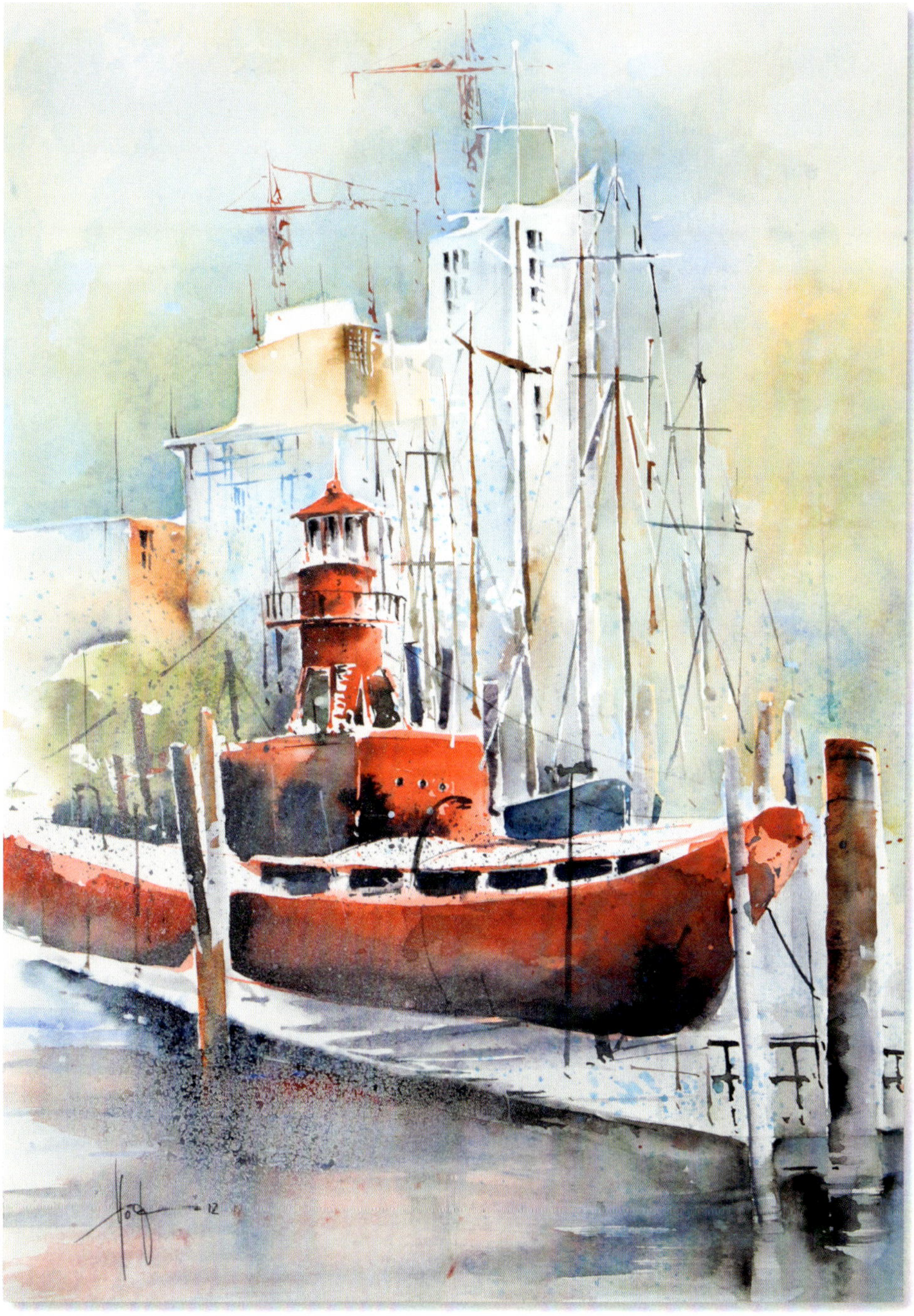

Farbspritzer und Sprenkel

Farbspritzer und Sprenkel können auf vielfältige Art und Weise in die Gestaltung eines Aquarells einbezogen werden, nicht nur in der Schlussphase.

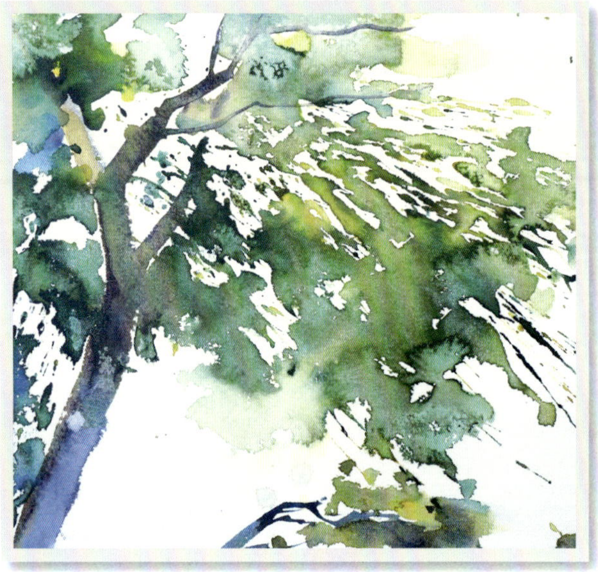

Speziell bei der Gestaltung von belaubten Ästen arbeite ich sehr gerne mit Farbspritzern.

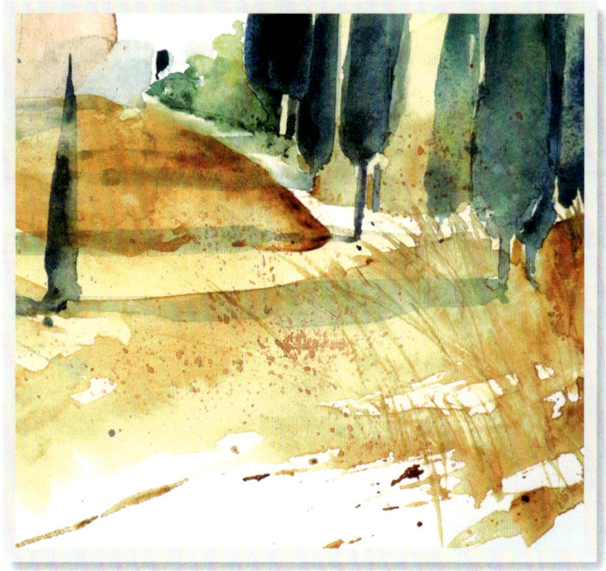

Immer dann, wenn ich ein Motivdetail locker anlegen möchte, beginne ich mit Spritzern, die ich dann im weiteren Malprozess flächig verarbeite.

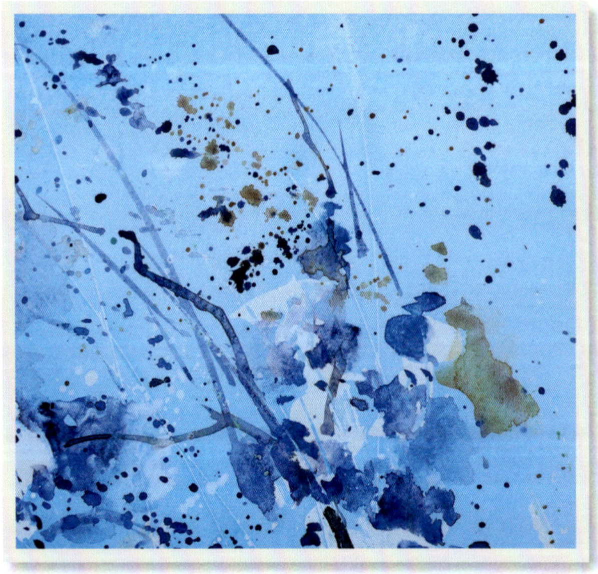

Sehr häufig setze ich Spritzer bei den finalen Abschlussarbeiten meiner Aquarelle ein. Je nach Intensität und Größe beleben sie die Komposition und geben dem Aquarell Lebendigkeit. Natürlich hängt es von der Art des Motivs ab, ob Spritzer dazu passen oder störend wirken. Der persönliche Betrachtungsstandpunkt ist sehr wichtig.

Farbstifte einsetzen

Bei vielen meiner Aquarelle setze ich bei den finalen Abschlussarbeiten einen schwarzen Aquarellstift ein. Ich verstärke damit Linien, bearbeite aber auch Flächen. Weiße Aquarellstifte dienen mir dazu, in gewissem Umfang Lichter zu setzen. Auf diese Weise lassen sich Bilddetails hervorheben.

Auch farbige Aquarellstifte stellen eine malerische Abwechslung dar. Sie können ebenfalls in der Schlussphase der Bildbearbeitung zum Zuge kommen oder bereits in vorherigen Arbeitsschritten. In jedem Fall schaffen sie immer Spannung und erwecken Aufmerksamkeit.

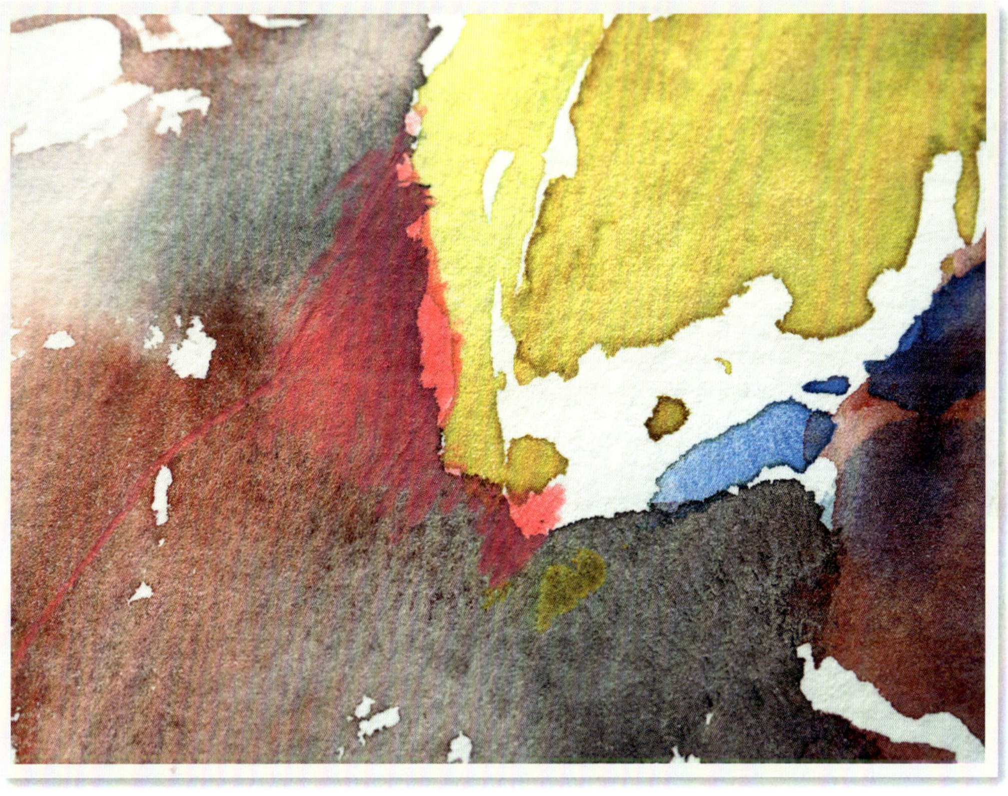

Mit einem Farbstift in Rosa habe ich einen kleinen Akzent in der Farbgestaltung gesetzt. Neben dem gezielten Farbeffekt führt der Wechsel des Malmediums zu einer zusätzlichen Belebung des Bildeindrucks.

Ein Motiv – viele Möglichkeiten

Es gibt unendlich viele Wege, sich einem Motiv künstlerisch zu nähern und es malerisch umzusetzen. Ob dabei letztendlich ein naturnahes Aquarell, eine experimentelle Studie oder eine abstrakte Komposition entsteht, liegt im Ermessen des Malers oder der Malerin. Viel wichtiger ist das Bemühen, sich weiterentwickeln zu wollen, immer wieder die Gestaltungsmöglichkeiten der Farbe zu hinterfragen und eine eigene Handschrift auszuprägen.

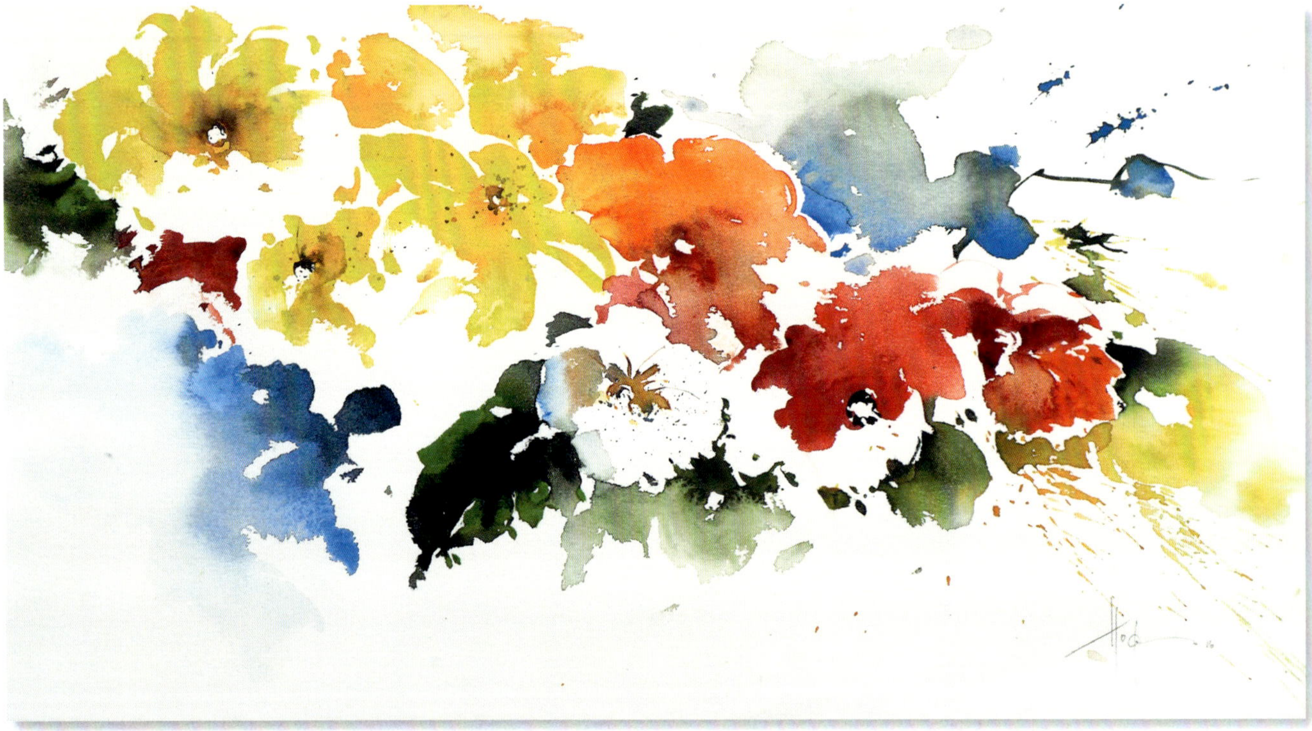

Erste Farbskizze

Wie so oft inspirierte mich die Komposition eines Blumenarrangements, das in Form eines langgestreckten Bandes gesteckt war, dieses malerisch zu verarbeiten. Mit der Auswahl der Farbtöne beginnen die Vorarbeiten: Ich lege Reingelb, Indischgelb, Lasurorange, Perylene maroon, Zinnoberrot, Gelbgrün, Grünoliv, Quinacridone Gold, Bergblau, Kobaltblau hell und Ultramarinblau bereit.
Die Form des Blütenbandes erstreckt sich über die gesamte Breite. Mit einer ersten Farbskizze entstehen Farb- und Formnachbarschaften.
Beim Anlegen der Skizze entwickeln sich Ideen, die ich im weiteren Verlauf auf die Gestaltung des Aquarells übertrage.

Blütenband – das Aquarell

Ein Nebeneinander von hellen und dunkleren Farbnuancen schafft von Anfang an Räumlichkeit. Die Farben trage ich pur auf das Aquarellpapier auf, damit sie ihre ganze Leuchtkraft entfalten können. Näheres zu diesem Farbe-an-sich-Kontrast können Sie auf Seite 35 nachlesen. Immer mit dem Blick auf das Gesamtergebnis werden einzelne Farbflächen durch einen zweiten lasierenden Farbauftrag verstärkt. Damit das Blumenbukett optisch in den Vordergrund rückt, lege ich im unteren Bildteil eine Umrandung der Blüten durch Stängelstrukturen in Kobaltblau an. Der blaue, nach außen heller werdende Hintergrund sorgt dafür, dass das Blütenband nicht „haltlos" in der Luft schwebt. Ich setze mit dem ersten Farbauftrag unmittelbar an den Blütenrändern an. Anschließend tauche ich den Pinsel in Wasser, lege ihn flach, mit der Spitze zum Farbauftrag auf, und verziehe die Farbe in einem weichen Übergang zum Bildrand hin.

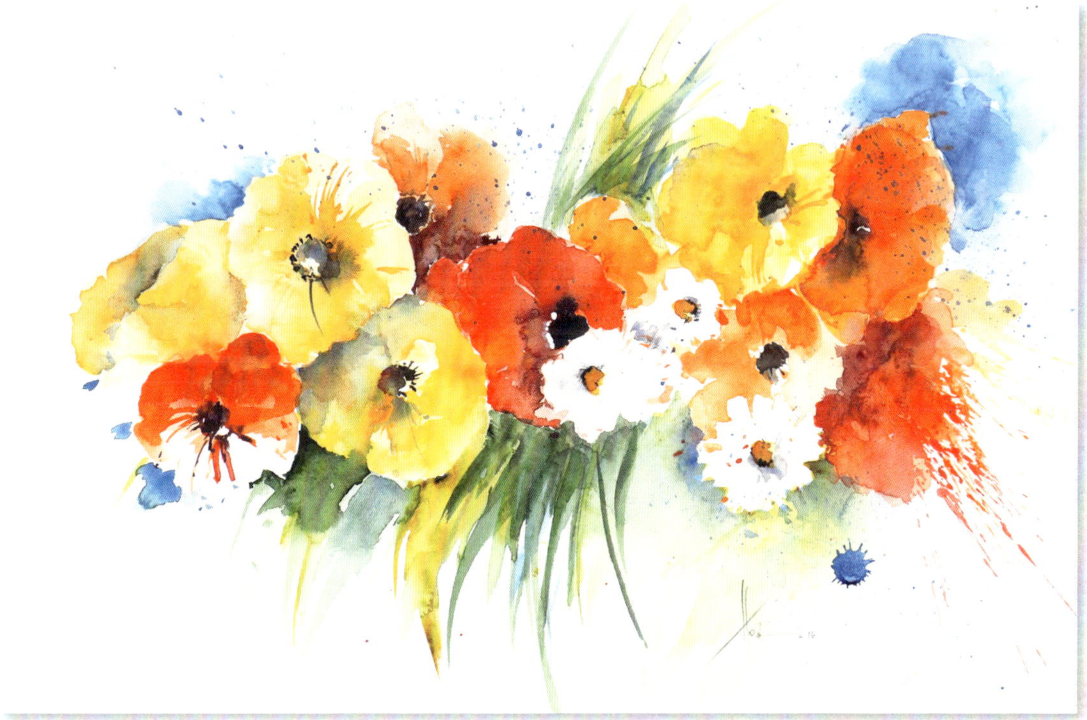

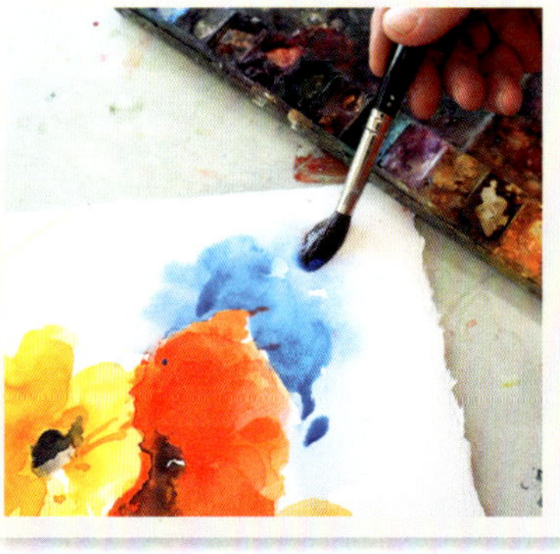

Noch während ich mich im Malprozess befinde, gehen mir bereits wieder Gedanken durch den Kopf, mit welchen malerischen Vorgehensweisen ich diese Komposition noch verändern und zu neuen Ausdrucksformen führen könnte.

Einmal abklatschen, bitte

Eine interessante Methode, um dem unbedingten und deswegen oft hemmenden Willen, ein gutes Bild zu malen, zu entkommen, ist die Technik des Abklatschens. Hierbei bestimmt der Farbauftrag das weitere Vorgehen und den Weg in die Bildgestaltung.
Die Abklatschtechnik oder „Monotypie" bezieht ihren Reiz aus dem Zufall. Näheres dazu können Sie auf Seite 78 und den Seiten 86/87 nachlesen.

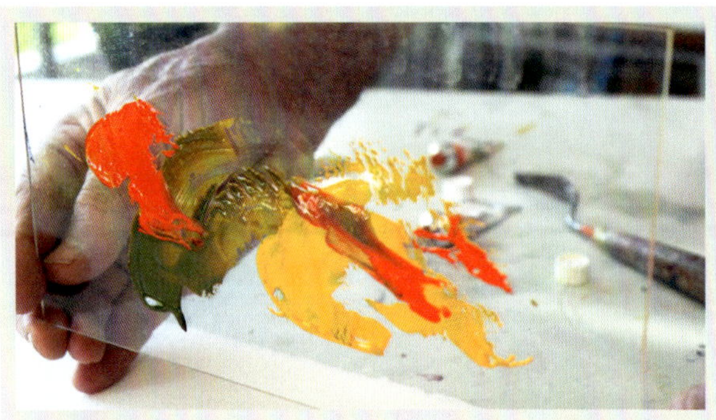

Auf einer Plexi- oder Glasplatte trage ich mit dem Spachtel Aquarellfarbe aus der Tube auf. Ich verzichte dabei auf exakte Formvorgaben und arbeite mit freien Flächenaufträgen. Es empfiehlt sich, mit hellen Farben zu beginnen, damit bei den nachfolgenden Formgebungen mit dunkleren Aquarellfarben Konturen und Flächenbetonungen geschaffen werden können. Ein Farbauftrag mit dem Pinsel aus dem Näpfchen ist sowohl durch die Wasserzugabe als auch durch die Pigmentverdünnung nicht empfehlenswert.

Nach dem Abdruck ergeben sich reizvolle und dynamische Farb- und Formstrukturen. Ich drehe und wende das Blatt, bis sich für mich eine erste Form abzeichnet. Hier beginne ich dann, durch Hinterlegungen und Linienstrukturen, Konturen, Blütenmittelpunkte oder Blattstrukturen zu konkretisieren. Habe ich erst einmal mit einem Bereich begonnen, stellen sich die weiteren Motivelemente fast von alleine ein.

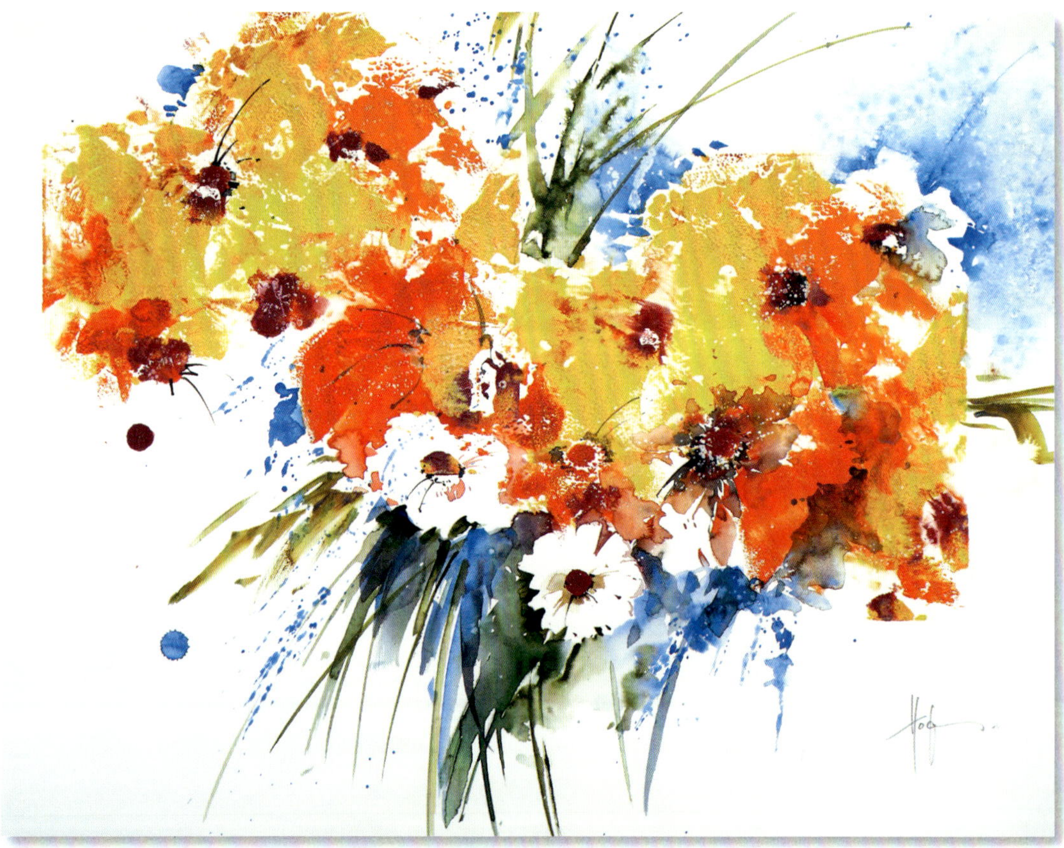

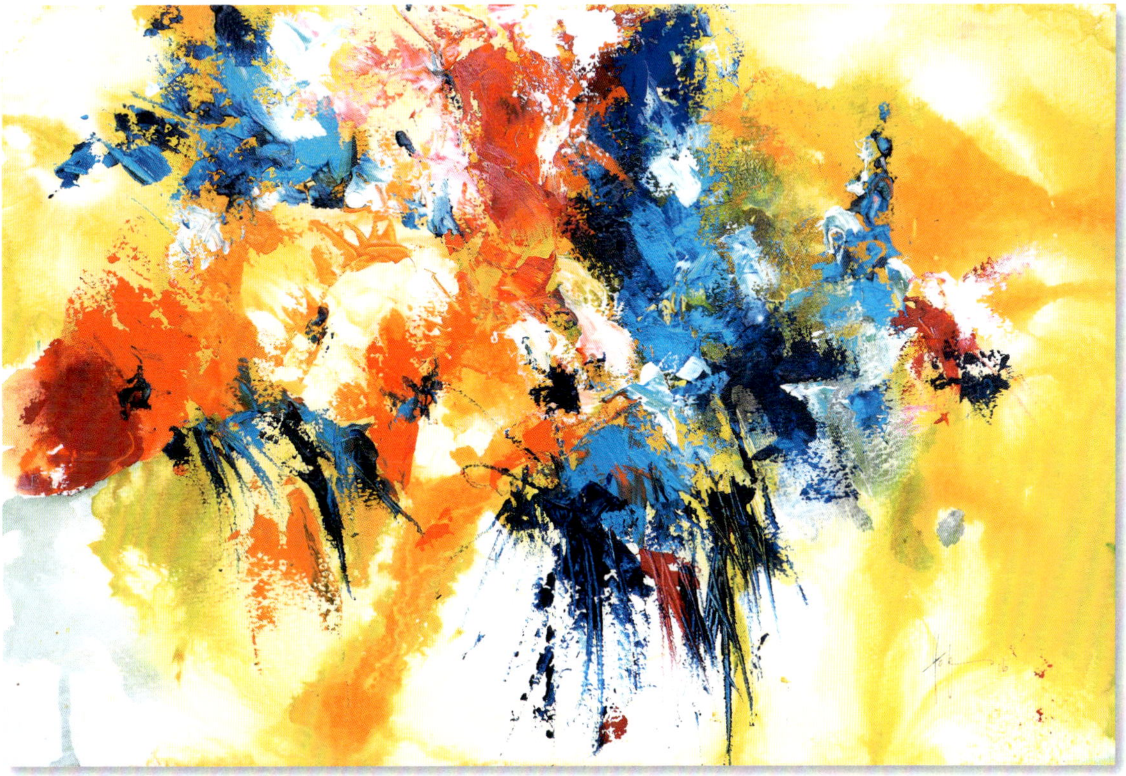

Brilliant gespachtelt

Mit der Spachteltechnik verändere ich zwar die Arbeitstechnik, bleibe aber bei meinem gewohnten Material, der Aquarellfarbe. Direkt aus der Tube und rein angewandt erstrahlen die Farbaufträge in einer großartigen Intensität, sodass ich immer wieder gefragt werde, ob meine auf diese Weise entstandenen Bilder mit Acrylfarben gemalt wurden.

Die Formgebung wird bei der Spachteltechnik vom Farbauftrag mit Spachtel oder Malmesser geprägt. Am Ansatz ist die Farbfläche zunächst geschlossen, reißt aber durch die Zugbewegung allmählich auf, da die Farbmenge auf dem Spachtel weniger wird. Filigrane, duftige Ränder sind das Resultat, sie lassen den Eindruck von Leichtigkeit entstehen.

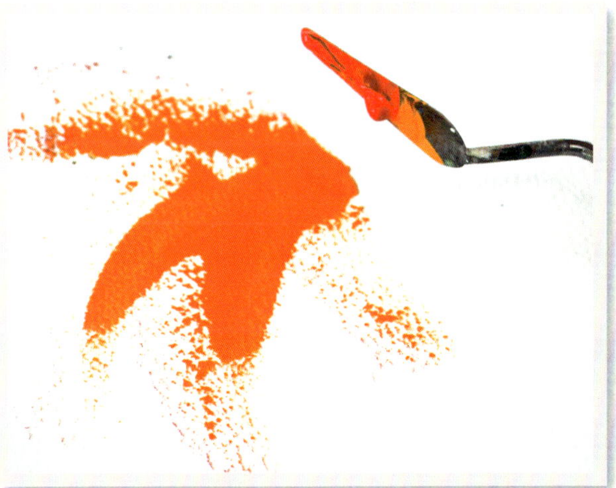

Bei jeder Arbeitstechnik faszinieren mich immer wieder die neuen Umsetzungsmöglichkeiten, die von einem Motiv ausgehen. Gleichzeitig wächst der Wunsch, weiter zu experimentieren.

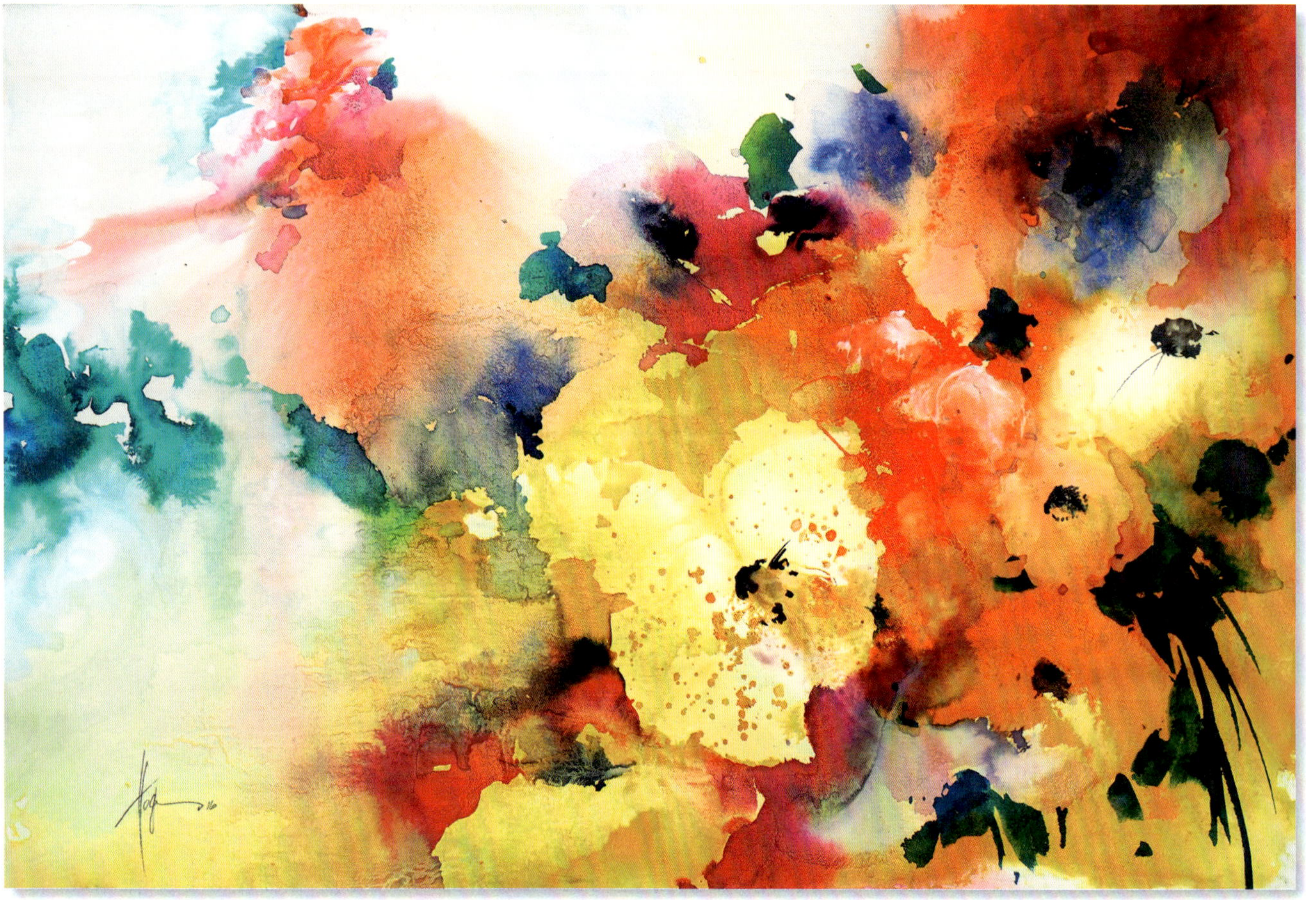

Harmonie aus Farbe und Form

Bei meinen Seminaren zum Malen von Blumen frage ich die Teilnehmer zum Einstieg häufig, aus welchem Grund sie Blumen in die Wohnung stellen. Ganz schnell kommt dann die Antwort: Wegen der Farbe! Dieser Wunsch, unser Umfeld mit Farbe zu beleben, ist nur allzu verständlich. Dieser Wunsch ist es auch, der mich zu meiner nächsten Aquarellgestaltung geführt hat.

Mit einem stark verdünnten Grundauftrag mit Aquagrund, der durch eine leichte Gelbtonzugabe etwas nuanciert wurde, entstand ein Basiston. Im linken oberen Bildteil verläuft ein helles Blau. Während auf der linken Bildseite die flächige Wirkung, belebt von Farbnuancierungen, dominiert, sind es auf der rechten Seite die gestalteten Formelemente. Sie haben sich immer weiter von der realen Form entfernt und verleihen dem Bild im Zusammenspiel mit den Farbflächen einen harmonischen Charakter.

Mir ist es wichtig, mit den Farben meiner Aquarelle die Emotionen des Betrachters anzusprechen. Ich möchte ihn zu einer meditativen Betrachtung verleiten und in seine Gefühlswelt eintreten.

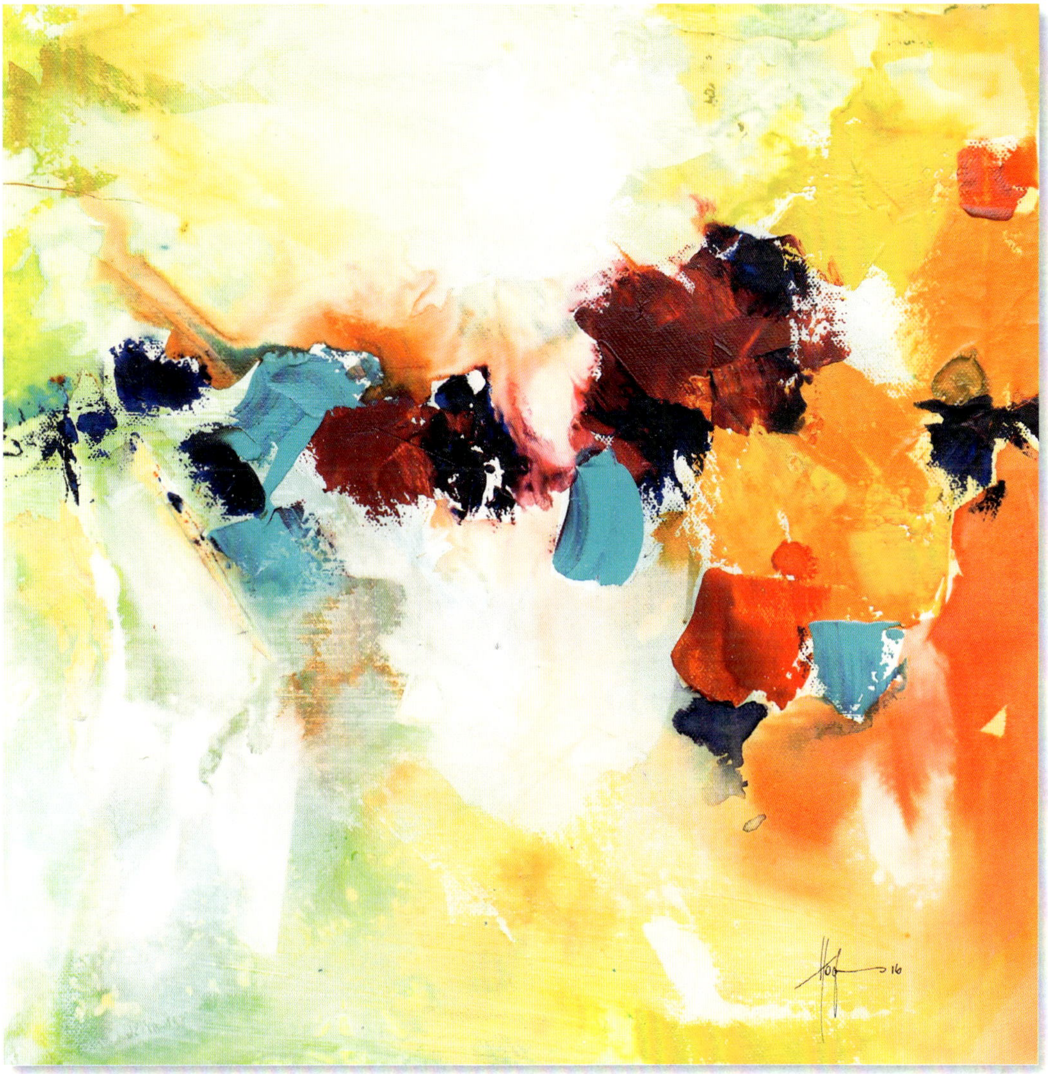

Farbfeldkomposition auf Leinwand

Meine langjährige eigene Malpraxis und beständige Tätigkeit als Seminarleiter über einen langen Zeitraum hinweg führen mich immer wieder zu den Fragen: Wie geht es im Aquarell weiter? Welche Gestaltungsmöglichkeiten bietet mir die Aquarellfarbe?

Aus kunsthistorischer Sicht wurde im 20. Jahrhundert in der Malerei die Loslösung des Bildgegenstandes von seiner realen Form sowie die Befreiung der Farbe von der Form vollzogen. In dieser hier vorgestellten, letzten Gestaltung habe ich ebenfalls mit freien Farbspielen den Gegenstand komponiert.

Der Farbauftrag aus der Tube mit dem Malmesser auf die mit Aqua-Grund vorbereitete Leinwand kostete mich mehr Konzentration und Überlegung, als der Eindruck des fertigen Bildes erkennen lässt. Welche Farben stehen nebeneinander und in welchem Größenverhältnis?

Es waren viele Kleinigkeiten, die letztendlich das Endergebnis abgerundet haben. Der experimentelle Charakter, das freie Spiel mit Farben und Formen, ist unverkennbar. Nicht umsonst habe ich dieses Motiv ans Ende dieser Gestaltungsreihe gestellt.

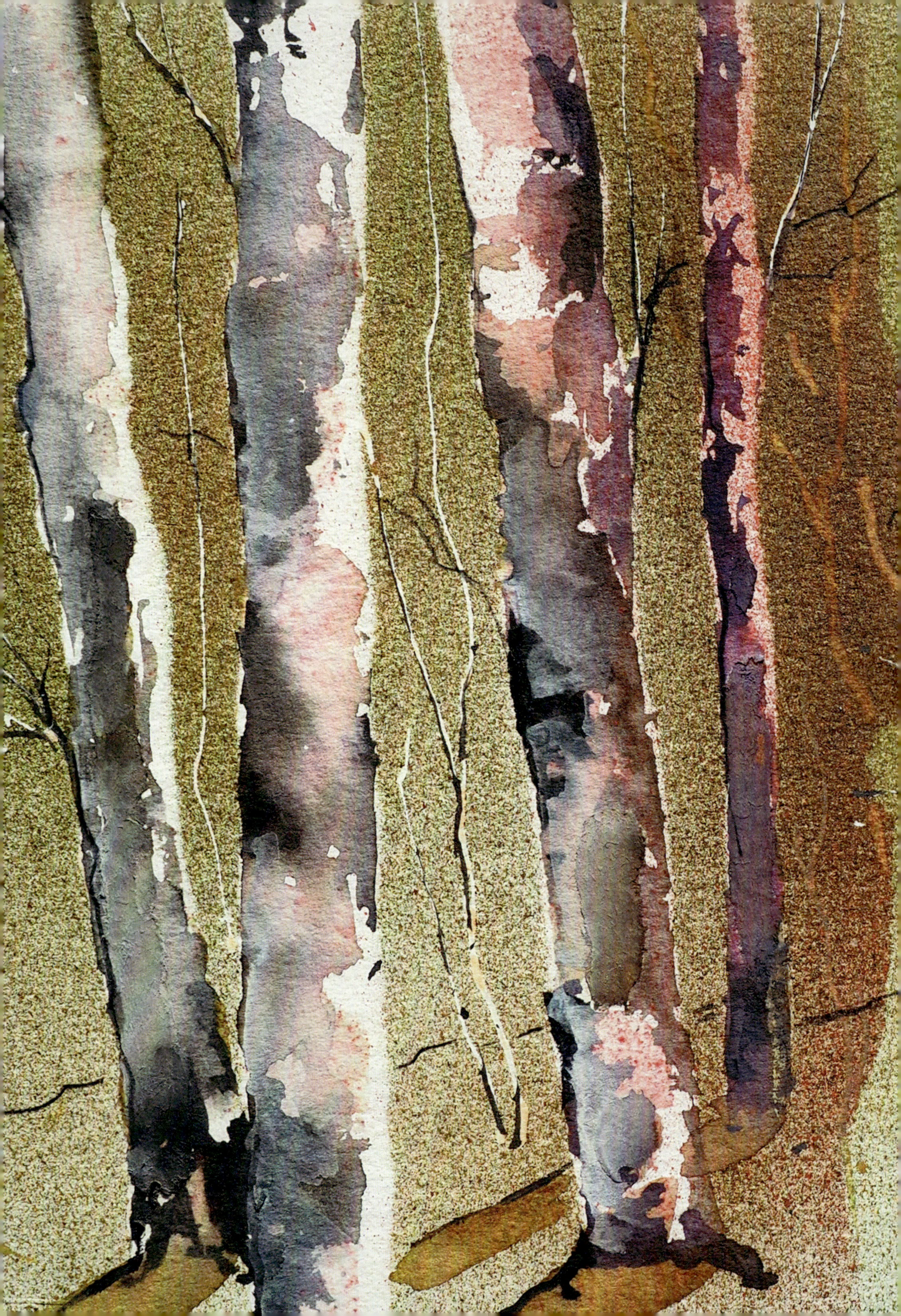

Wenn etwas schiefgegangen ist

Es passiert immer mal wieder, dass bei einem Aquarell der Malprozess ungewollt in eine unglückliche Richtung verläuft. Dann heißt es, einen kühlen Kopf zu bewahren, denn es gibt durchaus Korrektur- oder Rettungsmöglichkeiten, von denen ich Ihnen auf den nachfolgenden Seiten einige vorstelle.

Abwaschen

Die wohl häufigste Fehlentwicklung bei der Gestaltung eines Aquarells resultiert aus einer ungenügenden Berücksichtigung der Weißanteile, sodass sich zu viele dunkle Stellen im Bild anhäufen. Als probates Mittel dagegen empfiehlt sich zuerst das Abwaschen. Sie können dabei das gesamte Bild oder nur einzelne Bildparteien unter den Wasserstrahl halten.

Ein Papier, das auf Holzzellulose basiert, kann fast vollständig abgewaschen werden. Hadernpapier bindet die Aquarellfarbe beständiger an die Papierfasern, es lässt sich daher schwerer auswaschen. Allerdings haften die Farbtöne, die für die Dunkelheiten verantwortlich sind, meist Indigo und dunkle Grüntöne, nicht so gut auf dem Papier. Deshalb kann man hier ebenfalls mit einem helleren Ergebnis nach dem Auswaschen rechnen. Wie bei so vielen Dingen gilt auch hier die Aufforderung: Ausprobieren!

Das Bildbeispiel zeigt rechts den Originalzustand des Motivs, links das Ergebnis eines gesteuerten Auswaschvorgangs. Die Baumformen auf der ausgewaschenen Seite sind noch erkennbar und können bei einem Neustart wieder in die Komposition integriert werden.

Das abgewaschene Bild sollte vor einem Neubeginn gut trocknen. Berücksichtigen Sie beim erneuten Bemalen, dass sich durch das Auswaschen die Oberflächeneigenschaften des Papiers verändert haben. Eventuell saugt das Papier jetzt die Farbe stärker auf, der Farbauftrag wirkt etwas stumpfer und die Konturen verlaufen leicht.

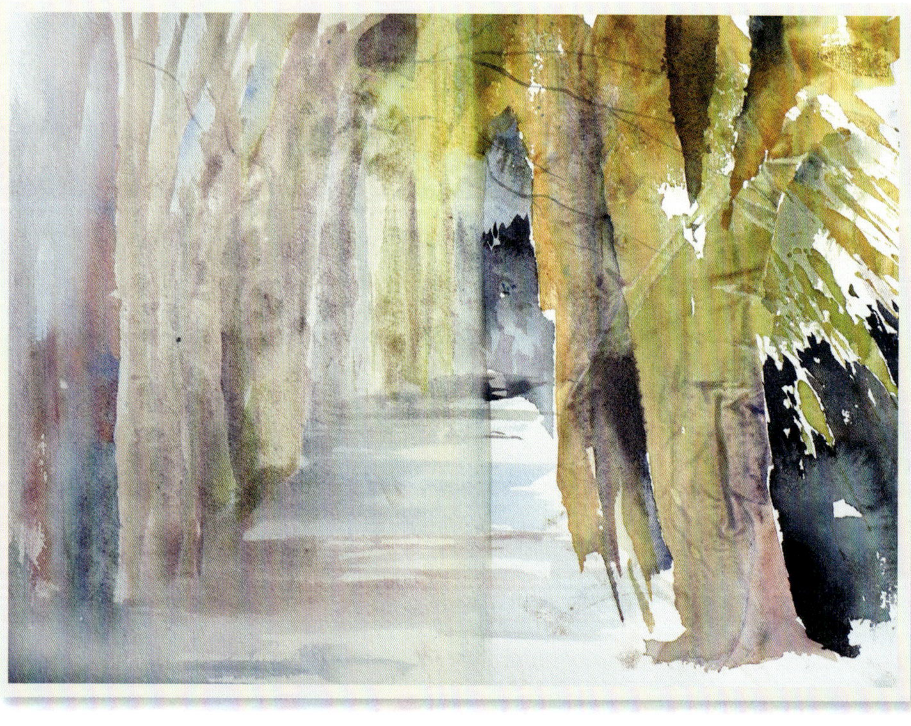

Übermalen mit Airbrushfarbe

Airbrushfarben sind flüssige, hoch pigmentierte Acrylfarben, die speziell für die Spritzpistole entwickelt wurden. Diese Technik erlaubt feinste Farbverläufe und wird deshalb bevorzugt von Airbrush-Künstlern für fotorealistische Motive und Illustrationen eingesetzt.

Ihre flüssige Konsistenz, die gute Vermalbarkeit und brillante Farbgebung machen Airbrushfarben auch für den Aquarellmaler interessant. Ich habe bereits gezeigt, auf welche Weise sie in meiner Zwei-Phasen-Malerei zum Einsatz kommen (s. Seite 88 ff.) Sie bieten sich aber auch bei partiell notwendigen Bildrettungsaktionen an. Aufgrund ihrer hohen Pigmentierung können die Farben Bildteile, die fehlgeschlagen sind, überdecken. Logischerweise sprechen wir dann eher von einer Mischtechnik als von einem Aquarell.

Einen weiteren Vorteil sehe ich darin, dass Airbrushfarbe mittels eines einfachen Fixativsprühers, der im Handel erhältlich ist, aufgesprüht werden kann. Schöne Effekte erzielt man durch die Verwendung von Schablonen, wobei Ihrer Fantasie hier keine Grenzen gesetzt sind: Von grobem Jutegewebe über Loch- und Gitterbleche bis hin zu Plastiksäckchen von Obstverpackungen ist alles denkbar. Es ergeben sich grenzenlose Möglichkeiten, die auch bei einer Rettungsaktion gute Dienste leisten.

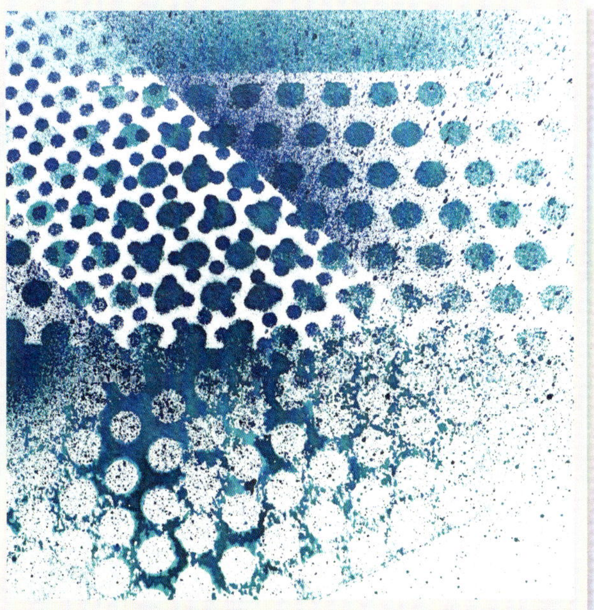

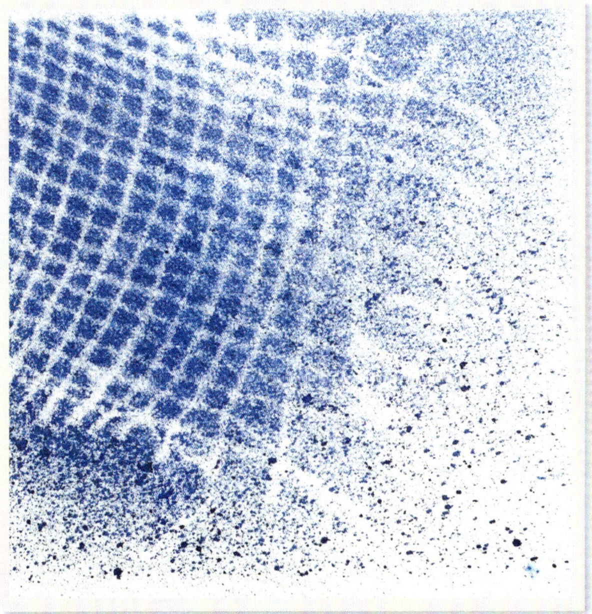

Übersprühen mit Acrylspray

Das Lösungsmittel dieses Sprays beruht auf der Basis von Acrylharzen. Diese sind zunächst wasserlöslich und trocknen später zu einer wasserfesten Oberfläche auf. Ein sehr dünn aufgesprühter Farbfilm kann als Grundierung gesehen werden und lässt sich mit Aquarellfarbe übermalen.

Die schwarze Fläche im rechten unteren Eck stand ursprünglich im Farbausdruck gleichwertig zur Dunkelheit links oben. Durch Übersprühen mit weißem Acrylspray wurde der Farbwert gedämpft. So erscheint die Hintergrundfläche links oben brillanter.

Mit hellen Sprayfarben können Bereiche eines Aquarells aufgehellt werden, die zu dunkel geraten sind. Durch den feinen Sprühfilm entstehen weiche, nebelartige Bildstellen.

Mit dem Einsatz dieser Farbsprays entfernt man sich schon sehr weit von der Aquarellmalerei im ursprünglichen Sinn. Deshalb sollten sie auch wirklich nur im äußersten Notfall zur Anwendung kommen, können dann aber gute Dienste leisten.

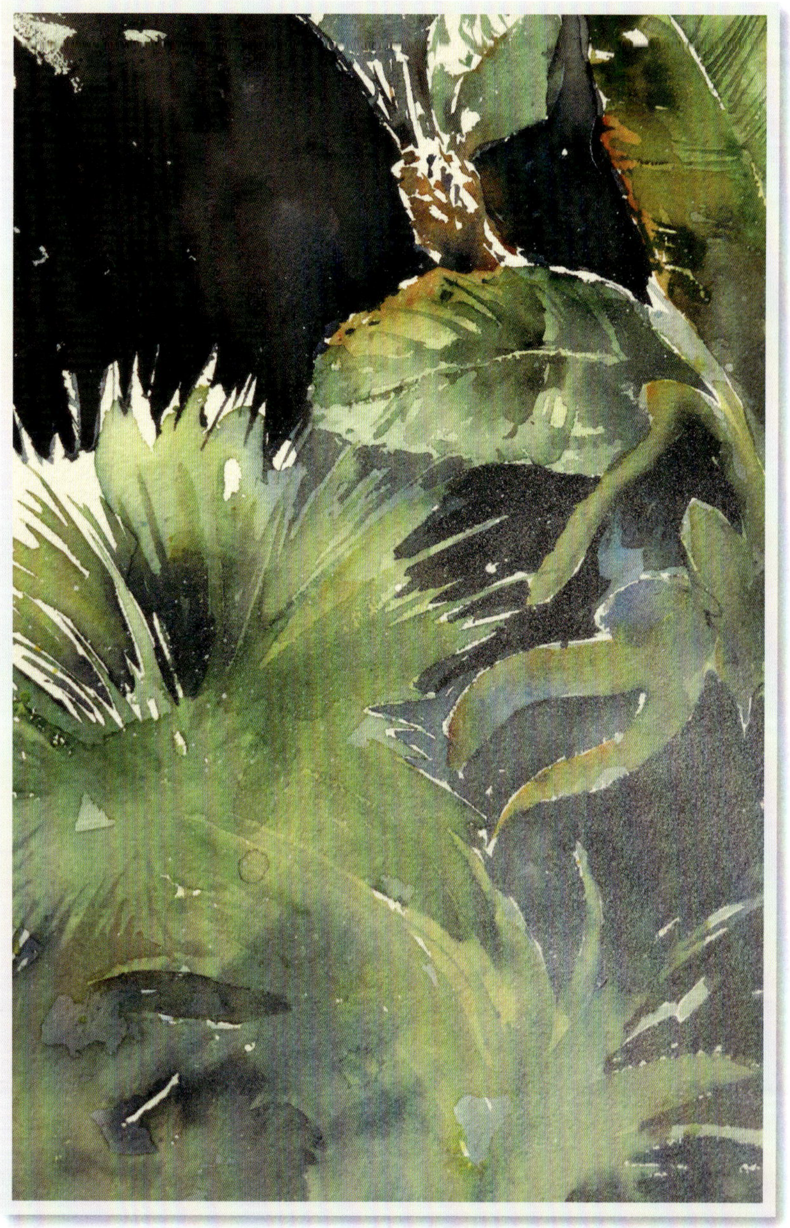

Farbe abkratzen

Starke Farbaufträge wirken oft sehr kompakt. Als wirksame Gegenmaßnahme kann der Farbauftrag während des Trocknungsprozesses teilweise mit einem Spachtel wieder abgekratzt werden. Dadurch entstehen lichte Stellen, die den dunklen Bereich akzentuieren.

Auch nach dem Trocknen kann der Farbauftrag noch mit einem scharfen Gegenstand, etwa einer Rasierklinge, abgekratzt werden. Dies geht jedoch auf Kosten der Papieroberfläche und sollte nur sehr vorsichtig ausgeführt werden.

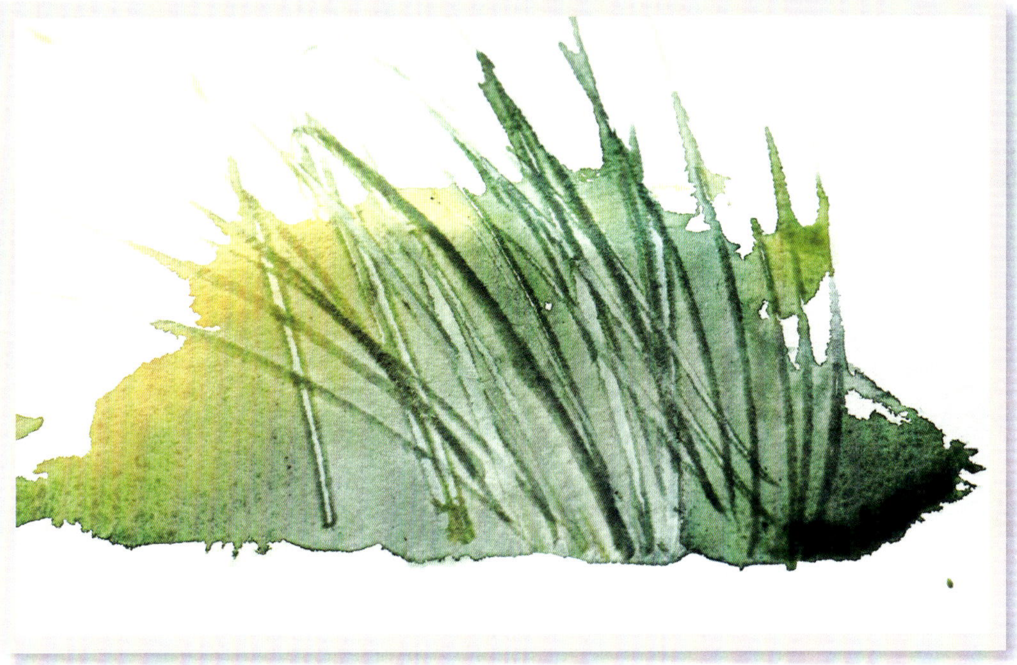

Aus einem flächigen Farbauftrag mit Gelbgrün und Perylene Grün habe ich mit einer Klinge die Gräser herausgekratzt. Da die nasse Farbe teilweise wieder in die ausgekratzten Stellen hineinfließt, stellt sich eine abwechslungsreiche Gräsergestaltung ein.

Mut zum Wegwerfen

Abschließend gebe ich Ihnen noch eine Empfehlung mit auf den Weg: Haben Sie den Mut, auch einmal ein nicht gelungenes Bild wegzuwerfen. Aquarellmalerei hat immer auch etwas mit Spontaneität und Gefühl zu tun und nicht jeder Versuch führt zu einem guten Ergebnis. Seien Sie nicht enttäuscht, beschenken Sie Ihren Papierkorb und starten Sie neu!

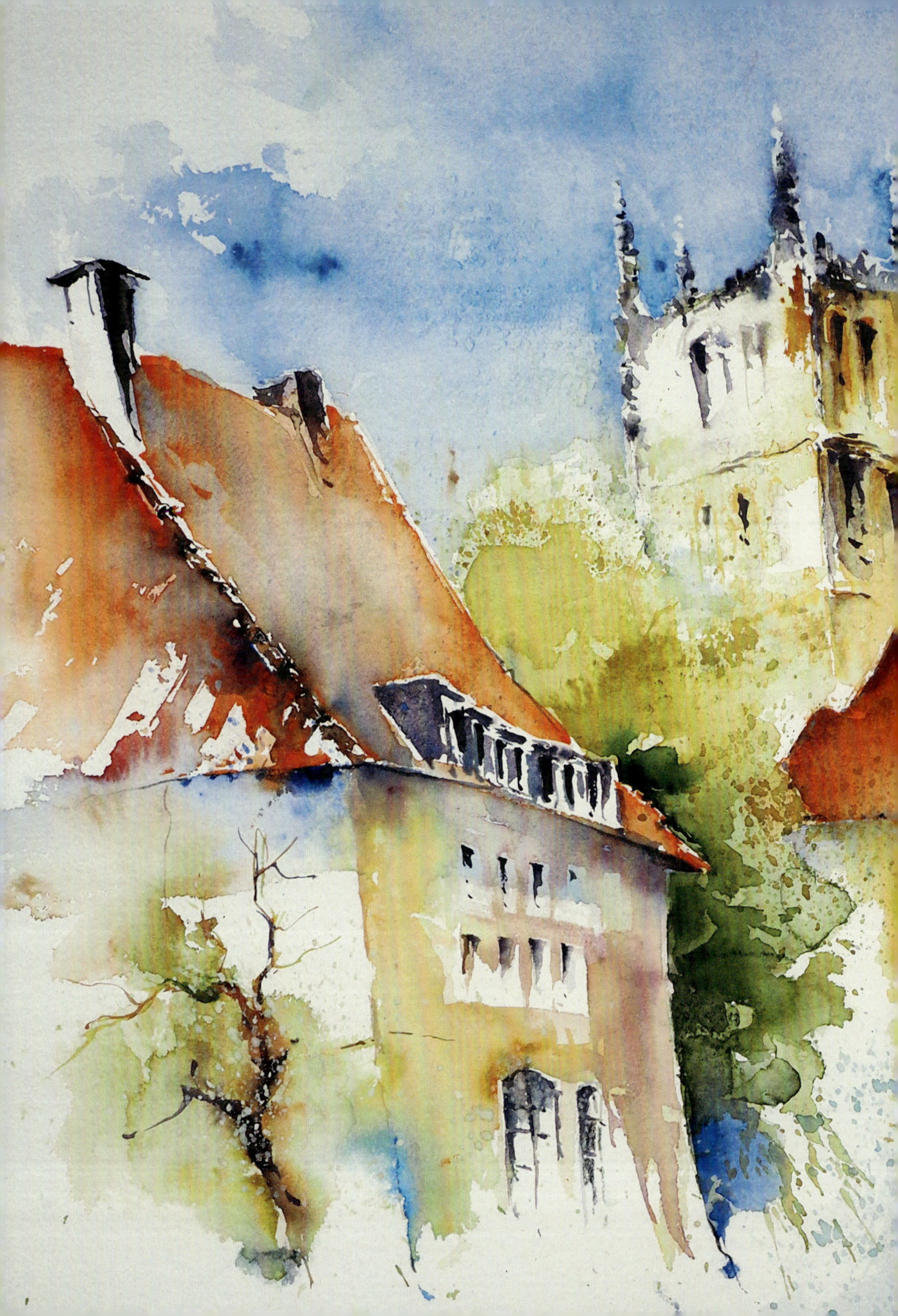

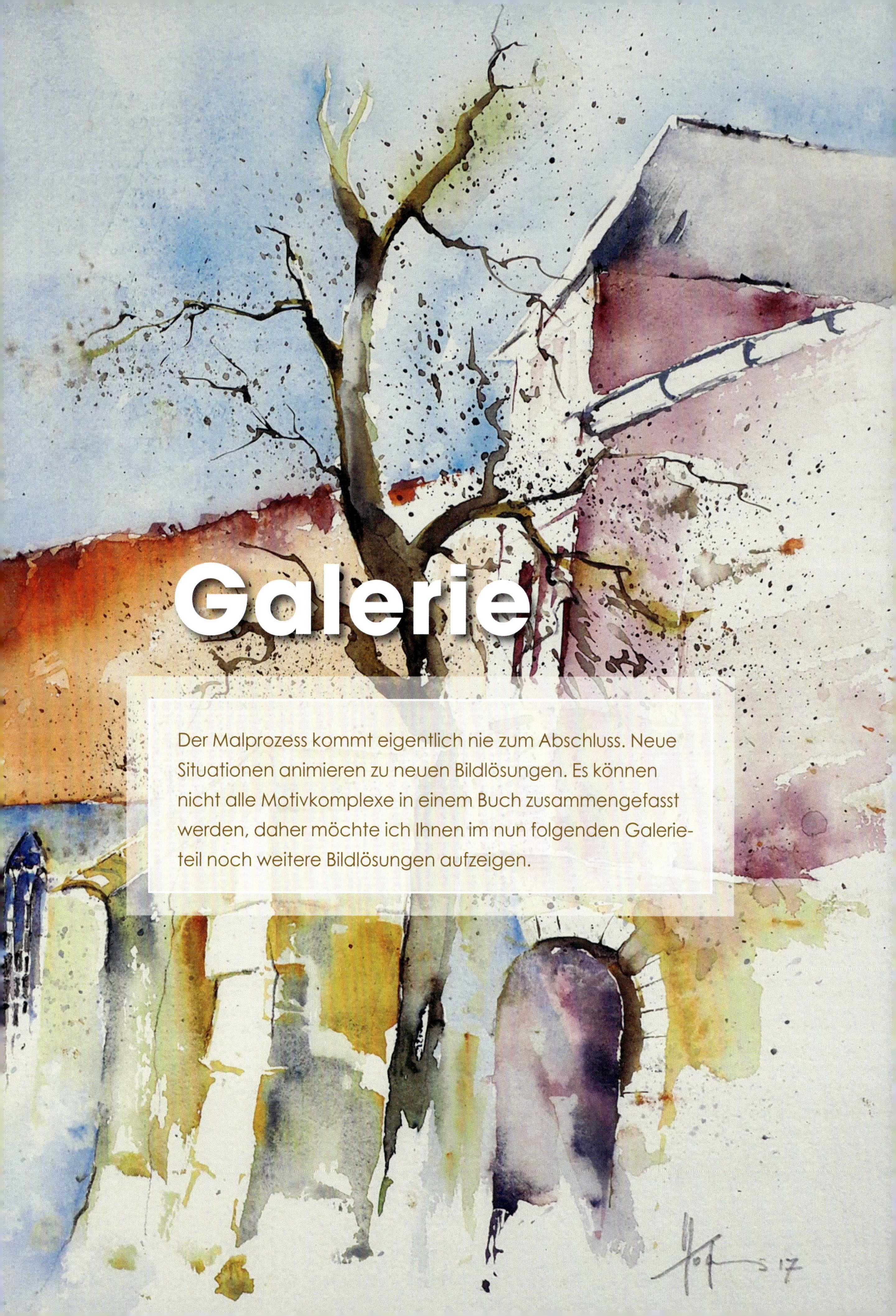

Galerie

Der Malprozess kommt eigentlich nie zum Abschluss. Neue Situationen animieren zu neuen Bildlösungen. Es können nicht alle Motivkomplexe in einem Buch zusammengefasst werden, daher möchte ich Ihnen im nun folgenden Galerieteil noch weitere Bildlösungen aufzeigen.

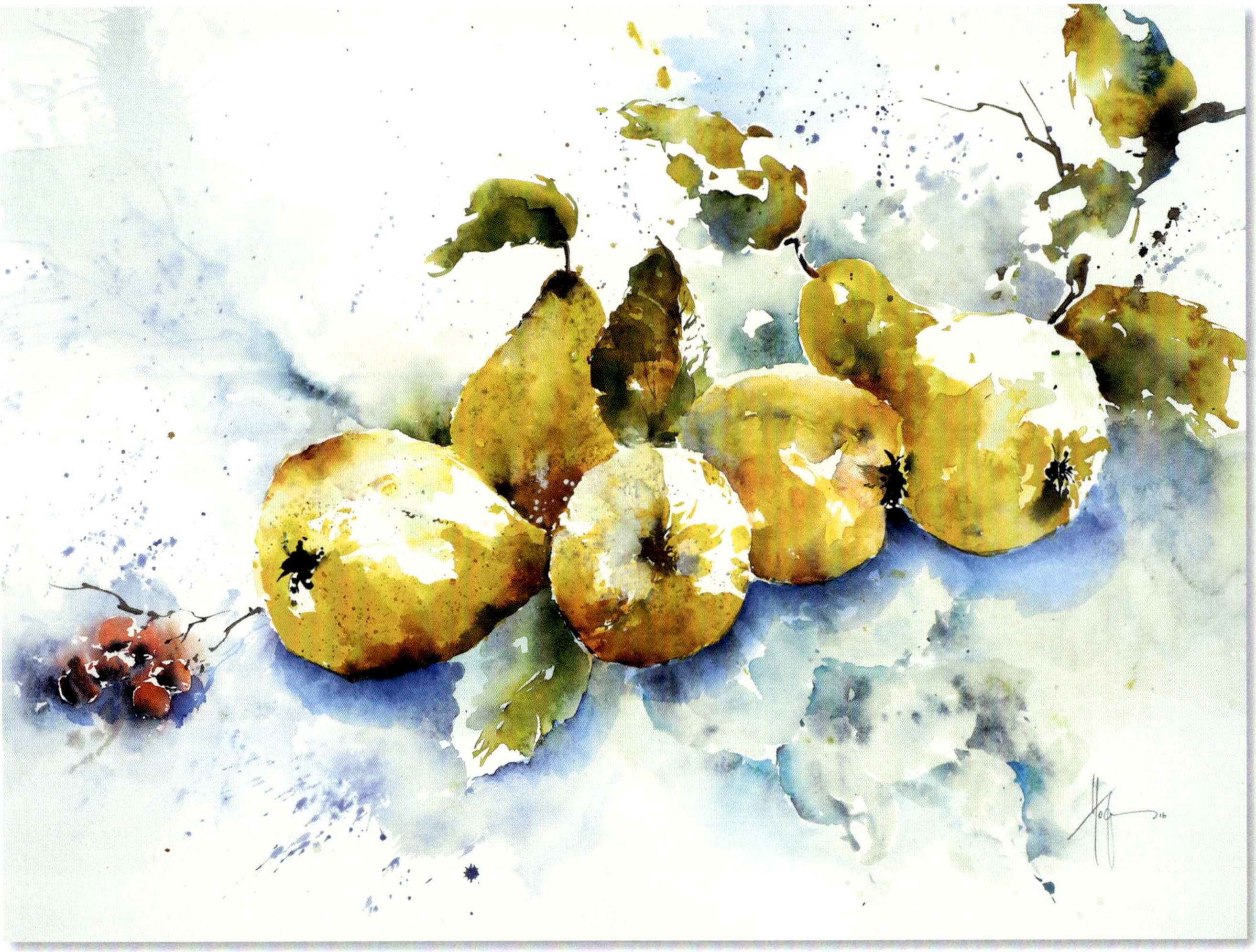

Quitten aus meinem Garten
Aquarell auf Hadernpapier „Ekkehardt Hofmann",
640 g/m², Feinkorn, 56 cm x 76 cm

Über den Jahreslauf hinweg kann ich das Heranwachsen der Früchte beobachten. Zum Schluss leuchten die reifen Quitten dann goldgelb. Die ausgesparten Weißanteile bringen das danebenliegende Gelb besonders zum Leuchten.

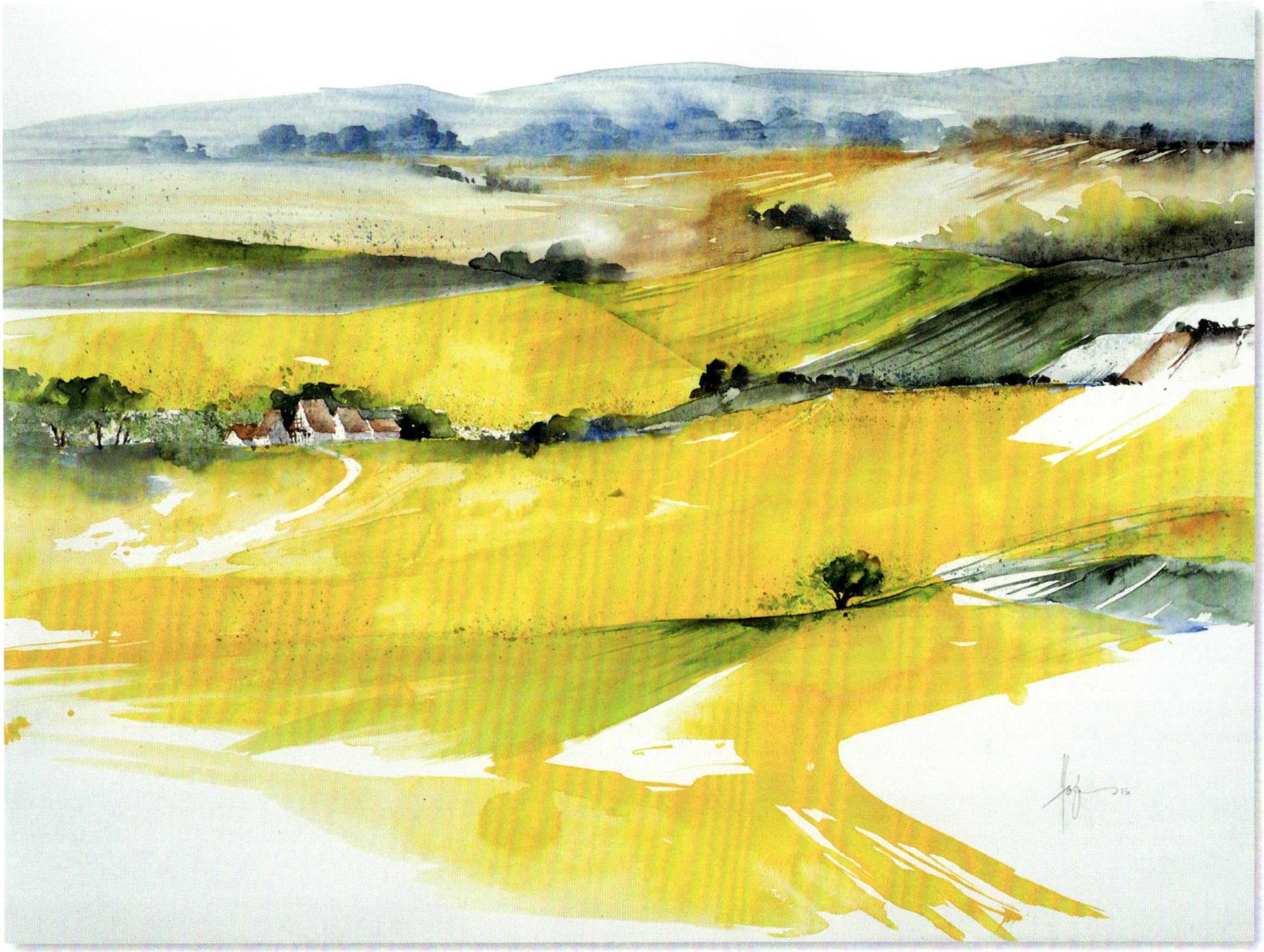

Fränkische Landschaft
Aquarell auf Hadernpapier „Ekkehardt Hofmann“, 640 g/m², Feinkorn, 56 cm x 76 cm

Mit einem sehr farbenprächtigen Ausdruck präsentiert sich die Landschaft im Frühling. Die Intensität des Gelbtons vermittelt Wärme und Lebensfreude.

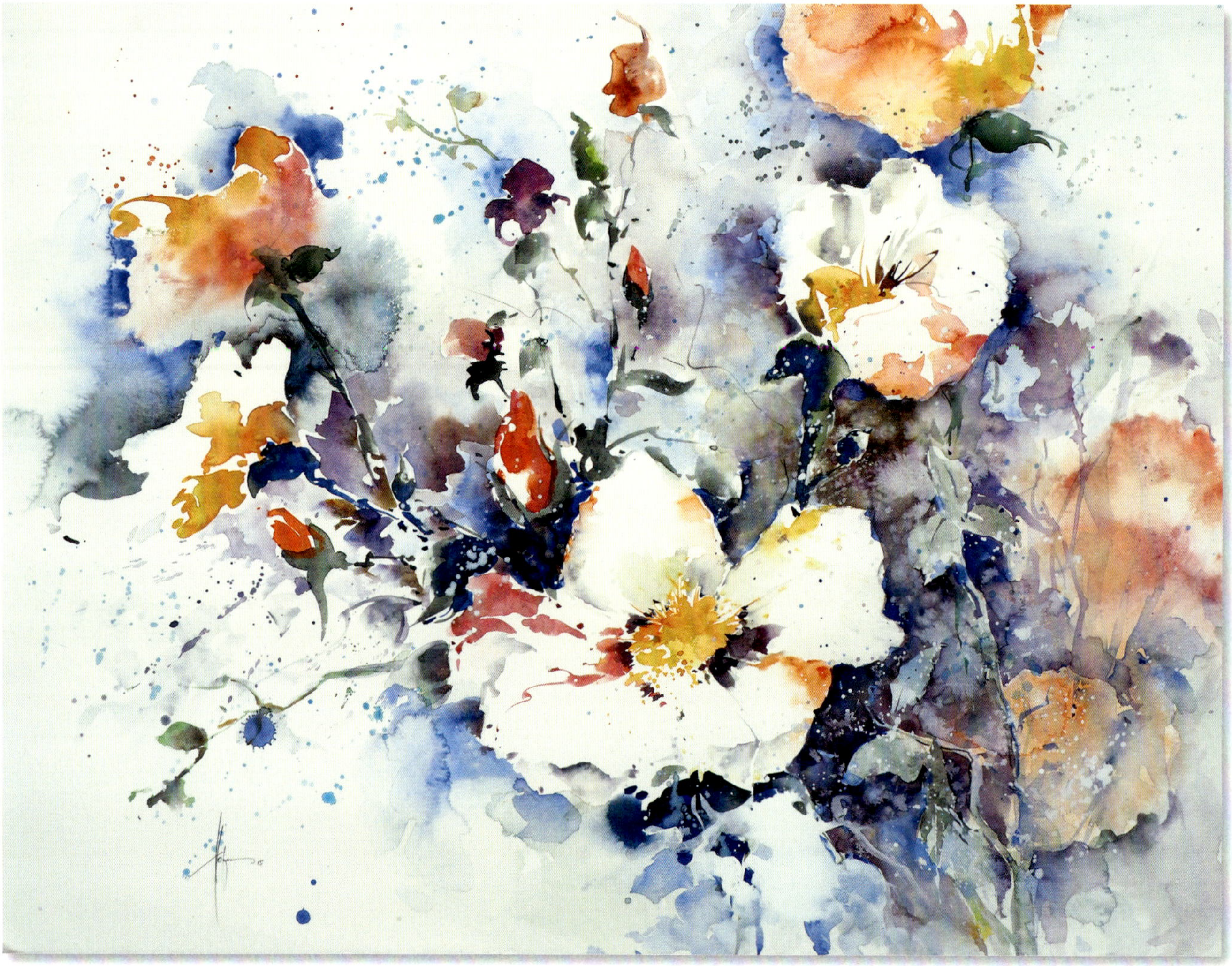

Blütenkomposition
Aquarell auf Hadernpapier „Ekkehardt Hofmann“, 640 g/m², satiniert, 56 cm x 76 cm

Diese Blütendarstellung entspricht genau meiner Intention, die ich mit der Aquarellmalerei verbinde. Ein Kompositionsaufbau mit freier Darstellung der Blütenformen, die zu einem zweiten Blick verleiten und Raum für die Fantasie des Betrachters lassen.

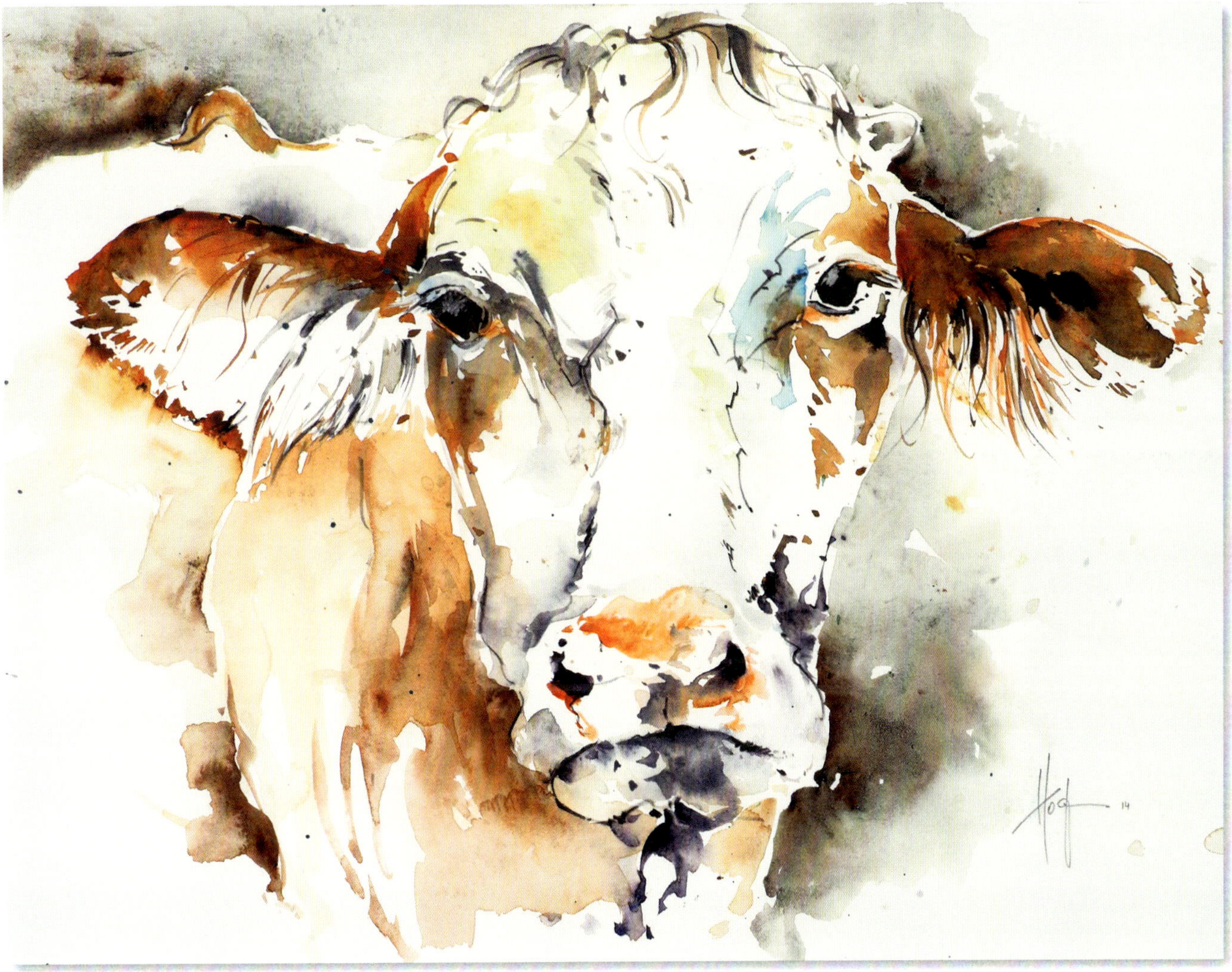

Allgäuer Weidekuh
Aquarell auf Hadernpapier „Ekkehardt Hofmann“, 640 g/m², Feinkorn, 38 cm x 56 cm

Beim Malen einer Allgäuer Landschaft hatte ich eine neugierige Zuschauerin. Sofort setzte sich in mir der Gedanke fest, ein Porträt von ihr anzulegen.

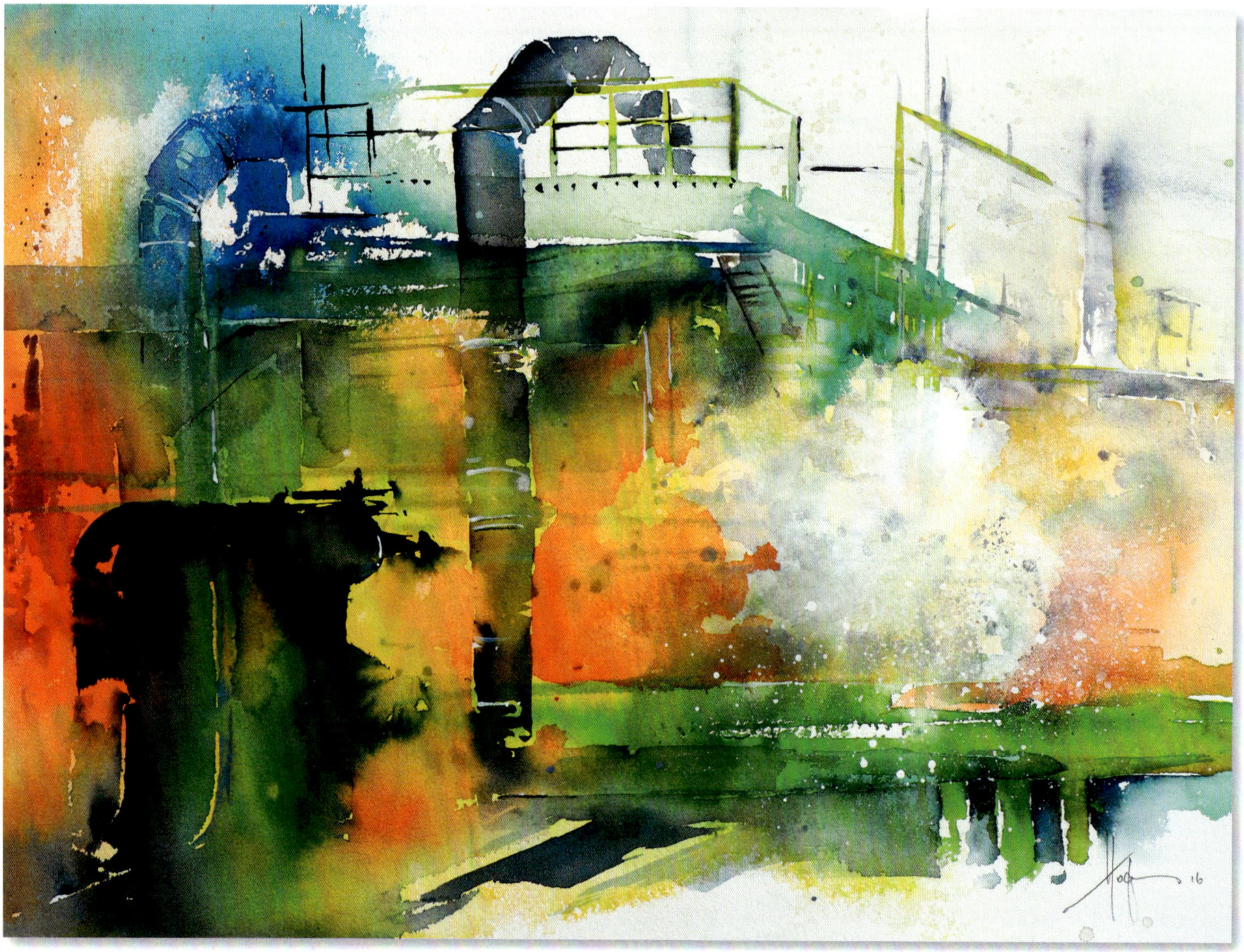

Hochofen
Mischtechnik auf Hadernpapier „Ekkehardt Hofmann“, 640 g/m², satiniert, 56 cm x 76 cm

Motive aus dem Technikbereich nehmen in der Aquarellmalerei meist eine Randfunktion ein. Sie bieten aber viel Lebendigkeit, wie sich hier bei den Farbspielen der Industrieanlagen und dem feurigen Ofenabstich sehen lässt.

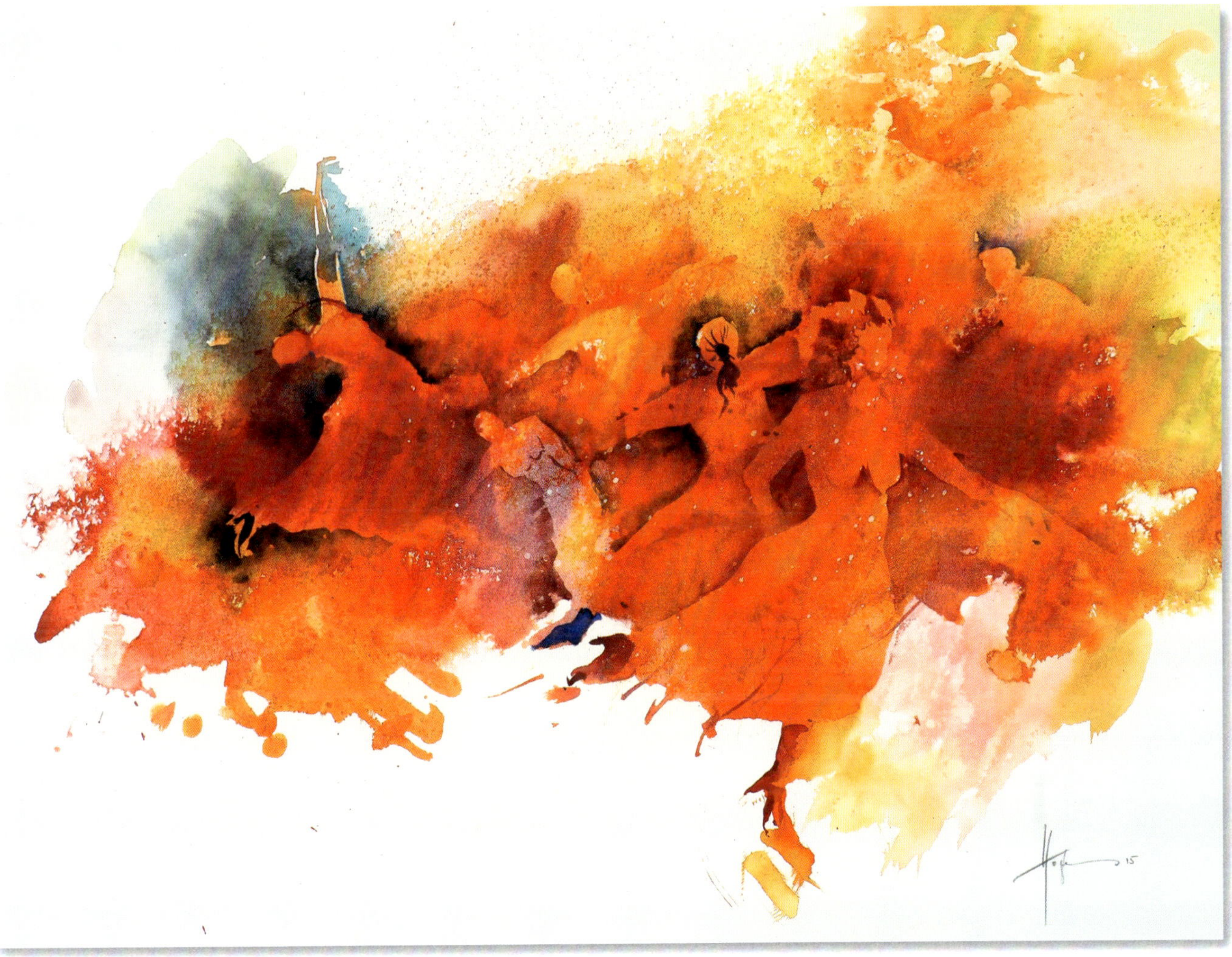

Tanz
Mischtechnik (Zwei-Phasen-Malerei)
auf Papier, 38 cm x 56 cm

Aus einem Farbverlauf mit Aerocolor Gelb und Rot als Grundlage habe ich mittels Hinterlegungen mit Aquarellfarbe tanzende Figuren herausgearbeitet.

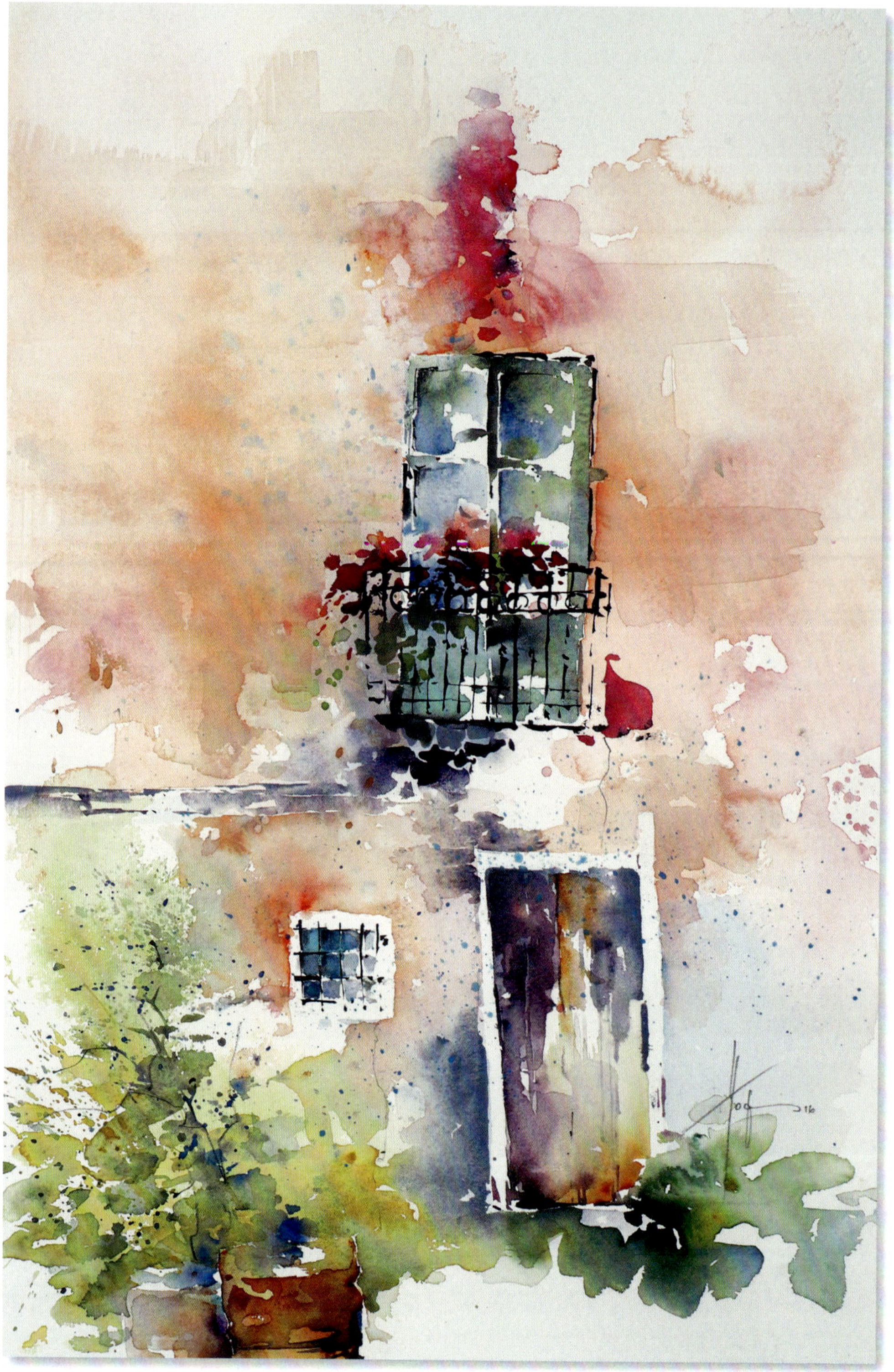

Altes Haus auf den Liparischen Inseln
Aquarell auf Hadernpapier „Ekkehardt Hofmann“, 640 g/m², Feinkorn, 38 cm x 56 cm

Ein Stillleben, bestehend aus einer alten Hausfassade, Türen und einem Fenster mit Balkon. Die Topfpflanzen und Blumen bringen Leben in die ansonsten tote Materie.

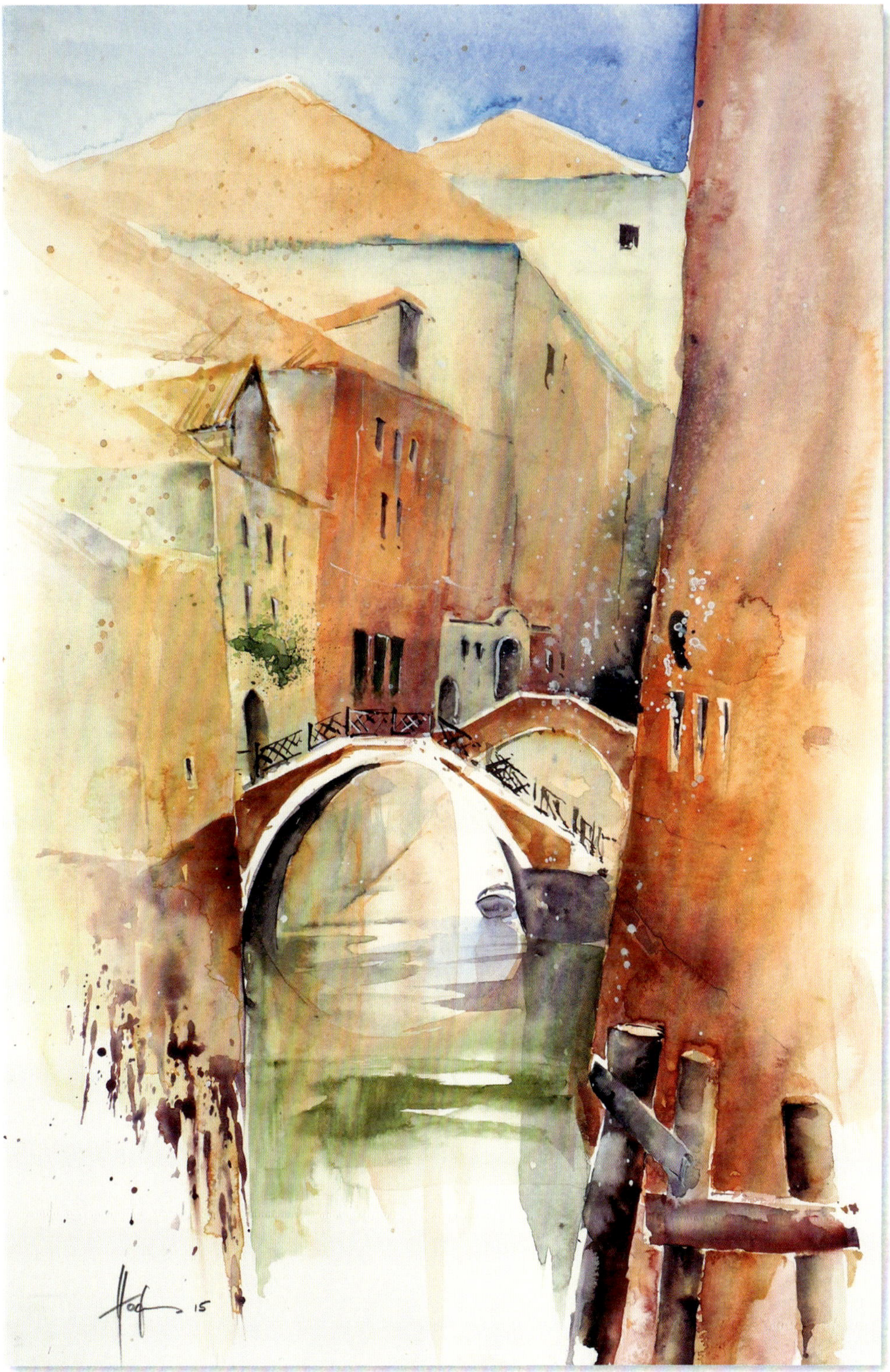

Venedig: Canal Lateran
Aquarell auf Hadernpapier „Ekkehardt Hofmann“, 640 g/m², satiniert, 38 cm x 56 cm

Durch die verwendeten Gelb- und Orangenuancen strahlt die Komposition eine Wärme und Lebendigkeit aus, die der Atmosphäre der Lagunenstadt entspricht.

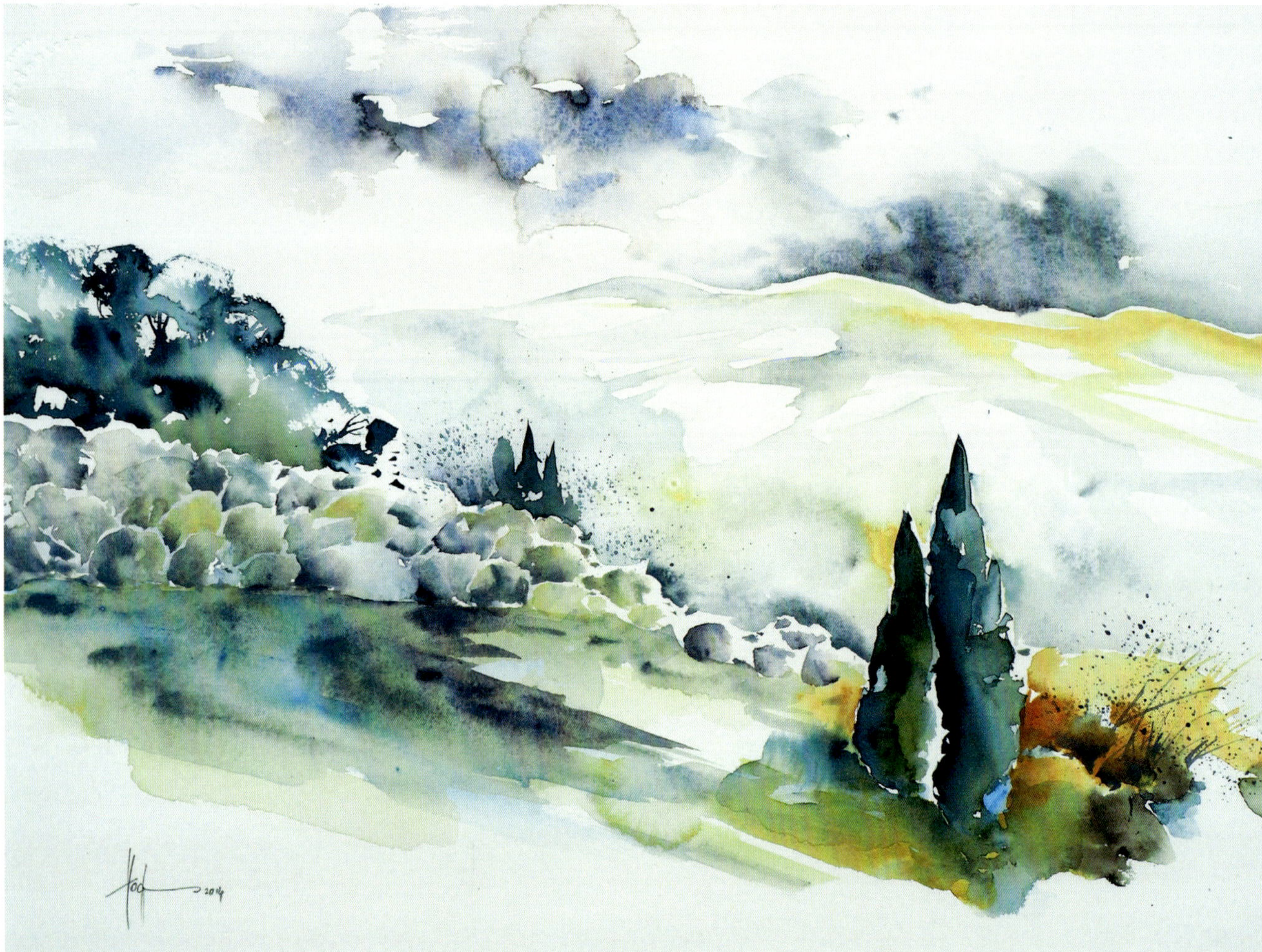

Jordanien, im Tal Moses
Aquarell auf Hadernpapier „Ekkehardt Hofmann“, 640 g/m², satiniert, 38 cm x 56 cm

Auf der Fahrt zur Felsenstadt Petra kam ich durch diese geschichtsträchtige Gegend. Steinig, felsig, nur vereinzelt Vegetation. In der Weite der Landschaf tauchen Hügelketten auf.

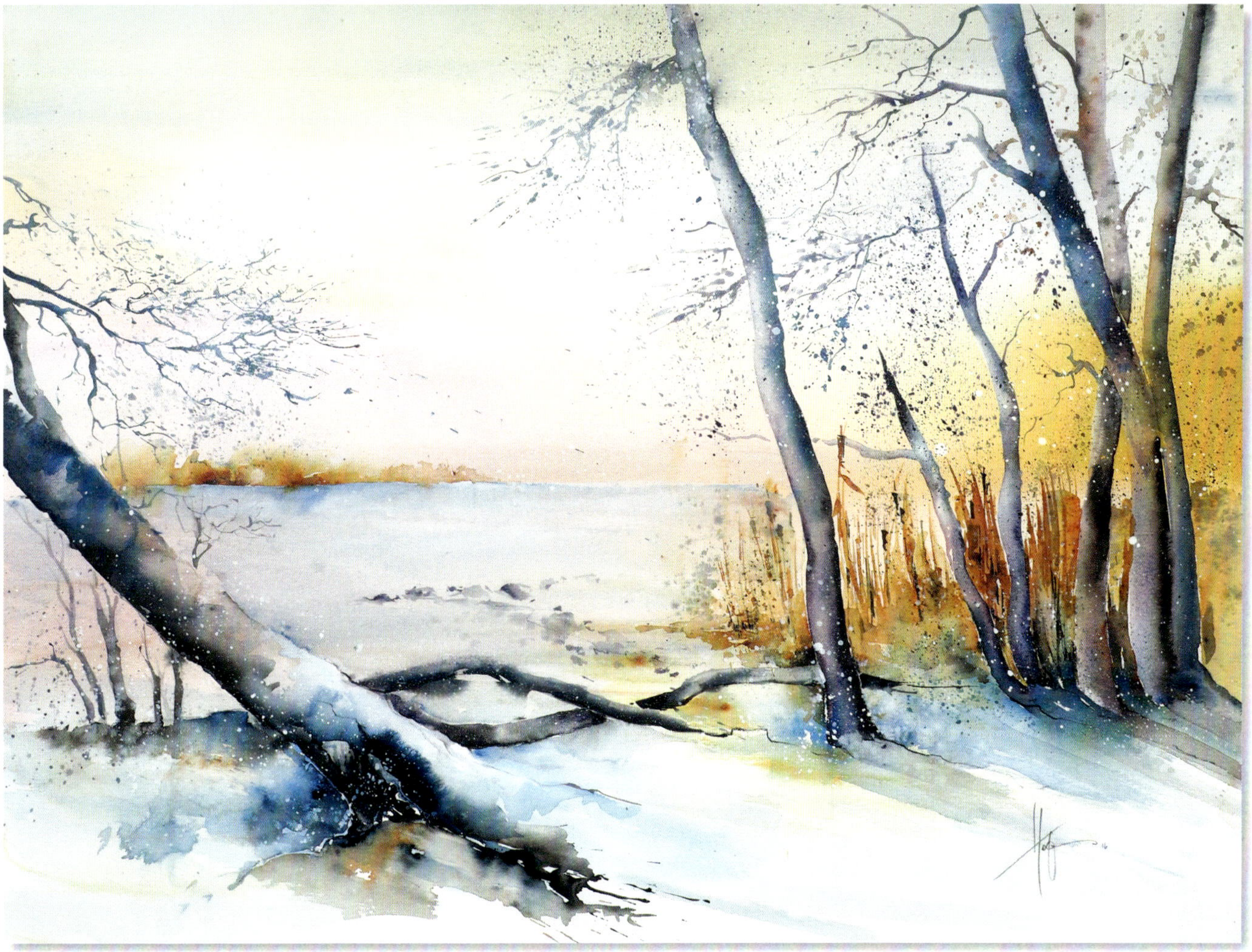

See im Winter
Aquarell auf Hadernpapier „Ekkehardt Hofmann“,
640 g/m², satiniert, 56 cm x 76 cm

Das goldgelbe Schilf steht im Komplementärkontrast zu den bläulichen Schnee- und Eisflächen. Im Gesamteindruck strahlt das Bild eine stille Ruhe aus, die den Blick zum verweilen einlädt.

Buchempfehlungen für Sie

Noch mehr Kreativ-Bücher zum gleichen Thema gesucht?

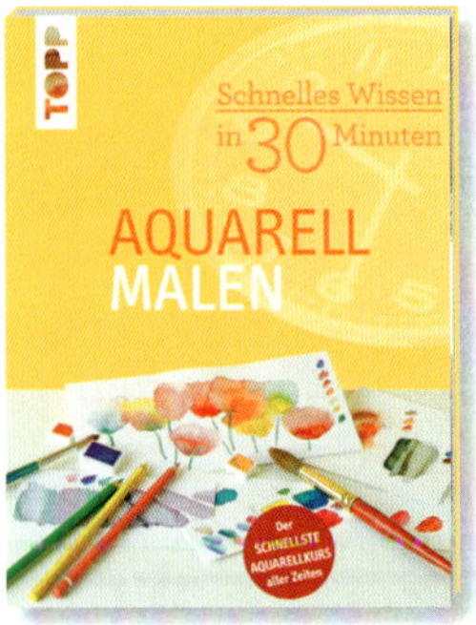

TOPP 6985

ISBN 978-3-7724-6985-5

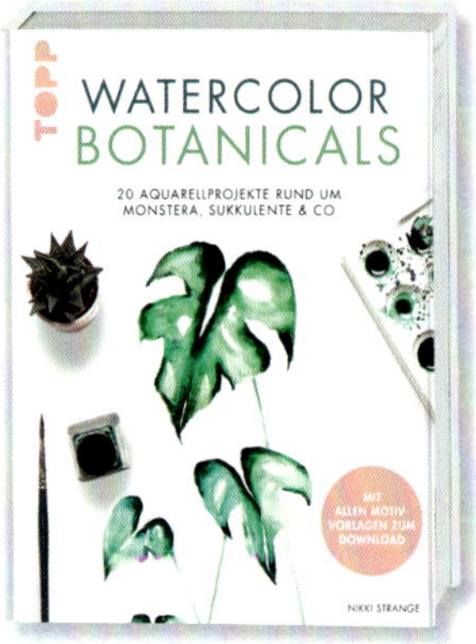

TOPP 8368

ISBN 978-3-7724-8368-4

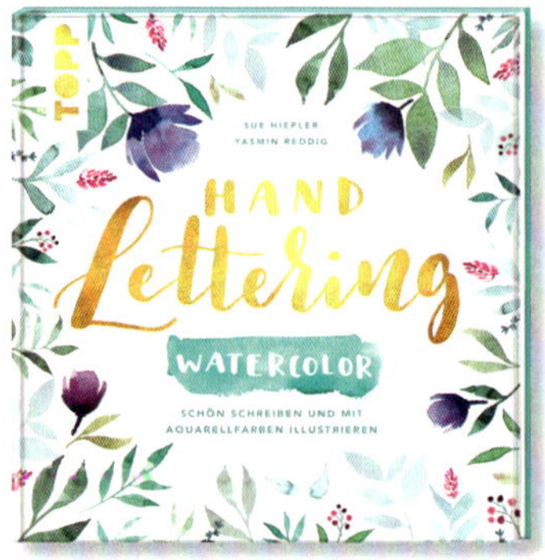

TOPP 8318

ISBN 978-3-7724-8318-9

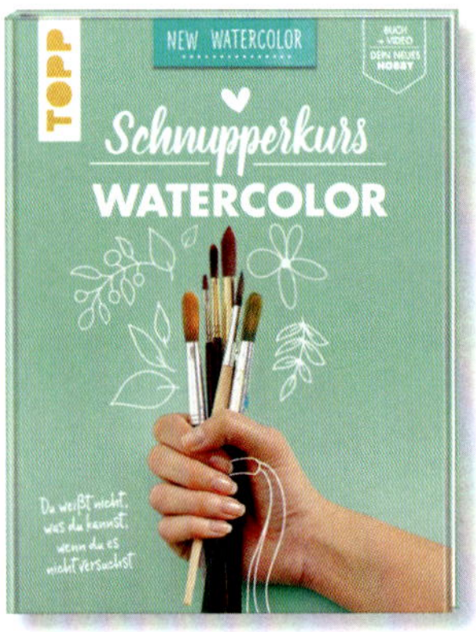

TOPP 8334

ISBN 978-3-7724-8334-9

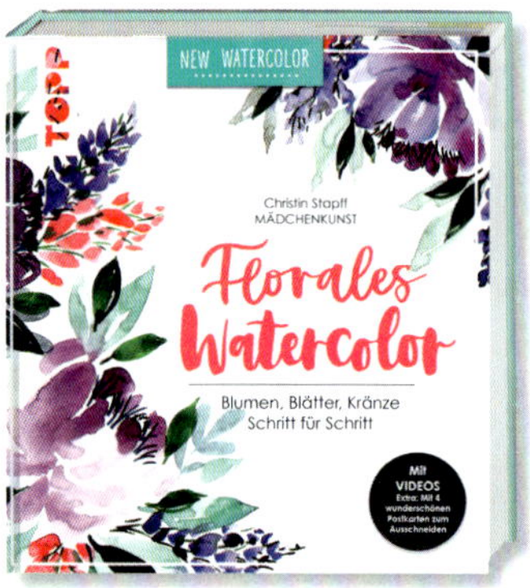

TOPP 8343

ISBN 978-3-7724-8343-1

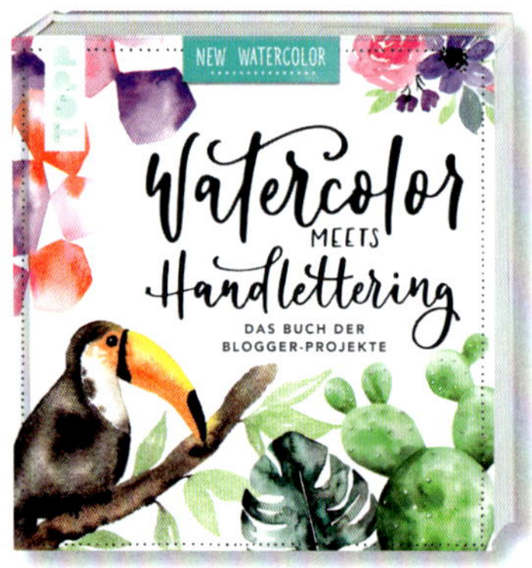

TOPP 8363

ISBN 978-3-7724-8363-9

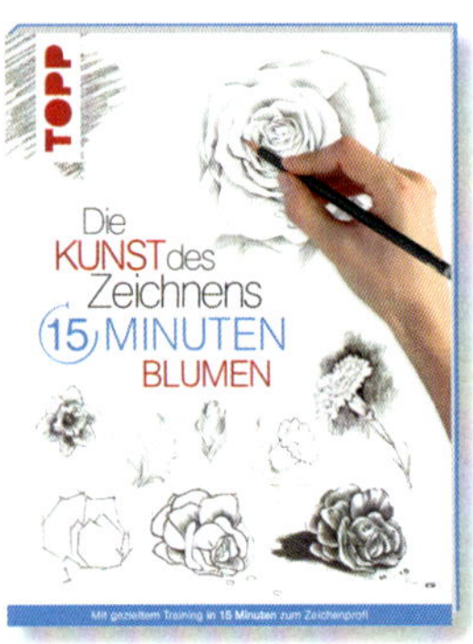

TOPP 8274

ISBN 978-3-7724-8274-8

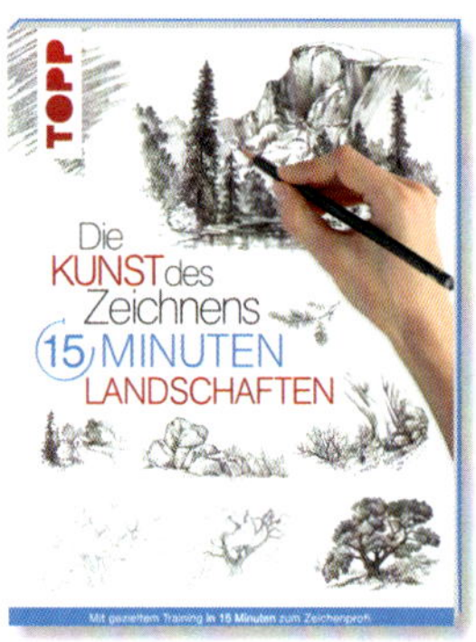

TOPP 8273

ISBN 978-3-7724-8273-1

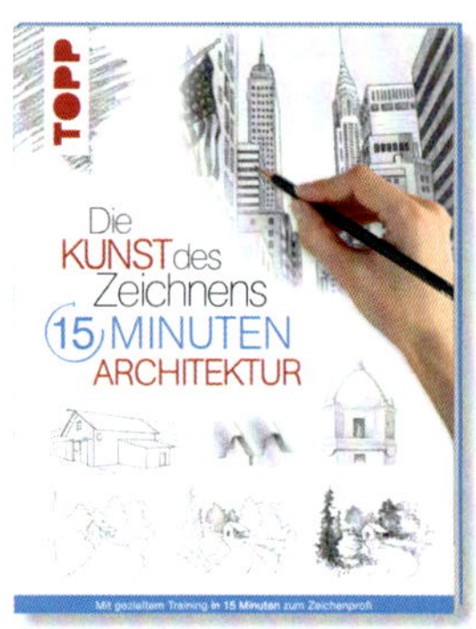

TOPP 8272

ISBN 978-3-7724-8272-4

Viele weitere Kreativ-Bücher finden Sie auf www.TOPP-kreativ.de

#TOPPPROJEKT

Die eigene Kreativität zeigen: TOPPprojekt mit anderen Kreativen teilen und Teil der Gemeinschaft werden.

DIY-begeistert und auf Instagram? Dann unbedingt mitmachen! Hier gibt's Tipps und Feedback zu den eigenen Projekten. Außerdem verlosen wir jeden Monat ein Überraschungspaket. Um am Gewinnspiel teilzunehmen, einfach ein Bild vom Kreativ-Projekt aus unseren Büchern mit #TOPPprojekt posten und unserem Account @frechverlag folgen. Mehr Infos auf TOPP-kreativ.de/TOPPprojekt

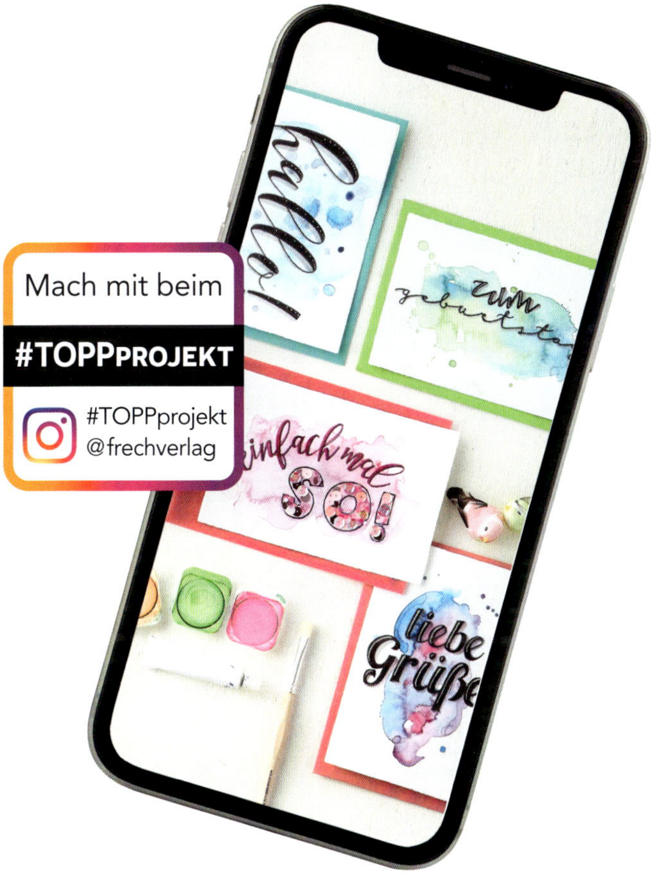

Website
Auf TOPP-kreativ.de können Sie ein riesiges Angebot von über 1.000 Kreativbüchern, Sets & mehr entdecken.

Newsletter
Gleich anmelden unter: TOPP-kreativ.de/newsletter und immer als Erstes von unseren Neuheiten und Sonderaktionen erfahren.

Instagram
@frechverlag

Pinterest
pinterest.com/frechverlag

Facebook
facebook.com/frechverlag

DigiBib
Hier finden Sie zusätzlich zu vielen unserer Bücher digitale Extras, wie Video-Tutorials, Plotter-Dateien, Vorlagen, Übungsblätter & vieles mehr. Einfach im Impressum Ihres TOPP-Buchs den Freischalte-Code nachschlagen und exklusive Inhalte freischalten. TOPP-kreativ.de/digibib

Youtube
youtube.com/frechverlag

Autor

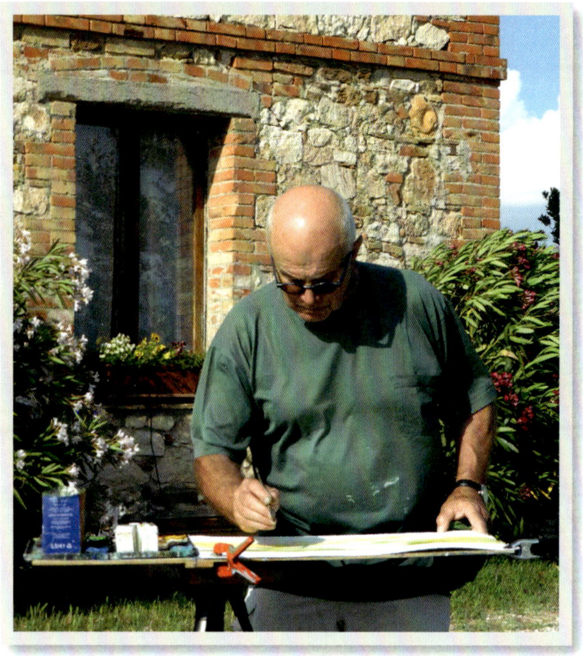

Ekkehardt Hofmann arbeitet seit 2001 als freischaffender Künstler. Er ist Mitglied der Münchner Künstlergenossenschaft und unterrichtet als Dozent an verschiedenen Akademien und Bildungseinrichtungen. 2002 wurde ihm der Südwestdeutsche Aquarellpreis der Stadt Völklingen verliehen. Seine Arbeiten – Acryl, Aquarell, Grafik, Zeichnung – waren bereits in vielen Ausstellungen im In- und Ausland zu sehen. In seinem privaten Atelier in Leutershausen hält Ekkehardt Hofmann regelmäßig Malkurse ab und organisiert darüber hinaus Malreisen im In- und Ausland. Er gibt Kataloge und Kalender mit seinen Motiven heraus und hat als Autor bereits zahlreiche Bücher zum Thema Aquarell verfasst.

Weitere Informationen:
www.ekkehardt-hofmann.de

Gedanken zu meiner Malerei

Die Vielfalt der Motive, die mich zum Malen reizen, im Einzelnen aufzuzählen, ist nicht ganz einfach. Häufig erblicke ich eine Situation und entschließe mich spontan, dieses Sujet malerisch umzusetzen. Die Freude am Malen steigert sich mit gelungenen Ergebnissen.

Wie kommt man zu gelungenen, stimmigen Bildern?

Ich räume der Motivbetrachtung und der dazu parallel laufenden, gedanklichen Verarbeitung zu einer Bildkomposition viel Zeit ein. Umso vertrauter ich mit dem Motiv bin, umso freier gehe ich dann an die Bildgestaltung.

Wie erreiche ich diese Vertrautheit?

Durch das Erstellen von Bilderzyklen dringt meine Komposition immer mehr zur Kernaussage vor und führt dann in der Endstufe zu einem „gelungenen Aquarell“. Neben der farblichen Gestaltung sind es auch die Stimmungen, Lichtverhältnisse und Einflüsse aus der Umgebung, die mich beim Malen bewegen und in die Bildaussage einfließen.

Videos zum Buch

Die Videos zum Buch finden Sie in unserer Digitalen Bibliothek (siehe Hinweis im Vorwort Seite 4). Sie bieten die Möglichkeit, weitere Einblicke in die Aquarellmalerei zu erhalten sowie den Künstler Ekkehardt Hofmann live beim Aquarellieren zuzusehen. Den Freischaltecode finden Sie auf Seite 160 im Impressum.

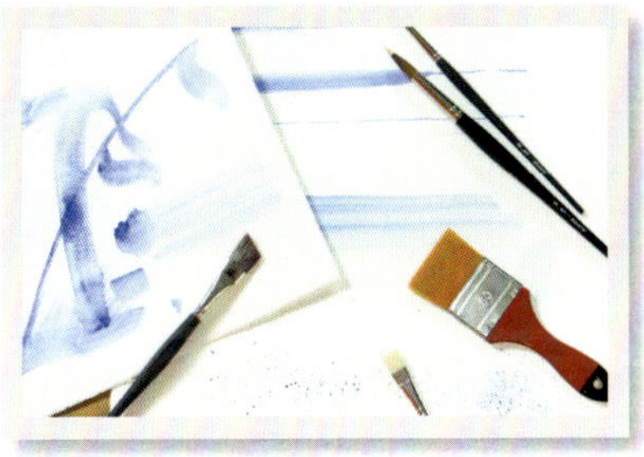

Pinseltechnik
(siehe Seite 14)

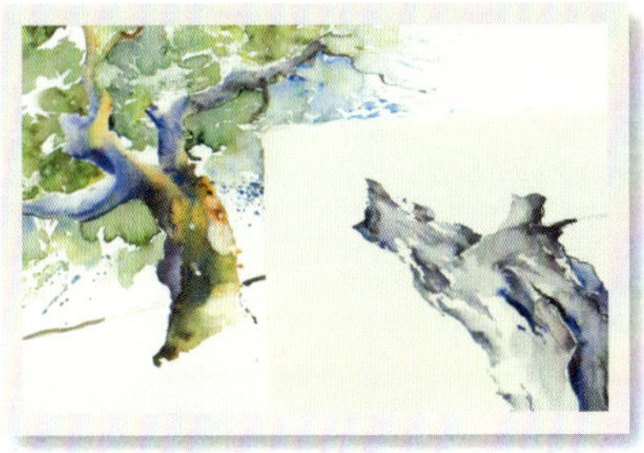

Bäume
(siehe Seite 66)

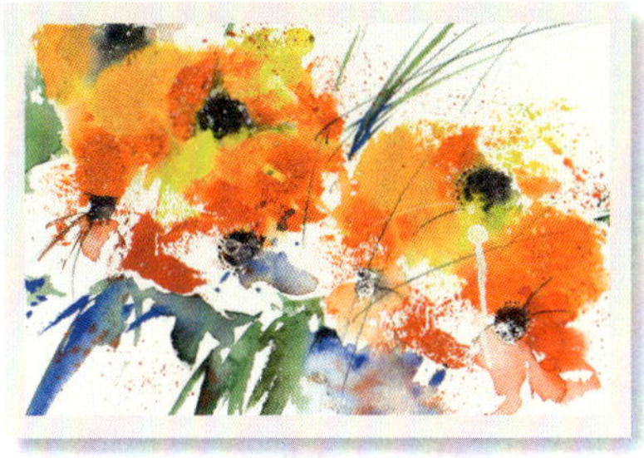

Abklatschtechnik
(siehe Seite 86)

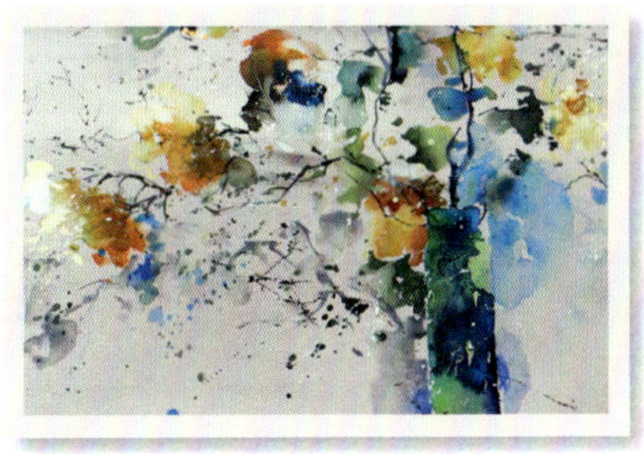

Zwei-Phasen-Malerei
(siehe Seite 88)

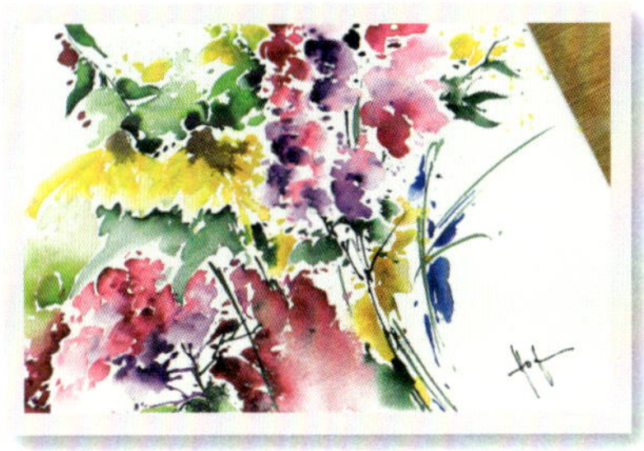

Aquarell auf Leinwand
(siehe Seite 100)

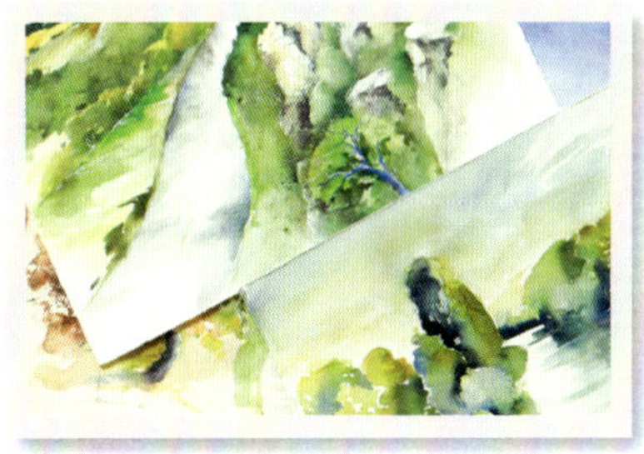

Perspektive
(siehe Seite 118)

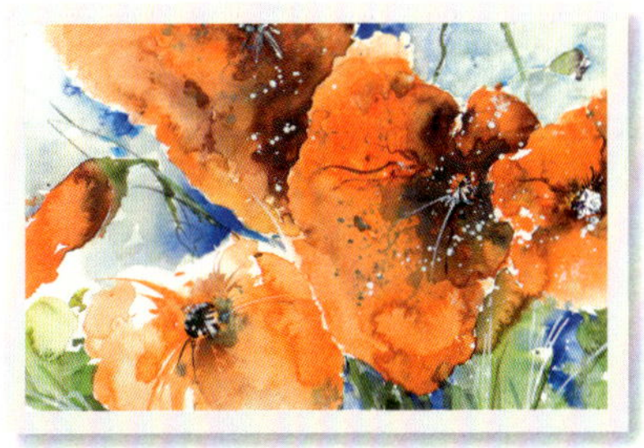

Komposition
(siehe Seite 120)

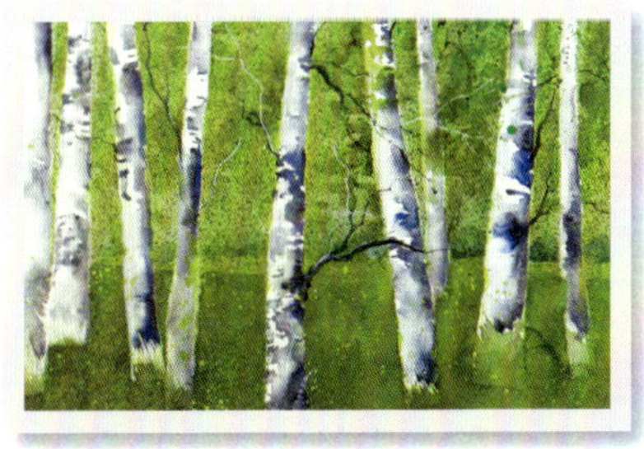

Schablonen-Sprüh-Technik
(siehe Seite 141)

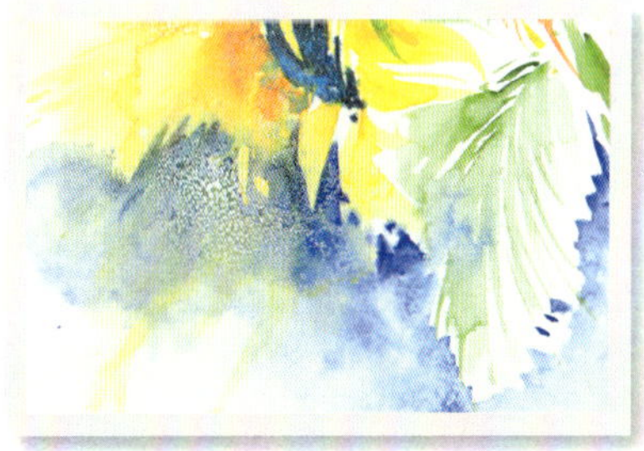

Übersprühen mit Acrylspray
(siehe Seite 142)

Impressum

Der Freischalte-Code lautet: 17826

FOTOS: Ekkehardt Hofmann

KONZEPT & PRODUKTMANAGEMENT: Hannelore Irmer-Romeo

LEKTORAT: Gabriele Betz, Tübingen

COVERGESTALTUNG: Katrin Röhlig

INNENLAYOUT & SATZ: Claudia Adam Graphik Design, Darmstadt

HERSTELLUNG: Katrin Röhlig

DRUCK UND BINDUNG: POLYGRAF PRINT spol. s r.o.

4. Auflage 2021

ISBN 978-3-7724-8296-0 • Best.-Nr. 8296